UNE

# MALADIE MORALE

## LE MAL DU SIÈCLE

PAR

PAUL CHARPENTIER

SUBSTITUT AU TRIBUNAL DE LA SEINE

PARIS
LIBRAIRIE ACADÉMIQUE
DIDIER ET Cⁱᵉ, LIBRAIRES-ÉDITEURS
35, QUAI DES AUGUSTINS, 35

# UNE
# MALADIE MORALE

# UNE
# MALADIE MORALE

## LE MAL DU SIÈCLE

PAR

**PAUL CHARPENTIER**

SUBSTITUT AU TRIBUNAL DE LA SEINE

PARIS
LIBRAIRIE ACADÉMIQUE
DIDIER ET Cⁱᵉ, LIBRAIRES-ÉDITEURS
35, QUAI DES AUGUSTINS, 35

1880

# A LA MÉMOIRE DE MON PÈRE

## J.-P. CHARPENTIER

INSPECTEUR DE L'ACADÉMIE DE PARIS, AGRÉGÉ DE LA FACULTÉ DES LETTRES.

# INTRODUCTION

# INTRODUCTION

Parmi les traits les plus saillants de nos mœurs, il en est un qui ne peut, ce semble, échapper à personne : je veux dire un penchant très prononcé pour les jouissances ; et j'ajoute, surtout pour celles de l'ordre matériel. Sans examiner ici si une pareille disposition était restée jusqu'à présent inconnue, il est permis d'affirmer que, de nos jours, et parmi nous, elle se manifeste avec évidence. Dès le milieu de ce siècle, et même un peu avant, la France a donné des preuves multiples de la considération dans laquelle elle tenait les biens de ce monde. On y a vu la richesse, les grandeurs, les plaisirs, le bien-être sous toutes les formes, poursuivis avec âpreté, quelquefois avec cynisme. Ces ardeurs se sont traduites dans des faits bien connus, dont quelques-uns n'ont eu que trop d'éclat ; elles se sont exprimées aussi, dans les arts, dans la littérature, par des productions qu'on n'a point oubliées. Non que la France tout entière ait sacrifié à ces passions ; grâce à Dieu, elle n'a jamais perdu la tradition des grands dévouements et des œuvres élevées. Mais il certain que, depuis un certain nombre d'années, nous n'avons point, en général, montré un détachement exagéré de toutes choses, et qu'on ne peut nous reprocher d'avoir estimé au-dessous de sa véritable valeur le prix de la vie.

Cependant, dans ces derniers temps, s'est produit un mouvement simultané, directement opposé à cette tendance pratique. Une philosophie qui a reçu la dénomination de pessimiste, s'est donnée à tâche de démontrer que le bonheur si vivement convoité n'était qu'un rêve, que la vie n'avait et ne pouvait jamais avoir pour l'homme que de cruelles déceptions ; en un mot, que tout était pour le plus mal dans le pire des mondes possibles. Cette philosophie, dont le premier germe paraît avoir été naguère transmis par l'Italie à l'Allemagne et que l'Allemagne a grossie et corroborée par de laborieuses élucubrations, recueille aujourd'hui en France une certaine faveur et acquiert une importance croissante. Des travaux nombreux, plusieurs tout récents, lui ont été consacrés, qui lors même qu'ils s'efforcent de la réfuter, n'en ont pas moins pour effet de familiariser les lecteurs avec une doctrine désolante.

Par une association naturelle d'idées, le pessimisme réveille le souvenir d'une époque de notre histoire morale qui a précédé immédiatement celle de la jouissance à outrance, mais qui en est bien différente.

En effet, de la fin du XVIIIe siècle à la seconde moitié du nôtre, s'est déroulée chez nous une grande période de mélancolie. Amour de la solitude, habitude de la rêverie, impuissantes et vagues aspirations, incurable scepticisme, ennui, désenchantement, désespoir même, poussé quelquefois jusqu'au suicide, tels étaient les principaux signes qui, tantôt séparés, tantôt réunis, et quelquefois plus apparents que réels, révélaient l'existence de cette disposition étrange. On l'a appelée « *le mal* » ou « *la maladie du siècle.* »

Loin de moi la pensée d'en exagérer l'importance, et l'erreur de croire que cette crise ait envahi tous les éléments de notre société. Qui ne sait qu'au sein d'un affaissement trop commun se sont conservées bien des énergies viriles, bien de fermes convictions? Ne s'est-il pas aussi rencontré plus d'un homme qui ait échappé à l'influence générale par sa légèreté et son inconsistance? Et d'ailleurs, ceux-là même qui en furent atteints n'ont-ils pas connu des moments d'intermittence ou de rémission? Toutefois on ne saurait le contester, cet état a présenté à l'époque indiquée plus haut, une intensité et une étendue bien dignes de l'attention des moralistes.

Sans doute, il ne faudrait pas assimiler tous les mélancoliques aux pessimistes. Il existe de ceux-ci à ceux-là la différence qui distingue un état de l'âme d'une conception de la pensée. Autre chose est de sentir et d'exprimer un malaise intime ; autre chose est de prononcer sur le monde un anathème systématique. Dans le premier cas, c'est affaire de sentiment ; dans le second, de raisonnement. Tel a pu se juger malheureux, qui n'a pas nié la possibilité du bonheur pour les autres hommes ; peut-être même l'a-t-il volontiers concédée à toute la terre, pour ne voir dans sa propre souffrance qu'une exception agréable à son orgueil. Et, d'un autre côté, l'on assure que les philosophes allemands qui ont élevé le savant échafaudage du pessimisme, n'ont nullement dédaigné certains avantages palpables, et qu'ils ont su, comme on l'a dit, « administrer, à la fois, leurs rentes et leur gloire. » Mais, malgré ces distinctions essentielles, il reste une sorte de parenté collatérale entre ceux qui ont écrit la théorie de la souffrance et ceux qui en ont fait l'expérience personnelle. Il est bien peu vraisemblable que la plupart de ces derniers, même de ceux à qui leur infortune semblait être un privilège flatteur, aient conçu une opinion optimiste d'un monde où leurs désirs ne pouvaient être satisfaits ; aussi, voit-on parfois, et comme à leur insu, leur sentiment se généraliser, et dépasser les bornes de leur propre perception.

En sens inverse, le père du pessimisme dans notre siècle, a été, nous le verrons, un de ceux qui ont trouvé, pour peindre les tourments de leur âme, les accents les plus douloureux. En résumé, si cette philosophie amère ne peut se confondre absolument avec la disposition morale dont elle rappelle l'existence parmi nous, elle en est la tardive consécration et comme le couronnement nécessaire.

Le moment paraît donc venu d'étudier avec quelque détail cette disposition même. Éteinte dans sa forme individuelle, mais revivant à certains égards sous une autre forme plus abstraite, elle peut être appréciée à la fois, avec la liberté qui appartient à la critique du passé, et avec l'intérêt qui s'attache à l'observation des faits contemporains. C'est ce que je voudrais essayer de faire.

Je voudrais, après avoir recherché le véritable caractère de l'état dont il s'agit, et après avoir parcouru l'histoire de ses manifestations anciennes, le suivre en France et même, autant qu'il sera nécessaire pour l'intelligence du sujet, en dehors de la France, dans le cours de son plein développement, de 1780 à 1848; puis, marquer le moment et les circonstances de sa fin. Je voudrais, à chacune des phases de son existence, en sonder les causes générales ou particulières et en préciser les conséquences. Enfin, je voudrais en faire entrevoir le préservatif.

Ce sujet n'a point encore été traité dans son ensemble.

En même temps qu'une étude morale, on trouvera ici une étude littéraire. Comment en serait-il autrement ? L'état que j'analyserai est presque toujours accompagné du besoin de s'épancher, et de confier au papier les secrets les plus intimes, les plus fugitives impressions de l'âme. Dans la recherche des documents de cette nature, nous rencontrerons les auteurs les plus illustres, les Chateaubriand, les Lamartine, les Victor Hugo, les Musset, les Georges Sand ; mais on aurait tort de négliger des écrivains plus modestes, et de dédaigner de plus humbles témoignages. Une simple lettre destinée à un ami, une note tracée pour son auteur seul, en apprennent souvent, sur un homme ou sur une époque, plus que des compositions apprêtées, dont la sincérité peut être compromise par la préoccupation de la publicité. Je n'ai garde, d'ailleurs, de prétendre que la littérature contemporaine relève sans exception de cette étude. Dans la préface d'une traduction de Werther, M. Pierre Leroux a cru pouvoir écrire « qu'une com-
» paraison entre Werther et les œuvres analogues
» qui l'ont suivi, même en se restreignant à celles
» qui ont le plus de rapport avec lui, ne serait rien
» moins qu'un tableau et une histoire de la littérature
» depuis près d'un siècle. » Je ne tomberai point dans cette hyperbole. De même que toute une famille

d'esprits s'est tenue en dehors de l'épidémie régnante, de même, je le reconnais, toute une partie de la littérature est muette à cet égard. Mais celle qui rentre dans le cadre de ce travail est assez riche pour lui donner des proportions trop considérables peut-être au gré du lecteur.

Encore, cet élément d'information ne sera-t-il pas le seul à consulter. L'art lui-même et les faits sociaux peuvent fournir d'utiles lumières et compléter les révélations de la plume. Je m'efforcerai de puiser la vérité à toutes les sources.

# I

## CONSIDÉRATIONS GÉNÉRALES

### ET

## APERÇU RÉTROSPECTIF

# I

## Considérations Générales

---

Il importe avant tout de préciser le caractère général de l'état moral qui fait l'objet de ce travail. Qu'offre-t-il donc, cet état, qui soit particulier ? Et pourquoi lui appliquer la dénomination de maladie ? Nous avons énuméré les principaux symptômes auxquels on reconnaît son existence : le besoin de l'isolement, la pratique de l'oisiveté contemplative, l'irrésolution, l'inquiétude, la mobilité, le doute, le dégoût de toutes choses, le découragement absolu, enfin la mort volontaire. Ces différents symptômes sont-ils tous et par eux-mêmes d'une nature pernicieuse ? A ces questions, il faut répondre par une distinction.

Certes, que dans certaines conjonctures, sous l'influence d'une vocation religieuse ou d'une grande douleur, on s'éloigne de la société des hommes, il n'y a là aucun sujet d'étonnement. Qu'on aime parfois à détourner ses regards du monde extérieur et réel pour les reporter au dedans de soi-même ou les promener à travers les domaines de l'imagination, rien de plus naturel encore. Que la volonté ait ses faiblesses et la faculté de connaître, ses limites ; que la vie enfin nous réserve des déceptions et des douleurs de plus d'une sorte, qui pourrait le nier ? Et celui qui jouirait d'une sérénité inaltérable ne serait-il pas placé au-dessus des lois de l'humanité ?

Mais si un homme se sépare du monde sans autre motif que le désir de vivre seul ; s'il se tient sans cesse replié sur lui-même et se renferme dans un milieu chimérique ; si, avec une tendance instinctive vers un idéal élevé, il se sent inhabile à y parvenir ; si, avide de croyance, il ne peut s'attacher avec persévérance à aucun principe religieux ou philosophique ; s'il est atteint d'une désillusion précoce, et blasé avant l'âge ; si sa souffrance, quoiqu'ayant une juste cause, dépasse toute mesure ; si elle survit à sa cause, ou même si elle naît sans cause ; si, loin de chercher à la dominer, il se laisse vaincre par elle ; s'il l'entretient à plaisir, s'y complaît et s'y endort ; surtout si, au mépris de ses devoirs envers son Auteur, envers ses semblables, envers lui-même, il rejette un fardeau qu'il juge trop lourd pour ses épaules et met fin volontairement à ses jours, alors on peut affirmer qu'en lui l'équilibre moral est rompu, et qu'il est en proie à une véritable maladie, et, comme l'on dit aujourd'hui, à une névrose de l'âme.

Ne nous y trompons pas cependant. Il ne s'agit pas d'une de ces maladies mentales qui jettent dans les facultés du malade une telle perturbation qu'elles entraînent son irresponsabilité. De pareils troubles intéressent le médecin plutôt que le moraliste et nous n'avons point à nous en occuper. Ceux dont parle cet ouvrage laissent subsister le libre arbitre. Par suite, ce serait en vain qu'on chercherait à couvrir d'une sorte d'immunité les regrettables défaillances qui ont pu les accompagner, et en particulier le crime du suicide. Mais, sous cette réserve, on doit reconnaître que nous sommes ici en présence d'un état qu'on a pu justement qualifier de maladif.

A-t-on eu également raison de compléter cette qualification en y rattachant l'idée du siècle actuel, et de dire « la maladie du siècle » ? Oui, car c'est dans notre siècle que cet état a pris les proportions les plus considérables. Mais, ne l'oublions pas, d'une part, il n'a pas duré autant que le siècle, puisqu'il a cessé depuis d'assez nombreuses années ; et, d'autre part, c'est avant ce siècle qu'il avait commencé, car la plupart des grands mélancoliques, qui attiraient l'attention publique en 1800, s'étaient déjà fait connaître comme tels un peu avant cette époque, à peu près vers 1780. Bien plus, ils eurent eux-mêmes, dans la génération précédente, des ancêtres authentiques et, pour tout dire, on retrouverait aussi des exemples de la disposition qui leur était ordinaire dès la plus haute antiquité, et chez les nations les plus différentes. Parcourons ces divers exemples plus ou moins anciens. Cette revue éclairera l'étude de l'épidémie mémorable qui les a suivis.

II

## Antiquité et Moyen Age

Reportons-nous d'abord par la pensée vers les temps et les contrées Bibliques. Le désenchantement de Salomon nous revient aussitôt à la mémoire et nous nous rappelons ses sentences amères sur la vanité des biens terrestres. On le sait, la tristesse moderne n'a pas dédaigné de leur faire de fréquents emprunts.

Ailleurs, au fond de l'Inde, et cinq cents ans avant Jésus-Christ, un jeune prince, comblé des faveurs de la fortune, mais adonné à l'abus de la contemplation, le fondateur même du Bouddhisme, fait entendre une de ces plaintes, qui se multiplieront plus tard à l'infini, sur la maladie, sur la mort, sur la décomposition incessante des êtres. Mais Çakya-Mouni ne s'attriste pas seulement sur la mort; il déplore la vie : « Par le fait de l'existence, dit-il, du désir et de

» l'ignorance, les créatures dans le séjour des hommes
» et des Dieux sont dans la voie des trois maux... Les
» qualités du désir toujours accompagnées de crainte
» et de misère sont les racines des douleurs. Elles
» sont plus redoutables que le tranchant de l'épée ou
» les feuilles de l'arbre vénéneux. Comme une image
» réfléchie, comme un écho, comme un éblouissement
» ou le vertige de la danse, comme un songe, comme
» un discours vain et futile, comme la magie et le
» mirage, elles sont remplies de fausseté ; elles sont
» vides comme l'écume et la bulle d'eau. » A ses
yeux, le vide apparaît partout : « Tout phénomène
» est vide, toute substance est vide, en dehors il n'y
» a que le vide... Le mal, c'est l'existence. Ce qui
» produit l'existence, c'est le désir ; le désir naît de
» la perception des forces illusoires de l'être. » On
s'accorde aujourd'hui à voir dans Çakya-Mouni le
plus vieil inventeur du pessimisme, et peut-être, en
effet, quelques-unes de ses idées peuvent-elles être
regardées comme le point de départ de cette philosophie. Mais, dans les passages que je viens de
reproduire, il parle moins en philosophe qu'en rêveur
et en poète ; il appartient plutôt au pessimisme individuel qu'au pessimisme abstrait et c'est pour cette
raison qu'il devait figurer ici.

Pour ne pas avoir à revenir à ces pays lointains
plaçons tout de suite à côté de la tristesse de Çakya-Mouni celle du poète Sadi, qui écrira au moyen âge

cette maxime : « Ce qu'on peut connaître de plus
» intime et de plus vrai dans la condition des mor-
» tels, c'est la douleur. »

De pareils sentiments, pour avoir été rares dans l'antiquité classique, n'y furent cependant pas inconnus. On en suit la trace en Grèce. On cite, chez Homère, la peinture de Ménélas se rassasiant de sa douleur, de Bellérophon dévorant son cœur ; chez Pindare, cette question et cette réponse : « Qu'est-ce que la vie ?
» C'est le rêve d'une ombre. » On a cru voir aussi dans Hésiode, Simonide, Euripide, Sophocle, des indices de mélancolie. Peut-être donne-t-on à ces différents traits une valeur qui ne leur appartient pas entièrement. Il en est de plus sérieux dans d'autres œuvres, par exemple, cette pensée d'Aristote d'après laquelle une sorte de tristesse semblerait être le privilège du génie. Quelle amertume aussi dans ce passage d'Empédocle : « Triste race des mortels, de quels
» désordres, de quels pleurs êtes-vous sortie ! De
» quelle haute dignité, de quel comble de bonheur,
» je suis tombé parmi les hommes ! J'ai gémi, je me
» suis lamenté à la vue de cette demeure nouvelle. »
Et ne dirait-on pas qu'elle est tirée de quelque écrivain moderne cette phrase sur les tourments de notre intelligence : « Nos moyens de connaissance sont bor-
» nés et dispersés dans nos organes. Les expressions
» résistent à nos pensées et les émoussent. Les mor-
» tels éphémères n'apercevant qu'une faible parcelle

» de cette vie douteuse, ne saisissant qu'une vaine
» fumée et croyant aux choses seules qui leur tombent
» sous les sens, errent dans toutes les directions, car
» ils désirent découvrir cet ensemble des choses que
» les hommes ne peuvent ni voir, ni entendre, ni sai-
» sir. » Platon n'est guère plus optimiste en certaine
circonstance, témoin ce fragment de l'Apologie :
« Que quelqu'un choisisse une nuit passée dans un
» sommeil profond que n'aurait troublé aucun songe,
» et qu'il compare cette nuit avec toutes les nuits et
» tous les jours qui ont rempli le cours de sa vie ;
» qu'il réfléchisse et qu'il dise combien dans sa vie il
» y a eu de jours et de nuits plus heureux et plus
» doux que celle-là ; je suis persuadé que non seule-
» ment un simple particulier, mais que le grand roi
» de Perse lui-même en trouverait un bien petit
» nombre et qu'il serait aisé de les compter. »

Mais c'est surtout chez un philosophe grec de la Cyrénaïque, chez Hégésias, que s'accuse cette sombre disposition. Pour Hégésias, la vie contient tant de maux que la mort qui nous en délivre est un bien. Sa doctrine se résumait dans un livre intitulé : Αποκαρτερῶν, ce qu'on peut traduire ainsi : Le désespéré, ou bien : La mort volontaire. On y voyait un homme déterminé à se laisser mourir de faim, que des amis rappelaient à la vie et qui leur répondait en énumérant les peines dont elle est remplie. Thèse pessimiste assurément, mais aussi, sans doute, expression d'un sentiment de désespoir personnel. C'est ce sentiment qui s'exhale dans la conclusion de l'auteur ; car le pessimisme philosophique ne pousse pas, lui, au suicide de l'individu : il juge ce moyen insuffisant pour corriger le vice radical dont le système du monde est infecté selon lui. Hégésias, au contraire, y voyait un moyen suprême d'échapper à tous les maux. Il parlait même sur ce sujet avec une éloquence si persuasive qu'il avait reçu le surnom de Peisithanatos, que beaucoup de ses auditeurs, nous dit Cicéron, s'étaient donné la mort en sortant de ses leçons, et que le roi Ptolémée crut devoir fermer son école pour arrêter les progrès de cette contagion menaçante.

La mode du suicide n'était pas, d'ailleurs, chose nouvelle dans ces régions. Bien avant Hégésias, elle s'était développée en Grèce, et il y existait une sorte d'association de la mort volontaire dans laquelle s'enrôlaient les gens fatigués de vivre ou peu soucieux de subir les disgrâces de la vieillesse. Deux siècles après le philosophe Cyrénaïque, on retrouvait à Alexandrie une sorte d'académie qui perpétuait la tradition créée par lui, la secte des co-mourants, τῶν συναποθανουμένων, qui a compté Antoine et Cléopâtre au nombre de ses affiliés.

Dans les divers exemples qui précèdent, la mélancolie ne se présente guère qu'à l'état de curieuse exception, due à des causes variées et quelquefois obscures, mais qui ne paraissent se rattacher à aucun fait général. Il en est différemment chez les Romains, qui, malgré leur rudesse native, ne sont pas non plus restés étrangers à cet état de l'âme.

Qui ne sait de quel accent de tranquille désespoir Lucrèce parle de la condition humaine ; comme il se plaît à dépouiller l'homme de tous les charmes, de toutes les consolations de la vie ? Rien n'égale la tristesse de son tableau, du petit enfant jeté nu sur la terre, comme un naufragé sur une plage déserte et remplissant la demeure de ses vagissements lugubres, « comme il convient à un être à qui il reste tant de » maux à traverser dans la vie ! » Enfin, quoi de plus frappant que le vers immortel dans lequel il a décrit la secrète angoisse qui empoisonne toutes nos joies ? Pline l'ancien, lui aussi, cet écrivain dont on a dit qu'il était presque un moderne, parle de l'homme « jeté nu sur la terre nue. » Et Cicéron n'a-t-il pas aussi sa note triste, et en exposant dans les Tusculanes les douloureuses doctrines d'Hégésias, n'y adhérait-il pas, quand il disait que la mort nous enlève plus de maux que de biens, et qu'il lui eut été avantageux de mourir plus tôt ? Qu'on n'oublie pas surtout la sensibilité douloureuse, et, pour ainsi dire, ce don des larmes du poète qui a dit : « *Sunt lacrymæ rerum* » et qui a mérité d'être choisi par Dante pour compagnon de son voyage dans le royaume des douleurs ; et, à côté du mot de Virgile, qu'on place celui d'Ovide : « *Est quædam flere voluptas.* »

On peut affirmer qu'il y avait à Rome encore d'autres esprits profondément souffrants, des hommes qui, sans avoir essuyé aucune adversité, éprouvaient un mal indéfinissable. Au milieu du palais de Néron, on voit un citoyen obscur, un simple capitaine des Gardes atteint, comme l'a très bien dit l'historien de cet épisode, « de cette langueur douloureuse, de
» cette mort anticipée, ou plutôt de cette espèce
» de sommeil où l'homme est livré à des agita-
» tions sans suite, à des rêves inquiets, à des ter-
» reurs sans cause. » Il consulte Sénèque qui devient « son directeur de conscience » et qui conduit avec habileté cette œuvre délicate. Mais ce qui montre le mieux, ce me semble, l'infirmité morale de ces temps, c'est la théorie du suicide professée par les plus grands philosophes. Sénèque lui-même, cet excellent médecin des âmes, voit dans cet acte de désespoir un refuge légitime contre les épreuves de la vie et Pline l'ancien déclare que la faculté de se donner la mort est le plus grand bienfait qu'ait reçu l'homme, et il plaint le Dieu, dont il veut bien admettre un instant l'hypothèse, de ne pouvoir user de ce remède souverain. « On peut longtemps réfléchir, dit éloquem-
» ment M. Villemain, avant de trouver dans la
» corruption de l'état social et dans le désespoir de la
» philosophie, un plus triste argument contre la
» divinité, que cette impuissance du suicide regar-
» dée comme une imperfection, et cette jalousie du

» néant attribuée même aux dieux. » A de telles défaillances, il était impossible de ne pas reconnaître une société en dissolution, déjà troublée par les convulsions qui annonçaient sa fin prochaine.

À côté du monde païen, qui s'en allait, s'en élevait un autre d'où devait sortir la régénération. Là encore, la mélancolie apparaît ; mais combien différente de celle que nous venons d'observer ! Qu'a de commun cette humeur inquiète et agitée avec l'austérité, les gémissements, les plaintes des âmes chrétiennes, avec ces fuites au désert, ces cloîtres, ces thébaïdes dans lesquelles la jeunesse et la beauté cherchaient une sépulture volontaire ? Quelque rapprochement qu'on ait voulu faire entre ces choses, leur contraste est complet. La mélancolie païenne venait de l'absence de convictions : la mélancolie chrétienne prend sa source dans les profondeurs de la foi. Au surplus, le chrétien ne pourra jamais être pessimiste absolu. Si la cité des hommes offense ses yeux, il n'a qu'à les élever vers la cité céleste.

Comme c'est aussi l'esprit religieux qui domine le moyen âge, je n'ai guère à parler de cette époque. Dante lui-même, malgré son masque grave et sombre, malgré certaines pages de la Vita Nuova où l'on a cru voir une confession morale du genre de celles qui se sont si souvent produites dans notre siècle, Dante échappe à notre examen par le caractère mystique de sa tristesse. Je me contenterai de mentionner d'un

mot, en Allemagne, un artiste, l'auteur de la célèbre image de la Mélancolie, et ces poètes dont les Lieds chantent la mort associée à l'amour. On y a remarqué cette interrogation : « Cette vie l'ai-je vécue, l'ai-je rêvée ? », mot qui rappelle celui de Pindare sur le même sujet et qui atteste ainsi l'unité de l'esprit humain, à travers les différences de temps et de races. M. Ozanam a défini avec justesse la poésie des Minnesinger. « Pour les Allemands la source poétique
» est dans cette dernière et plus secrète profondeur
» de la nature humaine qu'on nomme le cœur. Là,
» au milieu d'une continuelle alternative de joie et de
» souffrance, éclot la mélancolie qui est aussi l'aspi-
» ration vers le beau, le désir (Schensucht). » Mais, en général, le moyen âge n'est point frappé par le mal dont j'étudie l'histoire. Arrivons donc aux temps modernes.

## III

### Siècle de Louis XIV. — Jean-Jacques Rousseau et ses Disciples

Quand on se rapproche de notre époque, d'abord les monuments de la mélancolie paraissent peu considérables. Cependant tous les germes n'en sont pas détruits ; un œil attentif les découvre même sous Louis XIV. Bien qu'avec le grand roi l'ordre et la discipline s'établissent dans les esprits comme dans l'état, cette société si bien réglée recèle encore quelques indices de trouble moral.

Bossuet, dans son admirable langage, découvre « cet » incurable ennui qui fait le fond de la vie humaine » depuis que l'homme a perdu le goût de Dieu. » On sent sous l'apparente gaîté de Molière une certaine dose d'amertume ; son Don Juan laisse une impression de tristesse, et son chef-d'œuvre est le portrait du personnage sévère qui va chercher une solitude « où d'être homme d'honneur on ait la » liberté. » Les aperçus de Larochefoucauld sur l'homme révèlent une philosophie morose. Mais c'est chez un autre écrivain du même temps que la souffrance morale se révèle avec le plus d'intensité. Malgré son désir de se soumettre aveuglément, en dépit de ses efforts pour conserver la foi, Pascal est en proie au doute, aux agitations vagues, aux terreurs sans cause, et c'est à ces angoisses que sont dus les cris puissants qu'il jette dans le silence de son âme. Aussi Pascal a-t-il la faveur des mélancoliques modernes. Jean-Jacques Rousseau parle de ce penseur malheureux avec une grande admiration ; et Chateaubriand a dit : « Les sentiments de Pascal » sont remarquables par la profondeur de leur tris» tesse et par je ne sais quelle immensité. »

Mais j'ai hâte d'en venir à des figures dans lesquelles on verra une plus vive ressemblance avec les types connus de la première moitié du siècle, à de véritables portraits de famille dont la place est naturellement marquée dans cette galerie. Je veux parler d'abord de Jean-Jacques Rousseau et de son école.

Ce qui frappe tout de suite dans Jean-Jacques Rousseau, c'est le penchant à la rêverie. Dès son enfance, la lecture des romans avait développé en lui cette habitude. « Il n'avait aucune idée des » choses, que tous les sentiments lui étaient déjà

» connus... Il n'avait rien conçu, il avait tout » senti. » Il atteint le seuil de la jeunesse « inquiet, » mécontent de tout et de lui, dévoré de désirs dont » il ignorait l'objet, pleurant sans sujet de larmes, » soupirant sans savoir de quoi. » Le monde de l'imagination se substitue pour lui à la réalité; et non seulement il oublie la réalité pour la fiction, mais plus la réalité est sévère, plus son imagination est riante. Ce n'est pas assez : il est une chose qu'il aime plus encore que la rêverie, c'est le souvenir de celle-ci ; c'est, pour ainsi dire, la rêverie de sa rêverie.

Le caractère factice d'une telle existence apparaît bien dans ce qu'on peut appeler les amours de Jean-Jacques. Aux Charmettes, il aime mieux M$^{me}$ de Warens de loin que de près. A Venise, dans l'épisode de Zanetta, on le voit s'ingéniant à se gâter à lui-même sa bonne fortune : « non, s'écrie-t-il, à la fin de ce » récit, la nature ne m'a pas fait pour jouir; elle a » mis dans ma mauvaise tête le poison du bonheur » ineffable dont elle a mis l'appétit dans mon cœur. » Quant à Thérèse, il ne l'a jamais aimée. Une fois cependant, il croit avoir éprouvé la passion. Mais cet amour unique, de quoi se composait-il ? Rousseau, seul à l'Hermitage, avait peuplé sa solitude des fantômes de femmes dont il avait gardé le souvenir. « Dans ses continuelles extases, il s'enivrait à torrents » des plus délicieux sentiments qui soient jamais

» entrés dans un cœur d'homme. » Sous l'influence de ces songes, il conçoit l'idée et le plan de sa nouvelle Héloïse; il en écrit les premières pages. C'est alors que survient M^me d'Houdetot; elle semble être l'incarnation de ses illusions chéries, et il l'aime. Amour encore imaginaire, et que ne contribuait pas peu à enflammer, chose bizarre, la certitude qu'il ne serait pas partagé. Au fond, Rousseau, amoureux surtout de chimères, ne fut jamais vraiment épris que des créations de son intelligence.

Avec le goût de la rêverie, il avait celui de la solitude qui devint bientôt pour lui un besoin. Les Charmettes, l'Hermitage, Montmorency, l'île de Saint-Pierre, Ermenonville, sont illustrés par ses retraites. Il y employait ses heures à des excursions dans les lieux les plus déserts, et, s'il se pouvait, les plus sauvages. Il est intéressant de rechercher les causes de cet amour de l'isolement.

L'origine en était fort complexe. Il procédait d'abord du goût même de Jean-Jacques pour la rêverie, car l'habitude de la fiction inspire l'éloignement du monde. Il procédait aussi de son humeur misanthropique; les hommes lui semblaient trop pervers pour qu'on pût vivre avec eux. Il se mêlait à ces sentiments une disposition naturelle à la paresse. Rousseau l'avoue sans détour : « l'oisiveté me suffit, et pourvu
» que je ne fasse rien, j'aime mieux rêver éveillé
» qu'en songe. Vivre sans gêne dans un loisir éternel,

« c'est la vie des bienheureux dans l'autre monde. »
Il parle avec enchantement « du précieux farniente, de
» l'occupation délicieuse et nécessaire d'un homme qui
» s'est dévoué à l'oisiveté. » Vainement il avait cherché
d'abord à se le dissimuler à lui-même, il y avait en lui
un esprit de liberté que rien n'avait pu vaincre. « Cet
» esprit de liberté, ajoute-t-il, me vient moins d'orgueil
» que de paresse, mais cette paresse est incroyable ;
» tout l'effarouche ; les moindres devoirs de la vie
» civile lui sont insupportables. » Il se croit quitte
envers les hommes en leur donnant « l'exemple de
» la vie qu'ils devraient mener. » La solitude a donc
à ses yeux le mérite de le délivrer de toute gêne. Elle
y joint un dernier avantage : elle lui assure la pleine
possession de lui-même. Parfaitement en repos, il le
dit du moins, vis-à-vis de sa conscience, il trouve
dans le simple sentiment de son existence, dans la
perception des moindres mouvements de son âme,
une jouissance douce et continue. Sur ce point, il
établit une distinction bien subtile entre « l'amour-
propre » et « l'amour de soi-même » : l'amour-propre
c'est la vanité, il la blâme ; l'amour de soi-même, c'est
le plaisir que prend l'individu dans la conscience de
son être. « De quoi jouit-on, dit-il, dans une pareille
» situation ? De rien d'extérieur à soi, de rien sinon
» de soi-même et de sa propre existence ; tant que cet
» état dure on se suffit à soi-même comme Dieu. » Ce
dernier sentiment, Jean-Jacques s'y livre tout entier.

Eh bien, la rêverie, la solitude, la misanthropie, l'oisiveté, la contemplation de soi-même, toutes ces choses lui ont-elles donné le bonheur ? Il s'en faut bien. Écoutons-le : « quand tous mes rêves se seraient » tournés en réalité, ils ne m'auraient pas suffi ; » j'aurais imaginé, rêvé, désiré encore. Je trouvais en » moi un vide inexplicable que rien n'aurait pu remplir, » un certain élancement de cœur vers une autre sorte » de jouissance dont je n'avais pas d'idée et dont » pourtant je sentais le besoin. » Il est vrai que ces aspirations même étaient, à l'en croire, « d'une tris- » tesse attirante, » mais voici un aveu significatif : « Il n'est pas possible qu'une solitude aussi complète, » aussi permanente, aussi triste en elle-même, ne me » jette quelquefois dans l'abattement. » Les agitations vaines, les terreurs sans cause le viennent assaillir. Il attribue à ses ennemis de sourds complots, de ténébreuses machinations. Ses terreurs vont jusqu'à l'hallucination. Au milieu de ces misères morales, il s'écrie : « Ma naissance fut le premier de mes maux. » A ce compte, il dut considérer sa mort comme le premier bien qui lui échut. Il est même permis de craindre qu'il n'ait pas su l'attendre, et qu'il ait acheté sa délivrance par un crime. Volontaire ou non, sa fin fut prématurée ; à défaut de sa main, le chagrin qui le minait avait assez de puissance pour briser l'organisation délicate qu'il avait rapidement usée.

Je le demande, le caractère que je viens de rappeler

ne réunit-il pas tous les signes du mal dont notre pays a tant gémi depuis Rousseau? Est-il une forme de tristesse, une nuance de mélancolie qui ne soit contenue dans ce type ou qui ne puisse s'y rattacher?

Et maintenant, s'il faut me prononcer sur les théories prêchées par Rousseau, que puis-je faire de mieux que de leur opposer son propre jugement et d'en appeler de Jean-Jacques à lui-même ? Vraiment sage quand il est désintéressé, il déclare que la vie contemplative ne convient pas à tous les hommes, « qu'il ne serait pas bon, dans la parfaite constitution » des choses, qu'avides de ces douces extases, ils s'y » dégoûtassent de la vie active, dont leurs besoins » toujours renaissants leur prescrivent le devoir. » Un jeune homme lui ayant demandé la permission de s'établir près de lui, il l'en détourne vivement et lui dit : « L'homme n'est point fait pour méditer, mais » pour agir. » Enfin, consulté sur un projet de suicide, il le combat avec une ironie pleine de sens, et dévoile les sentiments de vanité et de haine cachés sous l'appareil déclamatoire de la lettre à laquelle il répond. Mais de tous les enseignements qu'il a laissés aucun ne peut être comparé à son exemple. Sa triste existence, sa fin plus triste encore, sont la réfutation la plus éclatante de ses trop spécieux systèmes, et la démonstration douloureuse de cette vérité qu'on ne peut impunément lutter contre l'instinct le plus profond de l'homme, la sociabilité ;

qu'en voulant s'affranchir de toute contrainte, on trouve dans sa propre pensée un tyran impitoyable, et que l'égoïsme, auquel se réduit en définitive « l'amour de soi » aussi bien que « l'amour-propre », se prépare à lui-même de cruels châtiments. Par malheur, cette grande leçon est restée vaine, et l'expérience si chèrement acquise par Jean-Jacques n'a sauvé aucun des disciples que lui suscita son génie.

Ces disciples furent nombreux, même de son vivant. Sans parler de plusieurs de ses lectrices sur lesquelles il exerça, à distance, un si grand empire, de ces engouements féminins si ardents et si romanesques, il eut parmi les jeunes hommes de fervents admirateurs. On a vu tout à l'heure comment ses avis étaient sollicités par eux. Je ne sais si ceux qui l'entretenaient de projets de suicide eussent suivi sans hésiter un conseil favorable à ces projets, mais les consultations de ce genre n'étaient pas rares. Un grand nombre des contemporains de Rousseau l'ont considéré comme leur maître. « S'il y avait, dit à
» ce propos M. Sainte-Beuve, les femmes de Jean-
» Jacques, tant celles de la noblesse que de la bour-
» geoisie qui étaient plus ou moins d'après la Julie ou
» la Sophie d'Emile, il y eut aussi les hommes à la
» suite de Rousseau, les âmes tendres, timides,
» malades, atteintes déjà de ce que nous avons appelé
» depuis la mélancolie de René et d'Obermann. »

Dans ce nombre on distingue Deleyre dont on a publié la correspondance avec Rousseau. Dans son enthousiasme, il voit en lui plus qu'un philosophe : un prophète; il compare la fuite de Jean-Jacques en Suisse, à celle de Jésus-Christ en Égypte. S'il ne partage pas les principes spiritualistes de son maître, il lui ressemble par ses souffrances intimes. Il éprouve des regrets de sa piété perdue, des désirs de retour à la foi. Que ne donnerait-il pas pour en recouvrer le bienfait ? « Ah ! tombent sur moi tous les » fléaux de la fortune et de la nature pour me rendre » un remède si doux ! » Cet état d'aspirations stériles est habituel à Deleyre. Il se plaint de ne pas savoir se gouverner, il craint les moments de désœuvrement; il demande conseil contre l'ennui, et il écrit ces lignes significatives : « Je pense à vous avec autant de plaisir » que j'eus de regret l'autre jour de vous laisser dans » la peine et l'inquiétude. C'est notre élément ; nous » y mourrons. » Enfin il faut citer de lui ce mot d'une énergique concision : « A la fin de toutes les » jouissances, est le rendez-vous de toutes les dou- » leurs. »

Ces détails me paraissent justifier l'exactitude de ce portrait que Sainte-Beuve a tracé de Deleyre : « C'était une âme sensible, inquiète, dépaysée, » déclassée, tirée du cloître où elle n'avait pu rester, » et souffrant dans la société d'où il lui tardait » toujours de s'enfuir ; une de ces organisations

» ébranlées comme il ne s'en trouve pas sous cette
» forme au XVII siècle et comme il devait s'en ren-
» contrer beaucoup au commencement du nôtre.
» C'était un athée vertueux, un M. de Wolmar, mais
» qui n'avait pas tout à fait la force de l'être, et qui
» se dévorait lui-même. Il unissait en lui bien des
» contrastes. De quatorze ans plus jeune que Jean-
» Jacques Rousseau, il le suivait d'assez près en tout;
» il n'était pas seulement le plus passionné de ses
» disciples, c'était en quelque sorte un Rousseau en
» second, un Rousseau affaibli, non affadi, nullement
» copiste, bien naturel, bien sincère, j'allais dire plus
» sincère quelquefois que l'autre. »

Après ce prosélyte peu connu, je dois parler d'un plus illustre disciple, qui lui-même est devenu un maître et qu'en le rapprochant de Jean-Jacques, on a spirituellement appelé l'Élisée de cet autre Élie.

Bernardin de Saint-Pierre manifesta dès l'enfance le goût de la rêverie. Il montra aussi dans diverses circonstances un vif penchant pour la solitude. Les mécomptes et les épreuves diverses de sa vie augmentèrent cette disposition mélancolique. On lui a même reproché une humeur inquiète et ombrageuse. Il est certain que, pendant quelque temps, il tomba dans une profonde misanthropie. Jouet de mille terreurs, de mille illusions des sens, il ne pouvait supporter la société des humains. « A la vue de
» quelques personnes de mon voisinage, a-t-il dit

» dans le préambule de l'Arcadie, je me sentais tout
» agité, je m'éloignais, je me disais souvent : je n'ai
» cherché qu'à bien mériter des hommes ; pourquoi
» est-ce que je me trouble à leur vue ? En vain j'ap-
» pelais la raison à mon secours ; ma raison ne pou-
» vait rien contre un mal qui lui ôtait ses propres
» forces. » Sans doute, cette crise ne fut pas de
longue durée et dans les écrits de B. de Saint-Pierre,
la mélancolie est réduite à des proportions bien
modestes et bien inoffensives. Il en fait plutôt un
plaisir qu'une peine ; on le voit par les exemples qu'il
en donne ? « Il goûte du plaisir lorsqu'il pleut à verse,
» qu'il voit les vieux murs moussus tout dégouttants
» d'eau, et qu'il entend les murmures des vents qui
» se mêlent aux frémissements de la pluie. » Ces
sensations qu'il aime à décrire, il les proclame « les
» affections de l'âme les plus voluptueuses. » Il traite
aussi du « plaisir de la ruine, du plaisir des tom-
» beaux, qui sont à ses yeux, surtout les tombeaux
» de nos parents, les plus intéressants de tous les
» monuments ; » du plaisir de la solitude « qui flatte
» notre instinct animal en nous offrant des abris
» d'autant plus tranquilles que les agitations de
» notre vie ont été plus grandes, et étend notre
» instinct divin en nous donnant des perspectives
» où les beautés naturelles et morales se présentent
» avec tous les attraits du sentiment. » Toutefois
B. de Saint-Pierre a connue une certaine tristesse

maladive et par là, sans atteindre Rousseau, il se rapproche de lui.

Mais était-ce seulement dans le voisinage de Jean-Jacques que se manifestait la mélancolie? Non, elle s'étendait plus loin. Sans parler de la satire de l'optimisme contenue dans un roman de Voltaire, rappelons les aveux de désespoir secret que faisait une femme, entourée de toutes les ressources de la société et de tous les plaisirs de l'esprit : « Vous voulez que je » vive quatre-vingt-dix ans, écrivait M<sup>me</sup> du Deffand; » quelle cruelle existence ! ignorez-vous que je » déteste la vie; que je me désole d'avoir tant vécu, » et que je ne me console pas d'être née. » Et plus loin : « Si la raison arrêtait les mouvements de notre » âme, ce serait vivre pour sentir le néant, et le » néant (dont je fais grand cas) n'est bon que parce » qu'on ne le sent pas. » Ces sombres boutades échappées à l'humeur aigrie de M<sup>me</sup> du Deffand, ne sont pas un phénomène isolé. On en rencontre de semblables dans la correspondance d'une autre femme, attachée d'abord à M<sup>me</sup> du Deffand, puis séparée d'elle sans retour, d'une femme, chez laquelle le cœur était cependant bien ardent, mais qui, fatiguée par une vie de passions, exhalait, au milieu des effusions d'un amour agité, son invincible mélancolie. « Mon » Dieu! écrivait M<sup>lle</sup> Lespinasse au chevalier de » Guibert, ne craignez pas d'être triste avec moi; » c'est mon ton, c'est mon existence que la tristesse,

» — Mon âme est un désert; ma tête est vide comme
» une lanterne. Tout ce que je dis, tout ce que j'en-
» tends, m'est plus qu'indifférent, et je dirai aujour-
» d'hui comme cet homme à qui on reprochait de ne
» pas se tuer, puisqu'il était si détaché de la vie : Je
» ne me tue pas, parce qu'il m'est égal de vivre ou de
» mourir. Cela n'est pourtant pas tout à fait vrai : car
» je souffre, et la mort serait un soulagement ; mais je
» n'ai point d'activité. — J'ai retrouvé le calme,
» mais je ne m'y trompe point; c'est le calme de la
» mort. — Bonsoir, je me sens triste; *la vie me fait*
» *mal*. — J'en suis presque au dégoût de l'esprit. —
» Oh ! comme tout le monde est malheureux ! »

Ainsi, chez M<sup>lle</sup> Lespinasse, comme chez M<sup>me</sup> du Deffand, et du côté des encyclopédistes comme du côté de leurs adversaires, partout s'établit en France une rivalité de tristesse, ou, si l'on aime mieux, un étrange accord de plaintes contre les douleurs de la vie. Il en était de même à l'étranger.

IV

## L'Angleterre et l'Allemagne au XVIII⁰ siècle.

Au XVIII⁰ siècle, les œuvres mélancoliques abondent dans la littérature anglaise. Un écrivain prend pour sujet les pensées les plus tristes qu'un homme frappé dans ses plus chères affections puisse agiter au milieu du silence des nuits. « O tristesse, s'écrie Young, » c'est dans ton école que la sagesse instruit le mieux » ses disciples ! » Reconnaissons-le, au milieu des désordres d'une imagination sans frein, à travers des bizarreries, qu'explique d'ailleurs le génie national, l'auteur trouvait des mots profonds. Ainsi, frappé de l'inanité de l'être humain si vite détruit, il posait cette question : « Où est la poussière qui n'ait pas vécu ? » Après lui, citons des génies moins sombres : C'est Thomson, qui célèbre la solitude. C'est Pope dont Lamartine n'a jamais oublié quelques strophes attristées. C'est aussi cet aimable Thomas Gray, qui selon l'expression de Chateaubriand, a trouvé sur sa lyre, surtout dans son élégie du cimetière de campagne, « une série d'accords et d'inspirations inconnues de » l'antiquité, et à qui commence cette école de poètes » mélancoliques qui s'est transformée de nos jours » dans l'école des poètes désespérés. » C'est Béattie qui, d'après le mot du même écrivain « a parcouru la » série entière des rêveries et des idées mélanco- » liques. » C'est enfin le triste et un peu sauvage Kirke-White, mort à vingt et un ans des fatigues d'un travail excessif.

En même temps, survenait en Angleterre un événement littéraire d'une haute importance. Soit que les poésies connues sous le nom d'Ossian fussent l'œuvre authentique d'un vieux barde, fidèlement transmises de génération en génération, dans les montagnes de l'Écosse; soit plutôt, comme il paraît certain aujourd'hui, qu'elles ne fussent que le résultat d'une supercherie savante, l'habile restauration de quelques débris antiques combinés avec une création récente, sans m'appesantir sur ce problème, je dois relever le caractère de la publication de Macpherson. On n'y trouve que chants de guerre, hymnes de mort, mélancolie rêveuse et vague religiosité. De la nature, on ne sent, on ne reproduit, que les spectacles les plus sévères. Au milieu de cette mise en scène un peu monotone, se meut un monde fantastique, où les ombres des héros qui ne sont plus se mêlent à la vague personnalité de leurs descendants. Ces objets, ces figures étranges, charmaient l'esprit des Anglais, et leur inspiraient une admiration dont on verra plus tard la contagion se propager parmi nous.

N'oublions pas enfin de rappeler que, dès cette époque, on rencontre en Angleterre, comme on l'avait vu chez les anciens, le suicide à l'état de mode. Cette mode funeste était-elle chez les Anglais, selon l'explication de Montesquieu, le résultat d'une maladie physique, ou, comme l'a pensé Gœthe, l'effet des passions politiques et de l'esprit de parti? N'y faut-il pas plutôt voir les suites d'un climat brumeux qui développe le spleen, affection qui semble si propre à l'Angleterre que le mot qui la définit est emprunté à sa langue. Ce qu'on ne peut nier, c'est l'ancienneté de la tradition du suicide en Angleterre.

L'Allemagne, ou, pour employer une expression plus étendue, les pays de langue allemande n'étaient pas alors moins malades que l'Angleterre. Il y régnait parmi la jeunesse une tendance marquée vers le désenchantement et le désespoir. « Éprise de poésie,
» tout occupée de chimères, elle se livrait, rapporte
» Gœthe, aux regrets causés par des passions malheu-
» reuses. Traîner son existence dans les langueurs
» d'une vie vulgaire, était sa seule perspective. Un
» orgueil chagrin saisissait donc avec empressement
» l'espoir de se délivrer à volonté de ce fardeau,

» dès qu'il deviendrait trop pesant. Les contrariétés,
» les ennuis que chaque jour amène, ne pouvaient que
» fortifier cette disposition. Elle était générale. » Elle
se personnifiait d'une manière frappante, en un jeune
homme, qui, sous un autre nom, devait passer à la
postérité. C'était le fils d'un théologien nommé Jérusalem. Il était artiste, ami de la solitude ; on avait
parlé de sa passion pour la femme d'un ami. Ce
malheureux se tua ; nous y reviendrons tout à l'heure.

Les femmes n'avaient garde de résister à l'épidémie de sensibilité exaltée qui régnait alors. La lecture
des romans avait au plus haut point excité chez elles
la puissance de l'imagination et développé dans leur
cœur des passions sans objet précis. M<sup>lle</sup> Flachsland,
la fiancée de Herder, en parlant d'une certaine demoiselle de Ziegler, lui rend ce témoignage que c'était
une jeune fille « d'un sentiment extraordinaire. »
Elle-même, M<sup>lle</sup> Flachsland, devenue plus tard une
femme très positive, donnait entièrement dans cette
mode. Elle avait fait bâtir dans son jardin un tombeau qu'elle entourait de rosiers ; elle élevait un
agneau dont elle faisait le compagnon de sa table, et
quand il mourut, elle donna sa place à un petit chien.
Elle écrivait à son fiancé qu'un soir, au fond des bois,
elle était tombée à genoux en regardant la lune, qui
brillait à travers les arbres, et elle l'entretenait des
vagues épanchements d'un besoin d'aimer qu'Herder
aurait eu le droit de trouver un peu trop prodigue.

L'intéressant commentateur de Gœthe, M. Mézières, qui rapporte ces faits curieux, fait aussi connaître que la mère de Maximiliana Brentano, la grand'mère de la célèbre Bettina, M<sup>me</sup> de la Roche « vogua toute » sa vie sur les eaux du sentiment. C'étaient chez elle » des attendrissements continuels ; on s'embrassait, on » versait des pleurs. » Pleurs et attendrissements dont il aurait été difficile de dire la cause.

Fidèle à sa mission, la littérature reproduit bien cet état des esprits. Le baron de Creuz écrit un poème sur les tombeaux, où se montre toute la tristesse d'Young. Hœlty, dans des poésies fugitives, célèbre avec les charmes de la nature ceux de la mélancolie, et consacre aussi sa plume aux sépultures. Gerstemberg publie deux volumes, intitulés : l'*Homme morose ou le mélancolique*. Garve, donne un remarquable traité sur la société et la solitude. Le même sujet est abordé par un admirateur de Garve, par Zimmermann, dans un ouvrage qui n'est pas tout à fait oublié.

On rapporte que Zimmermann, né dans les États helvétiques, aimait, dès sa jeunesse, les bois et les montagnes au sein desquels il grandissait. Ce goût ainsi que l'étude des poëtes, l'avaient porté à la mélancolie. Ses ennuis, au milieu de la société étroite et jalouse d'une petite ville, avaient accru ce penchant, que des chagrins domestiques et des douleurs physiques vinrent transformer en une noire mysanthrophie. Il mourut désespéré. Gœthe, qui l'a connu et qui ne le flatte pas, déclare qu'il était le jouet et finit par devenir la victime d'une sorte de sombre folie.

Les agitations de l'écrivain se traduisent dans son œuvre. Il prêche la solitude, d'abord celle qu'on peut se procurer même au milieu du monde en sachant se recueillir, puis aussi la retraite effective. Il vante la vie au sein de la nature et pense qu'on peut trouver le bonheur à se réjouir de ses harmonies. La solitude a selon lui cet avantage, qu'elle développe les forces de l'esprit, qu'elle crée des loisirs en retranchant les soins inutiles, enfin qu'elle apaise le cœur et élève les sentiments. D'un autre côté, il est le premier à en proclamer les dangers. Il en indique même plusieurs qui semblent en contradiction avec les bienfaits qu'il lui attribue ailleurs ; et il avoue que l'isolement fomente les mauvaises passions, imprime à l'esprit des allures trop absolues, irrite les forces du cerveau, enfin éveille ou fortifie le goût de la mélancolie. Aux yeux de Zimmermann, ce dernier effet devrait être la condamnation de la solitude, car personne n'a tracé de la mélancolie un portrait plus sombre que celui qu'il en a laissé. Il va jusqu'à dire : « De tous les » maux qui affligent l'humanité, il n'en est point » qui approche de la mélancolie ! » Mais, malgré cette imprécation violente, Zimmermann ne sait pas rompre avec le mal qu'il déteste.

Peut-être cependant ses contradictions apparentes

peuvent-elles trouver une explication. Peut-être sa véritable pensée se rencontrait-elle dans un terme moyen, entre les solutions extrêmes que son imagination parcourait tour à tour, et je crois qu'en effet le dernier mot de sa philosophie, le fruit suprême de sa cruelle expérience, a été de proclamer que pour vaincre la mélancolie il ne faut chercher ni les agitations du monde, ni la solitude absolue, mais l'emploi régulier des facultés, le travail habituel, ou, comme il le dit lui-même, « l'occupation dans le calme. » Nous verrons plus d'une fois, dans le cours de cette étude, des écrivains qui avaient longtemps cherché une autre solution au problème du bonheur, arriver à la même conclusion que Zimmermann.

A côté de la nature inquiète, malheureuse et, somme toute, médiocre, que je viens d'esquisser, l'Allemagne, la véritable Allemagne, du XVIII siècle, présente à notre étude un bien plus vaste et plus éclatant sujet, l'auteur de Werther.

Gœthe raconte dans ses mémoires qu'il eut l'amour précoce de la solitude, et qu'à un âge où ces choses sont inconnues, il se montra enclin aux pensées sérieuses et à la rêverie. Très jeune encore, il ressent les premières atteintes d'une manie hypocondriaque. Il ne peut supporter les regards des hommes et se plaît à se retirer dans les bois. Il aime surtout une vaste salle de verdure, formée par de vieux frênes, aux environs de Francfort. « Oh! s'écrie-t-il avec exalta-

» tion, que n'est-il enfoncé dans la profondeur d'un
» désert sauvage, ce superbe palais de verdure ! que
» ne pouvons nous y dresser une tente, nous y sancti-
» fier par la contemplation, y vivre séparés du
» monde ! » Sa santé mal gouvernée s'altère ; il subit
une maladie grave. Quelques essais d'amour ne lui
laissent que des regrets ou des remords. Il se lie, à
Wetzlar, avec un jeune homme d'un caractère droit
et positif, lequel était fiancé à une jeune personne du
nom de Charlotte, restée après la mort de sa mère à
la tête d'une nombreuse famille. Gœthe se prend à
aimer cette jeune fille d'une amitié qui devient
bientôt passion, et pour ne pas devenir témoin de son
mariage, il quitte ses amis. Cette séparation accomplie, et rentré en possession de lui-même, il ressent
le désir de peindre, « ce dégoût de la vie, qui n'est
» le résultat ni du besoin, ni de la misère, et dont
» la principale cause est l'instabilité en amour. »

Pendant cette époque de sa jeunesse, il songe au
suicide. Il réfléchit sur tous les moyens de s'ôter la
vie. Il repasse dans sa mémoire, riche en souvenirs
classiques, tous les exemples de suicide que nous a
laissés l'histoire, et celui qu'il admire le plus est le fait
de l'Empereur Othon, qui, après avoir perdu une
bataille, avait soupé gaîment avec ses amis, et le
lendemain avait été trouvé percé d'un poignard qu'il
s'était enfoncé dans le cœur. Mais ces méditations
approfondies loin de pousser Gœthe au suicide,

l'en détournent. La perfection de la mort d'Othon lui paraissant inimitable, il est conduit à penser que « quiconque n'est pas appelé à suivre son exemple, » ne doit pas se permettre d'attenter à sa vie. » Gœthe possédait bien un poignard de prix, soigneusement affilé ; tous les soirs « avant d'éteindre sa » lumière, » il se demandait s'il allait s'en servir, mais il avoue que, « n'ayant jamais pu s'y résoudre, il » finit par se moquer de sa folie. » Et il fit bien.

Il avait, d'ailleurs, à sa disposition un moyen plus doux de mettre fin à son désespoir. Depuis quelque temps, il était tourmenté du besoin de répandre au dehors ses chagrins, la plume à la main. Il se mit à écrire une œuvre poétique réunissant « tous les éléments de » tristesse qu'il avait rencontrés dans la vie. » La fin déplorable du jeune Jérusalem, dont la situation lui rappelait, d'ailleurs, ses rapports personnels avec Charlotte, lui sembla s'adapter naturellement au roman qu'il méditait et en indiquer le dénoûment nécessaire. Au lieu de se détruire, il créa Werther (1774).

Qu'est-ce que Werther? un rêveur, un désœuvré, un esprit nourri d'illusions, plein d'aspirations vagues et de stériles regrets, incapable de vouloir avec force, laissant échapper le bonheur placé sous sa main, et courant après celui qu'il ne saurait atteindre. Il prend en pitié le monde réel, et se renferme dans celui de l'imagination. Il semble que son amour même pour Charlotte soit un amour de tête bien plutôt que de cœur, et qu'il y entre beaucoup du sentiment qui le porte à se heurter contre l'impossible. La tristesse est l'état habituel de son âme ; mais cette tristesse, il la chérit, il l'alimente avec soin ; il avoue qu'il « a toujours savouré jusqu'à la dernière » goutte d'amertume que lui envoie le sort. » Aussi, ne fait-il nul effort pour s'arracher à ses maux imaginaires. Peintre, il ne demande aucune consolation à son art ; diplomate, à la vérité malgré lui, il se rebute au premier incident qui blesse sa susceptibilité jalouse. Et cependant, ces souffrances dans lesquelles il se complaît, il les juge, un jour, intolérables ; il forme, il mûrit le projet de s'en affranchir par la mort. Ce triste dessein arrêté, il en combine tranquillement l'exécution, et il l'accomplit froidement, sans souci de ses devoirs divers, et sans égard pour la douleur qu'il va causer à sa mère et à ses amis. Telle est la terminaison égoïste et funeste des « souffrances du jeune Werther. »

Werther provient donc de deux sources différentes. Gœthe en a tiré une partie de ses propres souvenirs. Tristesse vague, amour malheureux pour une jeune et grave Charlotte, velléités de suicide, ces sentiments avaient été les siens. Mais il les avait observés aussi chez le malheureux Jérusalem, et le suicide de cet infortuné fournissait à son roman un dénoûment pathétique. C'est aussi la personne extérieure de Jérusalem que Gœthe décrit dans Werther. On y retrouve jusqu'au costume de ce jeune homme, costume qui devait plus tard devenir célèbre, et qui d'après les mémoires de Gœthe était celui de la basse Allemagne, « frac bleu, gilet de peau jaune, et bottes à revers bruns. » La fiction n'était donc pas le seul, ni même le principal élément de cet écrit. Quoi qu'il en soit, le but qu'il s'était proposé en écrivant cet ouvrage, Gœthe l'atteignit. Il trouva dans cet enfantement un dérivatif à ses chagrins. A mesure que sa pensée prenait un corps, sa passion maladive s'évanouissait, et quand il eut achevé de décrire la folie de Werther, il était guéri de la sienne. Mais à quel prix ?

Je ne parle pas ici du coup que vint porter à des cœurs qu'il eut dû ménager davantage, l'indiscrétion de ses allusions transparentes. Un dommage plus étendu, plus grave et plus durable, devait être la conséquence de son œuvre pour bien d'autres âmes. Combien de lecteurs, dès son apparition, accueillirent avec une ardeur inconsidérée les enseignements désolants de ce livre ! Tandis que Gœthe y avait reconquis sa sérénité d'esprit un moment compromise, ses contemporains y puisaient le trouble et le désespoir. « J'avais réussi, dit-il, à transformer la réalité en
» fiction et je me trouvais soulagé ; mes amis, au
» contraire, se persuadèrent que l'on pouvait chan-
» ger la fiction en réalité, convertir le roman en
» action et se faire honneur du suicide. L'erreur de

» quelques personnes, s'étendit bientôt au public, et
» cet opuscule qui m'avait fait si grand bien fut
» décrié comme un événement dangereux. » Dangereux, il l'était en effet et l'expérience ne l'a que trop prouvé. A la suite de cet écrit, sévit une déplorable épidémie de suicide. Lenz en fut atteint l'un des premiers, Lenz, ce personnage que nous font connaître les mémoires de Gœthe, et qui poussa le fanatisme de l'imitation jusqu'à vouloir finir par la démence et le suicide. « On connaît, a-t-on dit, quel-
» ques-unes des victimes de Werther, on ne les con-
» naît pas toutes. » Un jeune homme, fils de M$^{me}$ de Hohenhausen, femme de lettres, se tire à Berne un coup de pistolet, après avoir lu Werther et souligné quelques passages du livre. Toutes les classes de la société payaient leur tribut à la funeste contagion. A Halle, un apprenti cordonnier qui se jeta par la fenêtre portait un Werther dans sa poche. « Mais de
» toutes ces morts volontaires, la plus lamentable fut
» celle de M$^{lle}$ de Lasberg, jeune personne de
» Weymar, qui se croyant abandonnée par son amant,
» le suédois Wrangel, se précipita dans l'Ilm à
» l'extrémité du jardin de Gœthe, et dont le corps
» fut retiré de l'eau presque devant lui. On trouva
» sur elle un exemplaire de Werther. » Je doute, avec M. Mézières, que ces morts tragiques soient les seules qu'il faille inscrire au martyrologe ouvert par Werther. Tout au moins est-il certain que l'in-

fluence de cet écrit s'est fait longtemps et cruellement sentir.

Son auteur a-t-il une excuse ? Quelle nécessité en dehors du besoin d'apaisement intérieur dont il a fait l'aveu, poussait Gœthe à choisir un pareil sujet ? Aux alarmes légitimes que causait parmi ses amis l'annonce de cette publication, il répondait : « Au » péril de ma vie, je ne voudrais pas révoquer » Werther. Il faut que Werther existe, il le faut ! » Pour ma part, je ne connais aucune nécessité qui autorise à jeter dans le public des germes de désordre moral. Le génie, et c'est lui sans doute dont Gœthe entendait revendiquer les droits, le génie, je le veux bien, a ses prérogatives, mais non pas celle de se jouer du repos et de la vie des hommes, et la mère qui lui reprochait la perte d'un fils, n'avait-elle pas raison de dire qu'il lui en serait demandé un compte sévère devant Dieu ?

Il nous reste à parler en quelques mots d'un drame de Gœthe publié en 1790, mais composé un peu avant cette date, et qui appartient à la même inspiration que Werther, sa pièce de Torquato Tasso. Dans cette pièce, le Tasse est représenté sous des traits qui ont fait dire de cette œuvre à J.-J. Ampère que ce n'était que du Werther renforcé ; et Gœthe lui-même trouvait cette définition d'une justesse frappante. Par cette création, comme par celle de Werther, Gœthe paraît avoir cherché à se délivrer de soucis qui pesaient alors sur son âme, et qui étaient nés, croit-on, de sa situation difficile d'artiste et de poëte dans une société d'hommes de cour. Mais il convient d'ajouter que Torquato ne présente pas les dangers de Werther, que ce portrait défiguré ne pouvait exercer une sérieuse influence, et qu'enfin le poëte Italien y est montré se réconciliant avec le monde qui l'avait abreuvé d'amertume. Il nous reste aussi à parler de Faust, puisque la première partie de ce poëme, la seule qui nous intéresse au point de vue où nous nous plaçons, ébauchée dès 1773, avait paru presque entière vers 1780.

Deux personnages y représentent la maladie contemporaine, bien que l'un de ces personnages soit l'esprit même du mal, ou Satan, c'est-à-dire un être qui est de tous les temps, et que l'autre soit le héros d'une légende qui remonte au xvi° siècle. Le premier répand sur toutes choses son dédain sarcastique et son ironie amère; il se plaît à flétrir toutes les illusions, à dessécher toutes les croyances, à tuer tous les bons sentiments, et comme le dit excellemment M. Caro, « il est la part du néant dans l'œuvre divine. » Le second est soumis à l'influence du premier, tout en en gémissant. Dans son activité toujours inassouvie, il poursuit un but qui le fuit sans cesse. « Je le sens, » hélas ! s'écrie-t-il, l'homme ne peut atteindre à rien » de parfait. A côté de ces délices qui me rapprochent » des dieux, il faut que je supporte le compagnon » froid, indifférent et hautain, qui m'humilie à mes

» propres yeux, et d'un mot réduit au néant tous ces
» dons que j'ai reçus. Il allume dans mon sein un feu
» désordonné qui m'attire vers la beauté ; je passe
» avec ivresse du désir au bonheur ; mais, au sein du
» bonheur même, bientôt un vague ennui me fait
» regretter le désir. » Qui ne se souvient de ce
beau monologue de Faust, quand assis, inquiet, à son
pupitre, dans sa chambre gothique, après une nuit
de veille méditative, il reconnaît l'inanité de ses
efforts vers la vérité, et se compare au ver qui
fouille la poussière, qui s'en nourrit, et que le pied du
passant y écrase et y ensevelit. Alors il est tenté de
demander la fin et l'oubli de ces douleurs à ce flacon
dont la vue l'attire et le fascine ; il l'invoque, il le porte
à ses lèvres ; mais le poison tombe de sa main ; le son
des cloches, la voix des pieuses femmes, le chœur
lointain des anges ont rappelé Faust à des sentiments
d'espoir, et il s'écrie : « La terre m'a reconquis. »

Gœthe a reconnu que, dans ces peintures, il s'était
encore représenté lui-même ; que l'ironie de Méphisto-
phélès, aussi bien que l'agitation du docteur, étaient
« des parties de son propre caractère. » Avouons à
notre tour, que présentées sous cette forme poétique et
légendaire, et adoucies par l'abandon de la tentative
de suicide, les scènes de désespoir contenues dans
cette œuvre ne pouvaient faire autant de mal que
celles qui avaient été si fatales aux lecteurs trop
consciencieux de Werther.

## V

## Ramond. — André Chénier. — Bonaparte.

Cependant en France l'esprit public continuait à suivre la direction que lui avaient imprimée Rousseau et ses disciples, et qu'avait confirmée l'influence étrangère.

Je ne parle que pour mémoire d'un livre intitulé : les « *Soirées de Mélancolie* », publié en 1777, par un anonyme qui, d'après Barbier, est un certain M. Loaisel de Tréogate. Cet écrit prétentieux ne contient rien qui justifie vraiment son titre. Mais il faut prêter plus d'attention à un autre livre de la même époque, que Charles Nodier a réimprimé avec éloges en 1829, et à l'auteur duquel Sainte-Beuve a consacré une étude approfondie et bienveillante.

Ramond, qui fut aussi connu sous le nom de Carbonnières, et qui plus tard devait être un homme d'état considéré et un publiciste estimable, a commencé par sacrifier au sentiment qui dominait de son temps. Diverses circonstances l'y avaient préparé. Il alliait à une grande vivacité, une sensibilité facile à émouvoir, et qu'il paraissait devoir à une mère d'origine allemande. Cette tendance avait pu s'accroître dans sa première jeunesse, car il avait vécu à Strasbourg près de ce groupe de jeunes gens enthousiastes et rêveurs dont parle Gœthe, et dont, encore jeune lui-même, il était alors le centre. Son instinct l'avait ensuite poussé vers les voyages. Il portait dans ses courses solitaires le chagrin d'un amour traversé par des épreuves. Tel était l'homme qui, à vingt-deux ans, publiait l'ouvrage anonyme, dont on lui attribue, sans conteste aujourd'hui, la paternité : Les *Dernières Aventures du jeune d'Olban*, fragment des *Amours alsaciennes* ( Yverdun 1777).

Cet écrit est une sorte de drame en prose, divisé en trois journées avec des intermèdes poétiques d'un caractère mélancolique. Il est dédié à M. Lenz, cette victime de Werther, dont j'ai rappelé plus haut la fin tragique. On a retrouvé l'exemplaire manuscrit dans lequel l'auteur s'adresse à la mémoire de ce désespéré, avec une effusion de sympathique commisération :
« Malheureux Lenz, innocente victime, tu n'as pas
» voulu poursuivre une carrière hérissée de tant de
» ronces, et dédaignant le repentir tardif des méchants
» qui t'avaient repoussé, tu t'es hâté de chercher

» l'asile où l'on se repose des fatigues de la vie. » Cruel ! en quittant le monde où tu nous laisses, tu ne » nous a pas dit un dernier adieu ! » Dédié aux mânes d'un suicidé, ce drame est sinon la glorification, au moins la défense du suicide.

La cause d'un dénouement aussi violent est un chagrin de cœur. D'ailleurs tous les personnages de cette pièce, ou peu s'en faut, sont malheureux en amour, et chacun d'eux a de fortes raisons de se plaindre de sa destinée à cet égard. Heureusement, de tous ces personnages également maltraités par la passion, d'Olban seul prend la chose d'une façon absolument tragique.

Dès le début, l'infortuné expose son mal : « Mon » cœur est fermé, dit-il : la douleur y repose..... Si je » suis étranger au monde, n'en accusez que ma sensi- » bilité. » Il aime les promenades solitaires : « Du » haut de mon rocher, isolé, plus près des cieux, je » voyais avec mélancolie le silence et la nuit planer » sur vos campagnes et m'offrir une faible image du » sommeil éternel. » Quand il apprend qu'il n'y a plus d'espoir pour son amour : « Tout est fini, dit-il ; » je regarde autour de moi ; le monde n'est qu'un » désert. Mort ! mort ! je dois l'attendre, la chercher, » cette mort si désirée, dans des antres ignorés, dans » des lieux où l'œil des hommes ne me retrouvera » plus. » Le projet de se donner la mort ainsi conçu dans son esprit, s'y fortifie vite, et, malgré les efforts de ses amis, il le met à exécution. On le voit errer « dans une sombre forêt de sapins, sans chapeau, les » cheveux sur le visage, l'habit en désordre, deux » pistolets à la ceinture. » Il s'assied au pied d'un arbre et se livre à un long monologue sur sa fin prochaine, puis « il cache sa tête dans ses mains et » gémit sourdement. » La dernière scène nous le montre au château ruiné de Honak, à la pointe d'un rocher. « Il est appuyé sur un pan de mur, l'habit en » lambeaux, sans chapeau, les cheveux sur la face, la » voix altérée, mais l'air tranquille d'un homme résolu, » qui, plein de son projet, chante au ciel un dernier » hymne. » Il invoque le ciel dont il prétend bien avoir l'assentiment : « O Dieu qui guide mon bras, » s'écrie-t-il, reçois-moi dans ton sein après vingt-deux » ans d'exil. » A genoux, les mains étendues, il dit adieu à tout ce qu'il a aimé. « Adieu tout ! s'écrie-t-il. » Le coup part, et le suicide est accompli.

Ainsi, ce jeune homme dépourvu d'énergie morale, a cru pouvoir attenter à ses jours; il n'a pas eu pitié des cœurs qu'il allait briser. Chose plus grave encore, il a joint le sophisme à la faiblesse en prétendant faire de Dieu même le complice de son œuvre, et l'auteur a le dernier tort de nous montrer plus tard la lâcheté de d'Olban excusée par deux pèlerins priant sur son tombeau.

Il faut le dire, du reste, ces excès étonnaient plus d'un lecteur sans le séduire. Dorat qui publiait cette œuvre presqu'entière dans le Journal des Dames où elle devait faire une assez singulière figure, tout en y reconnaissant des beautés, la comparait au chaos des pièces anglaises. En tout cas, je ne sache pas que ses admirateurs eux-mêmes aient jamais été tentés de la mettre en pratique. Ramond se trouvait plus à l'unisson de l'esprit public, quand il s'en tenait à des élégies, où l'on a vu, comme un prélude de l'accent de Lamartine, et quand il disait :

Je suis seul, mécontent, au sein de la nature ;
Quand tout chante l'amour, à mes sens moins émus
Tout est muet, et l'onde et l'ombre et la verdure ;
Avec le monde, hélas ! mon cœur ne s'entend plus.

Il est inutile de faire ressortir à quel degré « le jeune d'Olban » était parent « du jeune Werther, » plus âgé que lui de trois ans seulement ; mais cette parenté ne pouvait guère flatter ce dernier. D'autres imitations moins heureuses encore ont suivi cet essai de traduction française du type germanique. « Il »est certain, dit Ch. Nodier, dans la préface de » sa réédition de d'Olban, que la plupart de ces » pastiches oubliés aujourd'hui décèlent la précipita- » tion et la maladresse d'une main inhabile, et qu'ils » sont plus ou moins empreints ou de cette exa- » gération épileptique ou de cette sentimentalité » niaise, qui trahissent dès le premier abord, un » contrefacteur sans inspiration et sans goût. » On peut citer, dans cette veine plus abondante que précieuse, le *Nouveau Werther*, imité de l'allemand par le soi-disant marquis de Langle (1786) et le *Saint-Elme* de Gorgy (1790). Nodier qualifie ce dernier écrit de pâle et insignifiant, et quant au premier, il le définit un Werther « enthousiaste de » tête qui aurait brûlé le papier, si on le brûlait avec » des mots, mais dont l'âme apparaît, froide et inani- » mée, à travers l'expression factice de ses phrases » retentissantes, comme l'échafaudage de l'artificier » derrière ses fusées éteintes. » Enfin, il fait une allusion collective à « dix autres ouvrages du même » temps qu'il serait inutile de nommer à qui ne les » connaît pas. » Cet avis me paraît bon. Il y aurait un mince profit à descendre plus avant dans l'analyse d'ouvrages de seconde main et de dernier ordre; mais il était nécessaire de faire entrevoir combien la littérature en France s'était efforcée de s'approprier le succès de Werther et de s'assimiler cette œuvre, peu en rapport avec notre génie national. C'était un des symptômes les plus incontestables de l'état moral du temps.

Au point de vue littéraire, on prend plus d'intérêt à consulter sur cet état certaines œuvres de M<sup>me</sup> de Charrière; je la nomme ici, quoi qu'elle soit née en Hollande et qu'elle ait vécu en Suisse, parce qu'elle s'est naturalisée française en écrivant dans notre langue, et je ferai de même dans la suite pour les cas analogues. On trouve dans *Caliste, ou lettres écrites de Lausanne* (1786), un certain précepteur anglais, d'un sérieux prématuré et d'une tristesse mystérieuse, qui gémit sur un malheur qu'il n'a pas eu le courage de prévenir. Ce même roman, dans son ensemble, a paru porter la trace des souffrances intimes et des découragements de l'auteur. Le même sentiment apparaît aussi dans un autre de ses écrits, des *Lettres de Mistriss Henley*, qui forment le complément du *Mari sentimental* de M. de Constant, un oncle de Benjamin ; lettres où l'on voit « une femme qui se meurt, dit M<sup>me</sup> de Staël, du dégoût de vivre. » Mais je n'insisterai pas davantage sur cet écrivain, et, de l'époque antérieure à 1789, je ne veux plus rapporter que quelques traits.

Le premier concerne André Chénier. Ce poète attique, ce courageux citoyen, à qui la Terreur ne devait pardonner ni son talent, ni sa générosité, à une époque où tout lui souriait encore, a eu, lui aussi, son accès de mélancolie. Comme d'autres, il s'est mis à récriminer contre la société, à vanter la nature. Il était attaché à l'ambassade de Londres lorsqu'il écrivit les lignes suivantes : « London,
» covent garden, hood's Tavern. Vendredi 3 avril
» 1780, à sept heures du soir. Comme je m'ennuie fort
» ici, après y avoir assez mal dîné, je vais tâcher de
» laisser fuir une heure et demie sans m'en aperce-
» voir, en barbouillant un papier que j'ai demandé...

» Ceux qui ne sont pas heureux aiment et cherchent
» la solitude. On s'accoutume à tout, même à souffrir;
» mais cette funeste habitude vient d'une cause bien
» sinistre : elle vient de ce que la souffrance a fatigué
» la tête et flétri l'âme. Cette habitude n'est qu'un
» total affaiblissement ; l'esprit n'a plus assez de
» force pour peser chaque chose et l'examiner sous
» son point de vue, pour en appeler à la sainte
» nature primitive, et attaquer de front les dures et
» injustes institutions humaines... Voilà ce que c'est
» que s'accoutumer à tout, même à souffrir. Dieu
» préserve mes amis de cette triste habitude!... Je
» suis livré à moi-même, soumis à ma pesante fortune
» et je n'ai personne sur qui m'appuyer : Que l'indé-
» pendance est bonne ! » Ici se placent des réflexions
sur l'humiliation, les dédains que les hauts rangs de
la société infligent aux conditions plus modestes, et
qui se terminent par ces mots : « Allons! voilà une
» heure et demie de tuée : je m'en vais : je ne sais
» plus ce que j'ai écrit, mais je ne l'ai écrit que
» pour moi. » Ces lignes déclamatoires ne sont-
elles pas ce qu'on a appelé de nos jours un signe du
temps et ne peut-on pas dire qu'en déversant ce flot
d'humeur noire Chénier n'était plus lui-même, et
que Jean-Jacques Rousseau et Gœthe parlaient par
sa bouche? Un exemple analogue presque de la
même date est plus saillant encore. Il est emprunté
à la jeunesse de Napoléon I$^{er}$.

On sait qu'il avait voué de bonne heure à Ossian un culte auquel il est toujours resté fidèle. On sait de plus, par de récents et attrayants mémoires, que, jeune, il s'adonnait à la solitude et à la rêverie. « Je vivais à l'écart de mes camarades, disait-il, dans ses conversations avec M<sup>me</sup> de Rémusat. Lorsque j'entrai au service, je m'ennuyais dans mes garnisons ; je me mis à lire des romans, et cette lecture m'intéressa vivement. J'essayai d'en écrire quelques-uns. Cette occupation mit du vague dans mon imagination ; elle se mêla aux connaissances positives que j'avais acquises et souvent je m'amusais à rêver pour mesurer ensuite mes rêveries au compas de mon raisonnement... J'ai toujours aimé l'analyse, et si je devenais sérieusement amoureux, je décomposerais mon amour pièce à pièce. » N'est-ce pas là précisément le procédé de l'école mélancolique ? Mais le jeune Bonaparte s'y rattachait encore par un côté plus fâcheux. Avant d'avoir sérieusement commencé l'épreuve de la vie, il en était fatigué, et ne voyant aucun intérêt digne de l'y rattacher, il songeait, comme il y songea, dit-on, plus tard, dans le désastre de sa fortune, à mettre un terme à ses jours. Une note écrite par lui, le 3 mai de l'année 1788, retrouvée dans les papiers du cardinal Fesch, et publiée en 1842, contient ce passage : « Un jour au milieu des hommes, je rentre pour rêver en moi-même, et me livrer à toute la vivacité de ma mélancolie. De quel côté

» est-elle tournée aujourd'hui ? Du côté de la mort.
» Dans l'aurore de mes jours, je puis encore espérer
» de vivre longtemps et quelle fureur me porte à
» vouloir ma destruction ? Sans doute que faire dans
» ce monde ? Puisque je dois mourir, ne vaut-il pas
» autant se tuer ? Si j'avais passé soixante ans, je
» respecterais les préjugés de mes contemporains et
» j'attendrais patiemment que la nature eut achevé
» son cours ; mais puisque je commence à éprouver
» des malheurs ; que rien n'est plaisir pour moi,
» pourquoi supporterais-je des jours où rien ne me
» prospère ? » Je laisse à d'autres le soin de calculer
les conséquences qu'aurait eues pour l'histoire du
monde l'exécution du projet dont on vient de voir les
traces. Je n'y veux voir que la preuve de l'influence
du temps où il se produisait. Combien cette influence
devait-être profonde pour étouffer, dans un tel homme,
la conscience de sa force, sinon celle de sa valeur, en
même temps que le pressentiment de ses destinées !

J'en aurai fini avec cette époque quand j'aurai
rappelé qu'à ce moment en France, comme en Angleterre, et plus encore que dans ce pays, le suicide
exerçait ses ravages. Mercier, dans son tableau de
Paris (1781-1790), signalait ce fléau. Il n'a point établi
s'il tenait aux sentiments dont j'ai parcouru l'histoire,
mais par elle-même, l'extension du suicide indique
assez un état général de souffrance et de désespoir.

Il est temps de résumer les faits dont j'ai présenté

le tableau. La France, l'Angleterre, l'Allemagne, presque toute l'Europe, donnent vers la fin du xviii° siècle un étrange spectacle. De tous côtés, se manifestent un malaise profond, un trouble douloureux. On entend s'élever partout un murmure attristé. Une philosophie vague, des aspirations indécises et inconsistantes, un besoin de nouveauté et de paradoxe, travaillent les intelligences et les cœurs. Il semble que la société sentant approcher une crise décisive s'agite comme un malade, et demande à tous les expédients un salut qu'elle n'espère même pas.

Ce mouvement s'accélère encore en se communiquant. Il s'établit entre les différents peuples des courants d'influence qui activent la tendance naturelle de chacun d'eux. C'est ainsi que Zimmermann faisait des emprunts à Jean-Jacques Rousseau et à Bernardin de Saint-Pierre; que Gœthe, partageant le goût de la jeunesse de son temps, se passionnait pour le grand poète anglais dont il analysait, dans Wilhem Meïster, la belle création d'Hamlet; c'est ainsi que Gœthe encore ne trouvait rien de mieux pour inspirer à son Werther des idées de mort, que de lui faire relire avec son amie quelques-unes des plus sombres pages d'Ossian. Enfin, c'est ainsi qu'à son tour, Werther venait troubler les imaginations françaises, et revivait, par exemple, dans le jeune d'Olban. Toutes ces causes réunies préparaient la venue de cette « maladie du siècle » dont nous devons suivre maintenant le développement.

II

1789-1815

# I

## Les Poëtes.

MICHAUD. — FONTANES. — LEGOUVÉ. — MILLEVOYE.
BAOUR-LORMIAN.

De toutes les formes que la pensée peut revêtir, aucune plus que la poésie ne paraît propre à l'expression de la mélancolie. Il n'en est pas qui semble mieux faite pour traduire dans leurs détours ou dans leurs élans de capricieuses rêveries ou de vagues aspirations. Cependant, par une anomalie assez bizarre, la poésie de la Révolution et de l'Empire est restée, dans cet ordre d'idées, fort au-dessous de la prose. Tandis que celle-ci a mis au service du mal que j'étudie une langue nouvelle, la poésie se cantonnant dans des souvenirs classiques, ne lui a prêté qu'un concours très effacé. Toutefois elle lui a fait une place que, si petite qu'elle soit, il faut considérer.

On doit mentionner d'abord un petit poëme composé par Michaud pendant la terreur, à la suite d'une promenade solitaire, comme il en faisait alors, réduit qu'il était à se cacher pour se soustraire aux recherches des ennemis que lui valait son courageux journal. Cet ouvrage a pour titre *Ermenonville, ou le tombeau de Jean-Jacques*. Michaud, après avoir écrit dans sa préface qu'à Ermenonville « une douce » mélancolie, un enthousiasme divin dégagent l'âme » des liens qui l'attachent à la terre, » célèbre les vertus de Jean-Jacques et termine ainsi :

> Partout sur son trépas on versera des larmes,
> Partout de ses écrits on sentira les charmes,
> Partout on bénira les vertus de Rousseau,
> Et l'univers sera son temple et son tombeau.

On doit citer aussi « *Le cri de mon âme* » par Fontanes, morceau sentimental, dont l'auteur plus tard rougissait un peu ; et surtout « *Le jour des morts dans une campagne* » (1790), où respire un attendrissement plein de charmes, et qui rappelle la célèbre élégie de Gray. L'auteur avait été préparé à écrire dans ce genre par les difficultés et les chagrins d'une vie dont les débuts n'annonçaient guère la haute fortune qui la devait couronner. Il avait presque connu l'indigence, et, naturellement porté à la mélancolie, ses pensées avaient reçu une teinte plus sombre encore de la perte d'un frère prématurément enlevé à son affection.

Les poésies publiées par Legouvé, de 1798 à 1800, nous offrent des impressions de la même nature. Dans la pièce intitulée la « *Mélancolie* », on sent que le poète s'est enivré de Rousseau, de Bernardin de Saint-Pierre et de Gœthe. Sa mélancolie n'a, d'ailleurs, rien d'amer ; elle est un plaisir plutôt qu'une peine ; elle est même, d'après lui, une volupté. Tout l'alimente : « la fable et le roman, Didon, Tancrède, Héloïse, Werther, Paul et sa Virginie. » Elle aime l'ombre des bois, les bords d'un ruisseau, le coucher du soleil, les aspects de l'automne ; elle chérit les ruines, et plus particulièrement les cimetières.

Un cimetière aux champs, quel tableau, quel trésor !

Du reste, elle-même prête son charme à toute chose ; « elle embellit la scène de l'univers. » Enfin, si l'on veut savoir sous quelle figure elle se présente aux yeux du poète, voici le portrait qu'il en fait :

« ..... Une vierge assise sous l'ombrage,
Qui, rêveuse et livrée à de vagues regrets,
Nourrit au bruit des flots un chagrin plein d'attraits,
Laisse voir, en ouvrant ses paupières timides,
Des pleurs voluptueux dans ses regards humides
Et se plaît aux soupirs qui soulèvent son sein,
Un cyprès devant elle, et Werther à la main. »

On voit combien le naturel fait défaut à cette poésie élégante. Celle d'un autre poète, Millevoye, qui brilla quelques années après d'un doux éclat, se présenta avec moins d'apprêt. « *La demeure abandonnée,* » *Le bois détruit, Le poète mourant,* » et surtout « *La* » *chute des feuilles* » (1811), cette poésie qui suffira pour faire vivre le nom de son auteur, sont autant d'élégies aimables où l'émotion parle un langage d'autant plus touchant qu'il est plus simple.

En 1801, Baour-Lormian avait donné ses poésies Ossianiques. Elles furent accueillies par la faveur publique, et le futur empereur, qui ne ménagea pas ses récompenses à l'auteur, fut le premier à les lire et à apprécier le mérite avec lequel elles faisaient passer dans notre langue la poésie vaporeuse et sombre des Anglais.

C'est à cela que se borne l'expression de la mélancolie par la poésie, de 1789 à 1814. Encore dans ce petit nombre d'œuvres le mal que j'étudie se trahit-il à peine. Pour prendre sur le fait la mélancolie vraiment maladive, il faut arriver à des œuvres moins poétiques dans la forme, quoiqu'elles le fussent peut-être plus par le fond.

## II

### M^me de Staël.

Ce n'est pas, sans doute, par le côté mélancolique que M^me de Staël attire au premier abord l'attention. On loue plutôt en elle des qualités énergiques et quelque peu viriles. L'enthousiasme paraissait être l'état le plus habituel de son âme et le mot qui l'exprime revient fréquemment sous sa plume. M^me Le Brun, dans ses Souvenirs, la représente comme personnifiant en quelque sorte la muse de l'improvisation, et Gérard n'a pas cru s'écarter de la vérité en la peignant sous les traits de Corinne, l'Italienne inspirée. Elle a horreur de la solitude; elle recherche le monde, les triomphes que son esprit supérieur y remporte, l'impulsion nouvelle qu'il en reçoit; elle aime la gloire, aiguillon puissant pour le talent; enfin son cœur ne reste pas inactif.

Cependant on ne saurait nier qu'elle ait ressenti des atteintes de maladie morale. Elle nous apprend que le « fantôme de l'ennui l'a toujours poursuivie, » qu'elle est « dans son imagination, comme dans la tour d'Ugolin... » Et dans sa dernière maladie elle disait à Chateaubriand : « J'ai toujours été la même, vive et » triste. »

On peut puiser, à cet égard, d'utiles éclaircissements dans ses préférences littéraires. Son premier ouvrage considérable sont ses *Lettres sur le caractère et les écrits de Jean-Jacques Rousseau*, qu'elle publiait à vingt-deux ans (1788). Leur lecture atteste que l'auteur a profondément pénétré son sujet. Elle analyse, par exemple, avec une finesse remarquable, la singulière disposition de Rousseau que j'ai rappelée, de ne pouvoir se passionner que pour des illusions. Mme de Staël ne se borne pas à comprendre Rousseau, elle l'admire. Dès son enfance, elle avait conçu pour lui, je répète le mot qui lui était cher, un enthousiasme ardent. C'était, avec Richardson, le seul écrivain dont elle emportât les ouvrages dans une retraite à Saint-Ouen, que lui imposait sa santé altérée par l'excès du travail ; ce fut à lui qu'elle voulut consacrer son premier essai sérieux de composition. Le préambule en est solennel, mais c'est surtout dans la péroraison que l'auteur se livre à la déclamation, et l'hyperbole prodiguée dans l'éloge et dans la description de la sépulture de Rousseau, indique que Mme de Staël était devenue l'élève en même temps que l'admiratrice de Jean-Jacques.

En acquérant plus de maturité, la raison de M"° de Staël a corrigé ces excès, mais elle est demeurée fidèle à ses premières sympathies pour le genre mélancolique. Dans son ouvrage, publié en 1800, sur *La littérature considérée dans ses rapports avec les institutions sociales*, elle proclame qu'il y a deux littératures tout à fait distinctes : « celle qui vient du Midi, et
» celle qui descend du Nord, celle dont Homère est
» la première source, celle dont Ossian est l'origine. »
Elle range dans l'une les Grecs, les Latins, les Italiens, les Espagnols et les Français du siècle de Louis XIV ; dans l'autre les ouvrages Anglais, les ouvrages Allemands, quelques écrits des Danois et des Suédois et un certain nombre d'ouvrages modernes. Or, la base de cette distinction c'est que la première de ces littératures recèle une sensibilité rêveuse et profonde qui n'appartient pas à la seconde. M"° de Staël, tout en reconnaissant qu'on ne peut décider de la supériorité de l'un ou l'autre des deux genres par elle indiqués, déclare que « toutes ses impressions,
» toutes ses idées la portent de préférence vers la
» littérature du Nord. » Et elle donne ainsi la raison de ce choix : « Ce que l'homme a fait de plus grand,
» il le doit au sentiment douloureux de l'incomplet de
» sa destinée... L'héroïsme de la morale, l'enthou-
» siasme de l'éloquence, l'ambition de la gloire,
» donnent des jouissances surnaturelles, qui ne sont
» nécessaires qu'aux âmes à la fois exaltées et mélan-

» coliques, fatiguées de tout ce qui se mesure, de tout
» ce qui est passager, d'un terme enfin à quelque
» distance qu'on le place. » Enfin appliquant ces principes, dans son ouvrage sur l'Allemagne (1810), Mme de Staël paye à toute la littérature allemande et en particulier à Werther un large tribut de louanges.

Il serait facile sans doute de contester le mérite de la théorie que je viens de reproduire et qui divise en deux grandes parts toute la littérature. Dès l'apparition de l'ouvrage où elle était formulée, Mme de Staël, avait rencontré de puissants contradicteurs. Dans un article du *Mercure*, M. de Fontanes avait rompu une lance avec l'auteur. Il soutenait, avec raison, que les Grecs n'avaient été nullement étrangers à la mélancolie, qu'ils avaient parfaitement compris « la douleur » rêveuse dans les impressions solitaires. » Enfin il rappelait que les poésies les plus tristes avaient été composées par un arabe il y avait plus de trois mille ans. Un antagoniste plus redoutable encore, M. de Chateaubriand, dans une réponse adressée à M. de Fontanes, ne dédaignait pas d'entrer en lice contre Mme de Staël, et même il le faisait avec des formes qui témoignaient de sa part plus de malice que de générosité. Il est vrai que Chateaubriand, comme Fontanes, tombait dans autre erreur en faisant de la mélancolie un attribut exclusif de la religion chrétienne. Mais n'insistons pas sur la valeur respective de ces thèses brillantes. La seule chose que j'aie voulu noter ici, c'est la tendance morale de Mme de Staël, envisagée comme critique littéraire.

Cette tendance ne s'accuse pas moins dans les ouvrages où elle a su créer à son tour. Dans un drame presque inconnu : *Sophie, ou les sentiments secrets*, œuvre de ses débuts, toute empreinte de la fausse sensibilité du temps, on voyait, au milieu d'un jardin anglais (c'en était alors la mode), près d'une urne entourée de cyprès, une jeune fille souffrant d'une tristesse précoce. Son premier roman (1802) nous offre une héroïne d'un caractère énergique et dont les troubles intimes ne proviennent que de la difficulté qu'elle éprouve à choisir entre plusieurs genres de sacrifices, mais qui n'en sent pas moins le fardeau de la vie : *Delphine* parle de « la fatigue d'exister. » Ce mot, un de ceux dont on a depuis tant abusé, avait alors une nouveauté relative. Dans *Corinne* (1807), c'est Oswald qui représente la maladie morale : Oswald, c'est-à-dire une nature inquiète, attristée, qui rappelle un personnage du roman de *Caliste* par Mme de Charrière. Du reste, bien que ce sombre insulaire n'occupe pas la première place dans le roman, et que la figure de Corinne y efface tout de son éclat, celle-ci ne laisse pas de subir son charme et c'est à lui qu'elle donne tout ce qu'elle peut donner d'un cœur où règne surtout l'amour de la gloire.

Ces peintures, il faut le reconnaître, étaient à peu près inoffensives. Mme de Staël a eu le malheur, un jour, de faire de son talent un plus funeste usage. Dans son traité de *l'Influence des passions sur le bonheur des individus*, elle a été assez mal inspirée pour écrire l'éloge du suicide. La date de cet ouvrage (1796), en nous reportant au souvenir des malheurs de notre patrie, pourrait atténuer dans quelque mesure la gravité de cette erreur, si Mᵐᵉ de Staël n'avait témoigné plus tard encore, dans *l'Allemagne*, une fâcheuse complaisance pour la doctrine du suicide. Mais il serait injuste d'appuyer sur cette faiblesse, puisque l'écrivain l'a désavouée de son mieux. Le souvenir en était toujours resté comme un remords dans sa conscience ; elle a tenu à honneur de l'atténuer et elle s'est acquittée de ce soin en publiant, en 1812, des réflexions sur le suicide, où elle flétrissait l'abandon de la vie, du moins celui qui n'est pas commandé par le dévouement ou par la vertu.

Mᵐᵉ de Staël a donc connu par elle-même cette maladie du siècle qu'elle a définie « une maladie de » l'imagination. » Élevée dans une société engouée de Rousseau, elle avait partagé à son sujet le délire général. Plus tard, les malheurs publics l'avaient atteinte. La Révolution, en bouleversant sa vie, y avait laissé un vide profond. Jamais elle n'avait pu se consoler de l'exil ni de sa demi-solitude de Coppet. Elle n'avait pu d'avantage s'accoutumer à la pensée des maux de la France livrée tour à tour à l'anarchie ou au despotisme. Enfin les littératures étrangères, avec lesquelles son exil l'avait rendue familière, avaient fourni à sa mélancolie un nouvel aliment. Ses défaillances d'ailleurs ont été courtes et bientôt suivies de retour à la pleine santé morale, et, sous quelques rapports, elle restera comme un modèle de l'indépendance et de la fermeté du caractère.

# III

## Le Groupe de Coppet

BARANTE. — SISMONDI.

---

On n'est point un esprit supérieur, on n'a point en soi une surabondance de force et de mouvement intellectuel, sans attirer, sans grouper près de soi d'autres intelligences moindres, mais qui peuvent être encore remarquables. Autour de M$^{me}$ de Staël gravitaient quelques hommes qui vivaient de sa vie morale et en partageaient les souffrances.

Elle-même, a tracé le portrait de l'un deux, car cet Oswald, compagnon trop froid de l'éclatante Corinne, ne serait autre, d'après un juge compétent, qu'un des amis de M$^{me}$ de Staël, M. de Barante. Or, on l'a vu plus haut, Oswald était triste et sombre. « La » plus intime de toutes les douleurs, la perte d'un

» père, était la cause de sa maladie; des circonstan-
» ces cruelles, des scrupules délicats aigrissaient
» encore ses regrets et l'imagination y mêlait ses
» fantômes. A vingt-cinq ans, il était découragé de
» la vie; son esprit jugeait tout d'avance, et sa sen-
» sibilité blessée ne goûtait plus les illusions du
» cœur... Rien ne lui causait un sentiment de plaisir
» pas même le bien qu'il faisait. » Il ne semble pas,
d'ailleurs, que cette disposition amère ait eu chez
M. de Barante une longue durée. Elle a dû céder à
une vie active et favorisée par le succès.

Non loin de lui, dans la pénombre de M<sup>me</sup> de Staël, on distingue la figure d'un autre écrivain, Suisse d'origine, mais Français par le langage et par le cœur.

M. de Sismondi, qui avait de bonne heure fait de la France sa patrie d'adoption, avait pris sa part, pendant la Révolution, des désastres qui atteignaient la France. Il était à Lyon quand la tourmente s'y déchaîna. Il avait cherché un refuge en Suisse, d'où la guerre vint le chasser. Il s'était alors réfugié en Angleterre, puis retiré en Italie (1793-94), et avait été de là porter ses hommages à la cour de Coppet. Il n'avait pas tardé à devenir un des admirateurs les plus dévoués de M<sup>me</sup> de Staël. La société de cette femme illustre était devenue pour lui un besoin impé-
rieux. Il écrivait: « L'ennui, la tristesse, le décou-
» ragement, m'accablent dès que je suis loin d'elle. »

Il l'accompagna dans ses voyages en Allemagne et en Italie, et pendant toute la durée de l'Empire, qu'il n'a servi qu'au jour du malheur, il s'est associé à la haine que Mme de Staël avait vouée au pouvoir qui pesait sur la France. Contre les chagrins que lui inspirait la vue des événements qui désolaient alors l'Europe, il ne trouvait en lui-même aucun remède. Il rencontrait au contraire dans sa pensée, sa correspondance l'atteste, d'autres sujets d'angoisses. Le 28 mai 1800, il écrivait à Mme d'Albany : « Vous pouvez juger
» quelle est notre tristesse habituelle; aucun de nous
» n'a plus le courage de travailler. Il prend un dé-
» goût de la littérature, de l'étude, de la pensée,
» lorsque la vie est si pesante ; il prend un sentiment
» de mort universelle, et je voudrais dormir toujours
» pour m'ôter à la fin et aux nouvelles du jour et aux
» retours sur soi-même qu'une philosophie impuis-
» sante nous fait faire sans résultat » A charge à lui-même, il éprouve une agitation fatigante qu'il ne peut apaiser qu'en s'oubliant pour d'autres. « Ce n'est
» que par ces affections, dit-il, le 30 juin 1810, que
» j'évite d'être ennuyé de moi-même, et encore Dieu
» sait si je l'évite entièrement; il me semble que je
» tiens si peu de place, que j'ai si peu de motif pour
» vivre, qu'il faut me dire ou me faire croire que je
» suis nécessaire à un autre, pour que je sois néces-
» saire à moi-même, le découragement est sans cesse
» à la porte, et je n'ai plus assez de vie intérieure

» pour me passer un instant de celle que les autres me
» prêtent. » Une dernière citation montrera ce qu'il
était encore deux ans plus tard : « Pescia, 4 novembre
» 1812. Il y a dans la pensée même, il y a dans la
» nature et le cours de la vie quelque chose de triste,
» une mélancolie intérieure qui renaît d'elle-même et
» qu'on ne chasse guère que par l'action et la dissipa-
» tion. » Ainsi la pensée, la nature, la vie même, tout
l'attriste et il ne peut supporter le fardeau de l'existence qu'en en perdant la conscience par l'agitation ;
il va plus loin, et estime qu'on peut s'en défaire
par la violence. M$^{me}$ de Staël, je l'ai dit, avait
rétracté l'opinion imprudente qu'elle avait d'abord
soutenue sur le suicide ; Sismondi la blâme de cette
rétractation qui, selon lui, ne pouvait qu'affaiblir l'autorité de sa pensée, et il considère le suicide comme
un remède mis à notre portée, « et pour tout dire, le
» plus énergique. » (Lettre du 27 mars 1814.)

Sismondi est une preuve frappante du mal qui
sévissait sur les esprits à cette époque, et ce n'est pas
une mince erreur et une faute légère de sa part
d'avoir cru et d'avoir dit qu'on pouvait s'y soustraire
en quittant volontairement la vie. Du moins, il a
cherché à le combattre en lui par un travail intellectuel opiniâtre et dont les beaux résultats ont
enrichi la littérature ; et plus tard, il est revenu au
calme et à la sérénité.

Cette sagesse tardive ne fut pas le partage de tous

les amis de M^me de Staël. L'un des plus illustres, Benjamin Constant, resta jusqu'à son dernier jour dans une agitation stérile. Mais ce personnage a trop d'importance pour être apprécié dans un rang secondaire et nous lui consacrerons, en son lieu, un examen spécial. Nous arrivons, dès à présent, à un grand sujet, l'étude de Chateaubriand.

# IV

## Chateaubriand

Chateaubriand a dit quelque part que tous les grands génies avaient été mélancoliques. Cette loi comporte assurément plus d'une exception, mais ce n'est pas par l'exemple de Chateaubriand lui-même qu'on la pourrait contredire. Loin de là, la mélancolie n'a jamais eu peut-être de personnification plus éclatante que cet illustre écrivain.

Elle apparaît déjà dans ses premiers écrits. Son *Essai historique sur les Révolutions, dans leurs rapports avec la Révolution Française* (1797) contient, au milieu d'études historiques et poétiques, des considérations sur la mélancolie, la solitude, le suicide. L'auteur parle avec émotion des récentes infortunes de ses compatriotes et donne aux malheureux des conseils marqués du cachet de l'époque. Il les engage à éviter les jardins publics, le fracas, le grand jour, « à contempler de loin les feux qui brillent sous tous » les toits habités : ici le réverbère à la porte du » riche, qui, au sein des fêtes, ignore qu'il y a des » misérables : là-bas quelque petit rayon tremblant » dans une pauvre maison écartée du faubourg ; et à » se dire : là, j'ai des frères ! » Il leur indique encore les consolations qu'ils peuvent puiser dans la nature. Dans un chapitre intitulé : *Sujets et réflexions détaillés*, il déploie une extrême violence d'amertume et une misanthropie passionnée ; et sur des notes manuscrites, consignées par l'auteur en marge de cet essai, on lit ces lignes : « Ne désirons point survivre à nos cendres, » mourons tout entiers de peur de souffrir ailleurs. » Cette vie-ci doit corriger de la manie d'être. » Mais nulle part il n'a été si loin que dans *René* (1802).

Cette œuvre a laissé des traces si profondes dans l'histoire morale du siècle que, bien qu'elle soit présente à toutes les mémoires, je dois en rappeler ici les principaux traits.

René se montre dès son enfance tel qu'il sera plus tard. « Son humeur est impétueuse, son caractère iné- » gal. » Il aime à « contempler la nue fugitive, à enten- » dre la pluie tomber sur le feuillage, » ou bien, se promenant avec sa sœur dans les bois, « à la chute des feuilles, » il prête l'oreille « aux sourds mugissements » de l'automne ou au bruit des feuilles séchées » que tous deux traînent lentement sous leurs pas. Après

la mort de son père, il s'arrête « à l'entrée des voies
» trompeuses de la vie. » Il se sent tenté d'aller cacher
ses jours dans un cloître, mais il renonce à ce projet
et prend le parti de voyager.

Il visite d'abord « les peuples qui ne sont plus. »
Puis il se lasse de « fouiller dans des cercueils, où il
» ne remue trop souvent qu'une poussière crimi-
» nelle. » Il veut voir si les races vivantes lui offriront
» plus de vertus ou moins de malheur que les races
» évanouies. » Mais quel est le fruit de ses fatigantes
recherches ? « Rien de certain parmi les anciens, rien
» de beau parmi les modernes. » Il rentre enfin dans
sa patrie, mais le grand siècle n'est plus.

A Paris, il se jette un instant dans le monde ; il
en est bien vite dégoûté. Il se retire dans un faubourg
de la grande ville. « Souvent, assis dans une église peu
» fréquentée, il passe des heures entières en médita-
» tion. » Le soir venu, il reprend le chemin de sa
retraite, et il se dit que « sous tant de toits habités, il
» n'a pas un ami. » Enfin, il se décide à « achever dans
» un exil champêtre une carrière à peine commencée et
» dans laquelle il a déjà dévoré des siècles. » Cette
solitude le plonge dans de nouveaux tourments.
Quelquefois il rougit subitement et « sent couler dans
» son cœur comme des ruisseaux d'une lave ardente ;
» quelquefois il pousse des cris involontaires, et la
» nuit est également troublée de ses songes et de ses
» veilles. » L'automne arrive, il entre « avec ravis-

» sement dans la saison des tempêtes. » L'exaltation de son cœur s'accroît chaque jour ; il a peine à en contenir la force inactive. Il se sent seul sur la terre ; « une langueur secrète s'empare de son corps. » Il ne s'aperçoit plus de son existence que par un profond sentiment d'ennui. Enfin désespérant de guérir il se décide à quitter la vie. On connaît les événements qui terminent ce récit : la lettre que René écrit à sa sœur ; les alarmes de celle-ci ; son arrivée précipitée chez son frère qu'elle force à vivre ; l'engagement d'Amélie dans la vie religieuse ; le hasard qui révèle le secret de son égarement à celui qui en est l'objet ; enfin le départ de René qui s'embarque pour l'Amérique où il traîne une existence désenchantée, et trouve la mort dans le massacre des Français à la Louisiane.

Telle est, dans ses lignes les plus saillantes, la figure de René. Chateaubriand, dans un autre ouvrage, a suivi René au milieu des Natchez ; mais cette étude qui, publiée seulement en 1825, est cependant antérieure à René, n'ajoute rien à la physionomie du héros. A la Louisiane ou en France, René est toujours le même : « Je m'ennuie de la vie, dit-il, l'ennui m'a
» toujours dévoré. Ce qui intéresse les autres hommes
» ne me touche point. Pasteur ou roi, je me serais éga-
» lement fatigué de la gloire et du génie, du travail
» et du loisir, de la prospérité et de l'infortune. Je suis
» vertueux sans plaisir ; si j'étais criminel, je le serais

» sans remords ; je voudrais n'être pas né ou être à
» jamais oublié. »

Quel sombre portrait, et quelle distance même entre René et l'infortuné décrit dans l'*Essai !* Ce dernier, en contemplant les toits habités par la misère, pouvait du moins se dire : là j'ai des frères ! René s'écrie : je n'ai pas un ami ! L'un trouve des adoucissements dans la vue de la nature ; pour l'autre, elle n'est qu'un objet d'indifférence. Adonné à la rêverie et à la solitude, plein de mépris pour les hommes et de complaisance pour lui-même, sceptique, inquiet, désœuvré, inutile, ne sachant que nourrir les troubles de son âme et les communiquer à d'autres cœurs, René réunit tous les symptômes, de la maladie du siècle, il en constitue le type le plus complet.

Quel était donc le sentiment qui poussait Chateaubriand à caresser avec tant de complaisance ce triste sujet ? On ne peut en douter, sauf quelques événements imaginaires auxquels le héros se trouve mêlé, l'auteur a voulu se peindre lui-même. Il l'avoue, « ses ouvrages sont les preuves et les » pièces justificatives de ses mémoires : on y pourra » lire à l'avance ce qu'il a été. » L'identité entre René et Châteaubriand résulte encore d'un rapprochement entre le passage des *Natchez* que je viens de citer plus haut, et une page des *Mémoires d'outre-tombe*. Ce que René dit de son incorrigible dégoût de toutes choses, Chateaubriand l'applique à lui-même dans ses mémoires, et presque dans les mêmes termes : « Voilà comme tout avorte dans mon » histoire ; comme il ne me reste que des images de » ce qui a passé si vite….. la faute en est à mon » organisation ; je ne sais profiter d'aucune fortune ; » je ne m'intéresse à quoi que ce soit de ce qui in- » téresse les autres. Hors en religion, je n'ai aucune » croyance. Pasteur ou roi, qu'aurais-je fait de mon » sceptre ou de ma houlette ? je me serais également » fatigué de la gloire et du génie, du travail » et du loisir, de la prospérité et de l'infortune. Tout » me lasse ; je remorque avec peine mon ennui avec » mes jours, et je vais partout baillant ma vie. » Remarquons ici, d'ailleurs, que lorsqu'il excepte sa foi religieuse du naufrage de ses croyances, Chateaubriand ne parle point de tout son passé, et qu'en un autre endroit il a reconnu que l'alternative du doute et de la foi avait fait longtemps de sa vie « un » mélange de désespoir et de délices. » Quoi qu'il en soit, tout ce que nous savons de la vie de Chateaubriand, tout ce qu'il a révélé lui-même, vient démontrer que René c'est lui. On va le voir de plus près par les détails qui suivent.

Dès ses premières années, Chateaubriand aime la solitude. Il fuit les enfants de son âge pour devenir « le compagnon des vents et des flots. » S'asseoir seul, dans la concavité d'un rocher, « s'amuser à » béer aux lointains bleuâtres, à écouter le refrain

» des vagues parmi les écueils, tels sont ses plaisirs. »
Adolescent, il se plaît aux longues promenades dans la campagne, accompagné seulement par une jeune sœur. Homme fait, il entreprend de lointains voyages et va se jeter au milieu des solitudes de l'Amérique. Il rapporte qu'en partant pour ces régions alors mal connues il se proposait un but utile, la découverte du monde polaire ; et dans le récit de ses voyages, il parle sérieusement de ce grand projet. Mais il se faisait, ce me semble, illusion à lui-même : ce qui l'entraînait vers des cieux nouveaux, c'était, avec l'attrait de l'inconnu, un goût de l'indépendance que bien des circonstances de sa vie ont attesté, parfois avec un éclat public. Hôte, par choix, du désert avant la Révolution, émigré et errant sous la Terreur, exilé volontaire sous l'Empire, enfin, retiré sous sa tente après avoir dirigé les affaires de son pays ; dans ces diverses sortes d'isolement il se suffit à lui-même ; et l'on peut même dire qu'au milieu des hommes, et dans le moment le plus brillant de sa vie active, il est toujours resté quelque peu solitaire.

Cette solitude, réelle ou seulement intérieure, il la remplissait de ses rêveries et des fantômes de son imagination. Il s'était créé des êtres fictifs, avec lesquels il vivait et qui devenaient l'objet de ses passions encore indécises. Quand le charme tombait et qu'il revenait à lui-même, « frappé de sa folie, il se » précipitait sur sa couche, il se roulait dans sa

» douleur, il arrosait son lit de larmes cuisantes que
» personne ne voyait et qui coulaient misérables, pour
» un néant. » Un moment arriva où ces chagrins sans
cause devinrent si amers qu'il voulut en finir avec
l'existence. Il se saisit d'un fusil de chasse qu'il trouva
sous sa main ; heureusement l'arrivée d'un témoin
déjoua cette tentative. A cette crise et à la maladie qui
la suivit, succéda une sorte d'accalmie ; mais son imagination n'était pas éteinte. Ses vagues inquiétudes, ses
désirs sans objet, le poursuivirent jusque sous la hutte
des sauvages de l'Amérique. Plus tard, ses passions
s'attachèrent à des objets moins impalpables. Mais, il
porta toujours en lui un monde imaginaire, plus riche
ou plus désolé que l'autre.

En même temps, un mal secret, pressant, l'ennui,
empoisonnait pour lui toutes les jouissances. « J'ai le
» spleen, écrit-il, tristesse physique, véritable maladie.
» Je n'étais pas à une nagée du sein de ma mère que
» déjà les tourments m'avaient assailli. J'ai erré de
» naufrage en naufrage ; je sens une malédiction sur
» ma vie, poids trop pesant pour cette cahute de
» roseaux. »

Gardons-nous toutefois de rien exagérer ; il y a
souvent chez les hommes une sorte de seconde
nature, un double fond, quelque chose d'analogue à
ce que Pascal appelle : la pensée de derrière. Chez
Chateaubriand, cette dualité, je n'ose dire cette duplicité, se fait bien sentir. Son désespoir ne l'a pas

empêché de vivre, et ne lui a fait dédaigner ni l'amour ni la gloire. Il savait parfois descendre de sa hauteur solitaire ; il savait rire et plaisanter, non sans grâce. M. Joubert dit de lui, avant le temps des grandeurs, il est vrai, que c'était « un aimable enfant. » Jean-Jacques Ampère assure que sa mélancolie « qui
» demeurait reléguée dans les hautes régions de son
» imagination, ou peut-être se cachait dans les secrètes
» profondeurs de son âme, ne troubla jamais l'agré-
» ment de son commerce. » Croyons donc qu'il y avait deux faces dans Chateaubriand : l'une volontiers amère et désespérée, l'autre plus sereine et enjouée à son heure.

D'ailleurs, le génie même qu'il a déployé dans la peinture de ses tristesses, ne suppose-t-il pas qu'elles avaient des répits et des intervalles ? Pour présenter avec son art, avec son éloquence, les résultats de ses observations sur lui-même, il fallait qu'il fût sous l'empire d'une de ces exaltations qui, tant qu'elles durent, éloignent l'ennui et l'abattement. Chateaubriand ne pouvait décrire sa mélancolie qu'en la dominant. Il nous révèle lui-même ce secret, dans une lettre que, bien des années après, il écrivait à M^{me} Récamier. Parlant d'une visite au château de Fontainebleau, il ajoute : « J'étais
» si en train et si triste que j'aurais pu faire une
» seconde partie à René, au vieux René. Il m'a
» fallu me battre avec la muse pour écarter cette

» mauvaise pensée; encore ne m'en suis-je tiré qu'avec
» cinq ou six pages de folie, comme on se fait
» saigner quand le sang porte à la tête. » Une
tristesse qui n'exclut pas la verve est, sans doute,
supportable, et contient de puissantes consolations.
Je tenais à établir ces points pour ramener les choses
à leur véritable mesure. La mélancolie de Chateaubriand n'en est pas moins un fait incontestable, et il
importe d'en rechercher les causes.

Quand on se trouve en présence d'un grand esprit,
on est d'abord disposé à croire que, tirant toute sa
force de son propre fonds, il ne relève que de lui-même. En l'étudiant mieux, on s'assure qu'il n'est pas
affranchi de la loi commune, et qu'il a, comme un
autre, sa genèse.

Pour Chateaubriand, l'influence qui apparaît la
première, c'est celle du milieu où il est né. Il vient au
monde sur un rocher aride de la Bretagne, avec une
santé débile, qui rend quelque temps son existence
incertaine. Les impressions qu'il reçoit du spectacle
et du bruit des flots et des vents ne sont pas adoucies
par celles qu'il rencontre au foyer domestique. Un
père sévère et taciturne, entouré de plus de respect
que de tendresse, une mère indulgente et chérie,
mais triste elle-même, tels sont les souvenirs de son
enfance. Ils ont laissé leur empreinte sur son âme, et
ce qui prouverait qu'il y a dans sa mélancolie une
réminiscence de son berceau, c'est qu'on retrouve

chez une de ses sœurs, dont j'aurai à parler plus loin, le même sentiment, avec une nuance plus vague et plus troublée encore qu'explique la faiblesse de la femme.

Il n'échappe pas non plus entièrement à l'esprit qui dominait au moment où il faisait ses études. On ne peut nier qu'il ait eu certains points de ressemblance avec Jean-Jacques Rousseau. Dans l'*Essai sur les Révolutions*, on reconnaît parfois les formes déclamatoires, l'attendrissement pompeux de Jean-Jacques, que Chateaubriand, dans ce travail, n'hésite pas à appeler le grand Rousseau. Et n'est-ce pas à lui encore qu'il doit la première idée de ces confidences intimes, de ces récits personnels, où il découvre les plus subtils replis, les modifications les plus fugitives de son âme? Les *Confessions*, les *Rêveries d'un promeneur solitaire*, annonçaient *René* et les *Mémoires d'outre-tombe*.

Une autre influence plus profonde encore devait agir sur Chateaubriand, j'entends le trouble que la Révolution a jeté dans sa vie. Sans l'écroulement de la société française, il aurait mené l'existence douce et réglée à laquelle sa condition le destinait. Au lieu de cet avenir médiocre, mais paisible, quel fut son sort? Errer et combattre en Allemagne, avec la misère pour compagne; vivre dans la gêne à Londres; plus tard, s'exiler encore pour échapper à une domination trop lourde; souffrir toujours par la

pensée des maux de la patrie, par le retentissement des coups que la mort frappait parmi ses proches, atteints tantôt par la hache populaire, tantôt par les balles de la dictature. A un certain moment, — c'était en 1793 — ces douleurs se compliquaient pour lui de la menace d'une fin prématurée. D'habiles médecins lui avaient déclaré qu'il ne devait pas compter sur une longue carrière. « C'est donc, a-t-il dit plus tard,
» sous le coup d'un arrêt de mort, et pour ainsi dire,
» entre la sentence et l'exécution, que j'ai écrit l'*Essai*
» *historique*. L'amertume de certaines réflexions
» n'étonnera plus. Un écrivain qui croyait toucher
» au terme de sa vie, et qui, dans le dénûment de
» son exil, n'avait pour table que la pierre de son
» tombeau, ne pouvait guère promener des regards
» riants sur le monde. » Cette vie nomade, indigente et précaire est, sans doute, pour beaucoup dans la direction que suit alors la pensée de Chateaubriand.

Elle eut, en outre, par son instabilité même un autre effet indirect sur son imagination. Ce ne fut pas en vain que des vicissitudes diverses le conduisirent en Amérique, puis en Angleterre, à l'époque où Ossian, récemment publié, passionnait la société anglaise, et où florissait l'école des Lacs. C'est à Londres, c'est sous les arbres de ses grands parcs que René lui apparut pour la première fois. « J'étais Anglais, dit-
» il, de manières, de goût et, jusqu'à un certain
» point, de pensées; car si, comme on le prétend,

» Lord Byron s'est inspiré quelquefois de *René* dans
» son *Child-Harold*. Il est vrai de dire aussi que huit
» années de résidence en Grande-Bretagne, précé-
» dées d'un voyage en Amérique, qu'une longue
» habitude de parler, d'écrire et même de penser en
» anglais, avaient nécessairement influé sur le tour
» et l'expression de mes idées. » Aveu d'autant plus
digne de foi, qu'il a dû coûter davantage à l'amour-
propre de l'auteur.

Les premières impressions de l'enfance, la contagion de l'esprit sentimental du XVIII° siècle, l'ébranle-
ment causé par les malheurs publics et les infortunes
privées, le libre échange d'idées avec l'Angleterre,
suffiraient, peut-être, pour rendre compte de la
tristesse habituelle, quoique intermittente, de Chateaubriand. Est-ce tout cependant? et ne faut-il pas
indiquer ici une autre raison encore de cette tristesse? D'après le René du roman, le désenchantement chez lui n'aurait pas attendu l'expérience. Mais
est-ce bien la vérité? M. Sainte-Beuve attribue à Chateaubriand cette phrase qui lui serait échappée, dit-il,
dans un moment de franchise : « Quand je peignis
» René, j'aurais dû demander à ses plaisirs le secret
» de ses ennuis. » Rétablissons dans son exactitude
le passage auquel il est fait allusion. Chateaubriand a
dit seulement : « J'ai perdu de vue René depuis
» maintes années, mais je ne sais s'il cherchait dans
» ses plaisirs le secret de ses ennuis. » Cette confi-

dence n'a pas la portée que, dans sa malice, le critique lui prête en la dénaturant. Seulement, ailleurs, Chateaubriand a reconnu que c'étaient « les entraîne-» ments de son cœur » qu'il avait peints, dans *les Martyrs*, « mêlés aux syndérèses chrétiennes. » René, le véritable René n'aurait donc reconnu l'amertume de la vie qu'après en avoir goûté les douceurs. En cela, au lieu d'être une orgueilleuse exception il n'aurait fait que suivre un sort assez vulgaire. Il faut en convenir, une mélancolie qui s'alimente à des sources si diverses ne peut être approuvée sans réserve, et il faut dire avec M. de Féletz « qu'on en » voudrait la cause et plus pure et plus intéressante. » Eût-elle, en effet, ce caractère, il resterait à savoir si l'œuvre dans laquelle elle est si magnifiquement dépeinte est salutaire ou funeste.

A ne considérer que l'intention affichée par l'auteur de René, cet écrit tendait à un but d'une haute moralité. On sait qu'il faisait originairement partie de ce grand monument appelé le *Génie du christianisme* (2ᵉ partie, liv. IV). Il suivait un chapitre intitulé : *Du vague des passions*, et semblait ne renfermer qu'un exemple de ce genre d'affection. Chateaubriand s'était proposé d'en démontrer les dangers et l'action qu'il avait choisie lui semblait particulièrement appropriée à ce but. « Afin d'inspirer plus d'éloigne-» ment pour des rêveries criminelles, il avait pensé » qu'il devait prendre la punition de René dans le

» cercle des malheurs épouvantables, qui appartien-
» nent moins à l'individu qu'à la famille de l'homme et
» que les anciens attribuaient à la fatalité. Il voulait
» que le malheur naquît du sujet, et que la punition
» sortît de la faute. » Cette moralité, l'auteur ne se
contentait pas de la tirer de l'événement, il la
formulait encore par la bouche du Père Souël, con-
damnant l'isolement orgueilleux de l'homme et disant
à René : « Quiconque a reçu des forces doit les
» consacrer au service de ses semblables; s'il les
» laisse inutiles, il en est d'abord puni par une
» secrète misère, et tôt ou tard le ciel lui envoie un
» châtiment effroyable. »

Du reste, au moment de son apparition, René fut
regardé comme une œuvre édifiante. Un article
inséré dans le *Mercure* du 15 floréal an X, s'exprimait
ainsi : « La moralité de ce roman est malheureuse-
» ment d'une application très étendue. Elle s'adresse
» à ces nombreuses victimes de l'exemple du jeune
» Werther et de Rousseau, qui ont cherché le
» bonheur loin des affections naturelles du cœur et
» des voies communes de la société. » Le 1er thermidor an XIII, un autre article publié dans le même
journal, sous les initiales Ch. D. (Dussault?) louait
fort M. de Chateaubriand d'avoir appliqué une forme
romanesque à l'analyse d'une vérité sévère, et
estimait que s'il régnait parfois dans René, une
force d'imagination et un charme de tendresse et de

mélancolie trop vifs, la séduction de ces peintures était combattue par la morale et le pathétique du dénouement.

Je ne puis partager, je l'avoue, ni les illusions de l'auteur, ni celle de ses critiques. A part même l'étrangeté choquante de son principal incident, que d'objections le roman de René ne soulève-t-il pas? Qu'importe son cadre dogmatique et religieux? Se souvient-on en lisant ces pages brûlantes qu'elles visent à la démonstration d'une vérité morale? Oui, les paroles prononcées par le Père Souël ne laissent rien à désirer au moraliste le plus sévère. Mais suffit-il d'une réprimande placée à la fin de l'ouvrage pour détruire l'impression pernicieuse qu'il a pu causer? Croit-on que le sermon du jésuite sera mieux écouté que le récit du séduisant jeune homme qu'on est si disposé à plaindre? N'est-il trop tard pour parler le langage de la vertu, quand on a énervé l'âme par la peinture poétique du vice? et après avoir prodigué toutes les merveilles de l'imagination et du talent sur une figure qui ne représente, en somme, que l'égoïsme, ne risque-t-on pas de trouver le lecteur insensible quand on présente à son esprit l'image austère du dévouement?

Chateaubriand lui-même l'a reconnu. En voyant une foule d'esprits déréglés, s'autoriser de son exemple pour s'abandonner à de folles rêveries, il a émis le regret d'avoir fourni un aliment à leurs

orreurs. « Si René n'existait pas, a-t-il dit, dans ses
» Mémoires, je ne l'écrirais plus ; s'il m'était possible
» de le détruire, je le détruirais. Une famille de René
» (sic) poëtes et de René prosateurs a pullulé : on n'a
» plus entendu que des phrases lamentables et décou-
» sues : il n'a plus été question que de vents et
» d'orages, que de mots inconnus livrés aux nuages
» et à la nuit. Il n'y a pas de grimaud sortant du
» collège, qui n'ait rêvé être le plus malheureux des
» hommes; de bambin qui, à seize ans, n'ait épuisé
» la vie, qui dans l'abîme de ses pensées ne se soit
» livré au *vague de ses passions*, qui n'ait frappé son
» front pâle et échevelé, et n'ait étonné les hommes
» stupéfaits, d'un malheur dont il ne savait pas le
» nom, ni eux non plus. » On voit ici se produire ce
qui s'est déjà présenté pour Werther. Gœthe aussi
s'était donné la satisfaction pour apaiser son cœur
inquiet d'écrire le roman de la tristesse et du désespoir,
et une fois soulagé par cet enfantement, il avait
raillé les disciples qui avaient eu la naïveté de le
prendre au sérieux, et de traduire en pratique ses
poétiques fictions. Comme lui, Chateaubriand s'est
séparé après coup de son héros : il a désavoué les
enfants dont il était le père, mais les liens qui le
rattachent à eux ne peuvent être brisés ainsi, et
comme Gœthe, il garde la responsabilité de son œuvre.
Sa seule dissemblance avec Gœthe, c'est qu'il en a senti
le poids. Gœthe n'eût pas voulu, au péril de sa vie,

« révoquer *Werther*. » Chateaubriand a déclaré que, s'il le pouvait, il anéantirait *René*. Si ce vœu était sincère, il lui en doit être tenu compte.

## V

### Le Groupe de Chateaubriand

PH. GUENEAU DE MUSSY. — M. MOLÉ. — CHÊNEDOLLÉ. — M<sup>me</sup> DE CAUD (LUCILE). — M<sup>me</sup> DE BEAUMONT. — BALLANCHE. — ANDRÉ-MARIE AMPÈRE.

---

L'observation placée plus haut à propos de M<sup>me</sup> de Staël, s'applique à plus forte raison à Chateaubriand. Plus qu'elle encore, il devait avoir son entourage de fidèles, s'attachant à lui et s'inspirant de ses sentiments. Cet entourage ne lui a pas fait défaut. Sainte-Beuve a étudié et analysé avec sa sagacité ordinaire « le groupe littéraire de Chateaubriand. » Je dois parcourir ici ce qu'on peut appeler son « groupe moral. » Ces deux groupes se confondent en quelques points et se distinguent à d'autres égards.

Dans celui que j'étudie, on remarquait à un certain

moment, pendant la période qui suit la Terreur, deux hommes que Sainte-Beuve nous représente comme ayant, par le penchant à la rêverie, par le goût de la vie contemplative, quelque ressemblance avec René, qu'ils voyaient beaucoup. C'étaient M. Philibert Guéneau de Mussy, et M. Molé. Ils faisaient partie d'une société d'hommes et de femmes d'un mérite distingué, débris d'un monde détruit, rapprochés par le sort après de longs orages, et dont quelques membres s'appelaient entre eux « les corbeaux. » Le souvenir des événements qu'ils avaient traversés ne contribuait pas peu à donner à leurs pensées une teinte sombre. Ils étaient, de plus, dans cet état que Chateaubriand indique avec raison comme particulièrement accessible à la mélancolie, « celui qui précède » le développement des passions, lorsque nos facultés » jeunes et actives, mais renfermées, ne se sont » exercées que sur elles-mêmes sans but et sans » objet ». Leur souffrance, d'ailleurs, ne devait pas se prolonger. Elle tenait en grande partie à une inaction forcée, si lourde pour les intelligences qui sentent leur valeur, et devait disparaître, quand viendrait la vie active. De ces deux hommes, la science guérit le premier; le second dut son salut à la politique. Le mal fut plus grave et plus durable chez un autre homme dont la vie fut aussi en contact avec celle de Chateaubriand.

On connaît Chênedollé par sa poésie élevée et

noble. Elle ne porte l'empreinte d'aucune faiblesse morale. Mais quelle était sa vie intime ? Il aimait la solitude des champs ; il allait souvent rêver près d'un étang, ou errer dans les prés en lisant un roman ou des poésies. Comme la plupart des rêveurs, il avait pris l'habitude de tenir registre de ses pensées : il écrivait un journal de sa vie. Ce soin de s'observer sans cesse, d'analyser ses moindres impressions, lui devint funeste ; il sentit le danger de cette attention incessante sur soi-même, de cette exagération du *nosce te ipsum*. « Il n'est pas bon, a-t-il dit, » que l'homme soit trop solitaire et qu'il se livre » trop à sa pensée et à sa douleur. Il dévore alors » son propre cœur et il se tue ou devient fou. »

Émigré pendant la Terreur, Chênedollé parcourut la Hollande et l'Allemagne ; il visita, à Coppet, M$^{me}$ de Staël, et ce fut par son entremise que plus tard il put revenir en France. A Paris, il entre en rapport, et bientôt en amitié, avec Chateaubriand ; présenté à sa sœur Lucile, veuve alors, il conçoit pour elle une affection profonde et forme le vœu de s'unir à cette femme si digne d'être aimée. Mais ce projet auquel, sans l'encourager ouvertement, Châteaubriand n'était pas défavorable, ayant échoué par suite d'hésitations délicates et d'un scrupule invincible de M$^{me}$ de Caud, le poète retombe dans les cruelles agitations de son âme isolée.

Au mois de janvier 1804, il écrit à son ami Philibert

Gueneau de Mussy : « Pendant plus de trois mois,
» j'ai passé les jours entiers à bêcher la terre, et ce
» n'était que par ce moyen que je pouvais rendre un
» peu de repos à une imagination malade et sortie
» des voies de la nature. » Maladie de l'imagination,
tel était le terme auquel aboutissait une vie trop solitaire et trop renfermée dans la contemplation intérieure. Cette affection fut grave ; cependant elle trouva de l'adoucissement dans le sentiment du devoir et dans la courageuse acceptation de l'épreuve.

J'ai nommé tout à l'heure Lucile. Il faut parler ici avec plus d'étendue de cette femme malheureuse. Elle avait partagé l'éducation sévère et la mélancolie précoce de son illustre frère. Par nature, elle était sérieuse, triste même ; elle s'était de bonne heure réfugiée dans les idées religieuses. « Il lui prenait,
» dit Chateaubriand, des accès de pensées noires que
» j'avais peine à dissiper. A dix-sept ans, elle déplo-
» rait la perte de ses jeunes années ; elle se voulait
» ensevelir dans un cloître. Tout lui était souci, cha-
» grin, blessure : une expression qu'elle cherchait,
» une chimère qu'elle s'était faite, la tourmentaient
» des mois entiers. » Dans le triste manoir de Combourg, où Lucile et son frère étaient l'un pour l'autre un soutien et une consolation, ses distractions étaient celles que Chateaubriand a décrites avec tant de charme en retraçant ses propres souvenirs : « Jeunes comme les primevères, tristes

» comme la feuille séchée, purs comme la neige
» nouvelle, il y avait harmonie entre nos récréations
» et nous. » Sans prétention, et seulement pour
donner un libre cours à un besoin de son esprit,
Lucile s'essayait à la poésie, mais à une poésie
toujours mélancolique. Elle traduisait de Job, de
Lucrèce, les passages les plus empreints de tristesse ; elle adressait à l'aurore et aux astres des
invocations ossianiques que Chateaubriand nous a
conservées.

Dans toute cette partie de sa vie, la destinée et le
caractère de Lucile sont les mêmes que le caractère
et la destinée de son frère. On aime à suivre dans
les *Mémoires* ce développement parallèle de deux
existences sorties de la même source. Mais l'union
si douce des premières années se relâcha bientôt.
Pendant que Chateaubriand est entraîné au loin par
sa fortune et son humeur, sa sœur reste en France et
y continue obscurément l'existence à laquelle elle a
été initiée avec son frère. La Révolution passe sur
ceux qui lui sont chers ; sa mère finit ses jours en
prison ; d'autres, parmi les siens, périssent sur
l'échafaud ; des déceptions de cœur viennent s'ajouter à ces douleurs.

C'est alors que, restée veuve, Mme de Caud ren-
contre dans la société de son frère, M. de Chênedollé.
Celui-ci fait d'elle à ce moment le portrait suivant :
« Son visage exprimait toujours la plus profonde

» mélancolie, et ses yeux se tournaient naturelle-
» ment vers le ciel comme pour lui dire : Pourquoi
» suis-je si malheureuse? Quelquefois elle sortait
» de cette profonde tristesse, et se livrait à des
» accès de gaîté et à de grands éclats de rire, mais
» ces éclats de rire faisaient sur moi la même
» impression que le rire d'un homme attaqué par
» la folie : ils conservaient par un contraste ter-
» rible toute l'amertume de la tristesse, et sur ce
» visage si mélancolique la gaîté même semblait
» malheureuse. » On put cependant croire un instant
qu'elle allait consentir à répondre aux vœux de
Chênedollé ; mais elle s'effrayait à cette pensée, et
se hâtait de reprendre à son ami désolé l'espoir
qu'elle avait pu lui laisser entrevoir. Quand le
pauvre Chênedollé insiste et tente un dernier effort,
Lucile ne lui répond plus. Singulière maladie,
étrange renversement de la nature humaine que cet
éloignement pour son propre bonheur! Lorsque la
religion étouffe la voix de la nature, qui tend à sa
conservation et à son bien-être, cette œuvre ne
s'accomplit pas sans efforts et sans sacrifices; ici
l'effort serait en sens contraire ; pour M<sup>me</sup> de Caud
le sacrifice serait de consentir à être heureuse!

Maintenant elle fait chaque jour un pas de plus
vers l'abîme. Après l'amour, elle veut se dépouiller
de l'amitié, elle l'écrit à son frère. Elle trouve cependant encore du charme dans son affection, dans sa

présence ; sa vue ranime ce cœur brisé par la souffrance, mais elle ne s'abandonne qu'à demi à ce bonheur, et une pensée de défiance, une crainte secrète d'être importune, trouble la douceur de cette amitié. Dans cet état, tout flotte et tourbillonne dans son esprit, et sa pensée elle-même lui échappe : « Mon ami, j'ai dans la tête mille idées contradic-
» toires de choses qui me semblent exister ou
» n'exister pas, qui ont pour moi l'effet d'objets qui
» ne s'offriraient que dans une glace, dont on ne
» pourrait par conséquent s'assurer, quoiqu'on les
» vît distinctement. Je ne veux plus m'occuper de
» tout cela, de ce moment-ci je m'abandonne. »

On ne supporte pas longtemps un pareil vertige, et Lucile ne l'eut pas désiré. Quand on lui parlait des soins qu'exigeait sa santé : « Pourquoi, ma santé?
» répondait-elle ; je suis comme un insensé qui édifie-
» rait une forteresse au milieu d'un désert. » Elle se plaignait de la longueur de son épreuve dans ces termes, où la profondeur des sentiments atteint la véritable éloquence : « Comment ce cœur qui est un
» si petit espace peut-il renfermer tant d'existence
» et tant de chagrins ! » Ses vœux furent entendus : le 9 novembre 1804, fut le terme de ses douleurs.

Un don naturel de mélancolie, accru par une vie triste et solitaire, par des chagrins privés et par les malheurs publics, telle est l'explication de la tristesse de M<sup>me</sup> de Caud. Les mêmes causes et les mêmes effets se rencontrent, quoique avec moins de violence, chez une jeune femme de son temps et de son monde, Mᵐᵉ de Beaumont.

Née avec une santé frêle et une organisation débile, Mᵐᵉ de Beaumont fut atteinte dans ce qu'elle avait de plus cher par les crimes de la Terreur. Pendant ces jours lugubres, son père, M. de Montmorin, ancien ministre des affaires étrangères, périt avec toute sa famille; elle resta seule sur la terre. Son âme avait dès lors, et à jamais, contracté le pli de la tristesse. La correspondance de M. Joubert montre quel découragement, quelle indifférence pour la vie, s'étaient emparés d'elle. « Je suis bien aise de vous
» dire, lui écrit M. Joubert, en 1795, que je ne
» pourrai vous admirer à mon aise et vous estimer
» tant qu'il me plaira, que lorsque j'aurai vu en
» vous le plus beau de tous les courages, le courage
» d'être heureuse. Il faudrait, pour y atteindre,
» avoir d'abord le courage de vous soigner, le désir
» de vous bien porter et la volonté de guérir. Je ne
» vous en croirai capable que lorsque vous aurez
» bien perdu votre belle fantaisie de mourir, en
» courant la poste, dans quelque auberge de village. »
Peut-être, en parlant ainsi, ne croyait-il pas prophétiser si exactement qu'il le faisait la fin prochaine qui attendait Mᵐᵉ de Beaumont loin de sa patrie. A ce moment, elle avait encore quelques années à vivre. Quand la Terreur eut cessé, quand la

Franco retrouva un peu d'ordre et de calme, M^me de Beaumont rentra à Paris ; elle ouvrit un salon dont Chateaubriand fut bientôt le centre.

M^me de Beaumont confiait au papier ses pensées et ses impressions. Ce manuscrit montre chez elle une vie intérieure qui ressemble, avec moins d'agitation cependant, à celle de M^me de Caud, qui était aussi son amie. M^me de Beaumont analysait, dans les lignes suivantes d'une lettre à M. Joubert, l'état de son âme vers cette époque : « Je vous ferais pitié : » j'ai retrouvé ma solitude avec humeur ; je m'occupe » avec dégoût, je me promène sans plaisir ; je rêve » sans charme, et je ne puis trouver une idée conso- » lante. » Et ailleurs : « Le repos ! j'en sens tout le » mérite aujourd'hui, sans en excepter celui qui est » voisin de l'anéantissement. »

Comme Lucile, M^me de Beaumont désirait la mort : elle fut exaucée la première. Partie à l'automne de 1803 pour Rome, elle n'en devait pas revenir ; elle mourut le 4 novembre. M. de Chateaubriand lui fit élever une magnifique sépulture où elle était représentée « couchée sur le marbre et indiquant du doigt, » au-dessous du nom de ses proches tombés sous la » hache révolutionnaire, cette plainte suprême, qu'elle » avait acquis le droit de répéter après Rachel : « *Quia non sunt.* » On lit aussi sur ce mausolée un verset de Job, qu'elle rappelait souvent : « *Quare*

» *misero data est lux et vita his qui in amaritudine*
» *animæ sunt?* »

Lucile de Chateaubriand, Pauline de Montmorin, rapprochées par les malheurs de leur vie, unies par une fin prématurée, ont passé peu de jours sur la terre ; mais leur trace, conservée par l'amitié, par l'amour et par le génie, ne s'effacera pas. En elles, nul sentiment qui ne brave la critique. Leur tristesse est exempte de cet égoïsme, qui, chez tant d'autres, rabaisse ce sentiment. Loin de se rechercher elles-mêmes, elles se sont oubliées et perdues dans leurs chagrins. La mélancolie ne serait jamais une faiblesse coupable, si elle était toujours pratiquée ainsi. Mais aussi, est-il beaucoup d'âmes assez pures pour être comparées aux leurs ?

Il en est une, peut-être, qui peut figurer ici sans former un contraste avec elles. M. Ballanche fait évidemment partie, dès l'époque dont je m'occupe ici, du groupe de Chateaubriand. Il l'avait connu en 1801, dans un voyage qu'il avait fait à Paris. Il lui avait demandé sa collaboration pour la publication d'une bible française avec des discours. En 1804, il l'avait accompagné dans une excursion à la Grande-Chartreuse avec M$^{me}$ de Chateaubriand. Les tendances non moins que les incidents de sa vie le conduisaient, d'ailleurs, vers Chateaubriand.

Son enfance et sa première jeunesse furent souffrantes et casanières. Arrivé à dix-huit ans, il resta trois années entières sans sortir de chez lui. Il lisait beaucoup Jean-Jacques Rousseau et Bernardin de Saint-Pierre, et aimait à écrire. Il supporta sans trop d'angoisses le temps du siége de Lyon, mais la Terreur qui suivit l'accabla. Il s'enfuit à la campagne avec sa mère et il y subit toutes les privations. Revenu à Lyon après le 9 thermidor, il eut à traverser une maladie pénible et une convalescence plus cruelle encore. Il paraît avoir fait allusion à ces épreuves dans un passage de la *Vision d'Hébal*, à propos de ce jeune Écossais que Sainte-Beuve dit être à M. Ballanche ce qu'Obermann, Adolphe et René sont à leurs auteurs.

Un biographe, qui fut en même temps pour lui un ami, malgré la différence des âges, et qui était bien fait pour le comprendre, M. Jean-Jacques Ampère s'exprime ainsi sur lui : « Une adolescence maladive, » écoulée sous l'oppression de la Terreur, dans une » ville décimée par elle, et dans un des plus sombres » quartiers de Lyon, laissa dans l'organisation de » M. Ballanche, quelque chose de douloureux et » d'ébranlé. » Les souvenirs de ces jours néfastes lui inspirèrent une épopée en prose sur les martyrs de Lyon pendant la Révolution. Il publia aussi, en 1801, un volume intitulé : *Du Sentiment, considéré dans la littérature et dans les arts*. On y remarque, « quoique » souvent l'espérance y domine, dit Sainte-Beuve, » une pensée lugubre qui est commune à Jean-Jacques

» et à certains de ses disciples, à M. de Senancour en
» particulier : c'est que la civilisation européenne et
» les cités dont elle s'honore, destinées à périr, feront
» place à des déserts, et que les voyageurs futurs
» s'y viendront asseoir avec mélancolie, comme aux
» ruines de Palmyre et de Babylone. »

Ce travail avait soutenu le jeune Ballanche. Mais
« à l'exaltation qui l'avait produit, succéda une
» période de tristesse et un grand abattement de
» cœur. » Le public, distrait des choses littéraires
par la guerre d'Italie, ne s'était pas occupé de son
livre. Des douleurs physiques étaient venues se
joindre à ses ennuis, et il est certain que ce fut le
temps où cette âme si douce fut le plus près de
l'amertume.

La disposition morale qu'il éprouvait alors se
montre dans son récit d'une rencontre à la Grande-
Chartreuse. Il rapporte une « conversation entre un
» jeune mélancolique qui repousse toute science, toute
» tentative humaine, et un prêtre tolérant qui main-
» tient la science et la croit conciliable avec une
» religion élevée. » Il prête au jeune homme les
pensées les plus désolantes sur la vie, et il montre
bien qu'elles lui étaient habituelles à lui-même, quand
il ajoute : « Le fond de cette âme n'avait pas échappé
» à tous. Ceux qui avaient passé par les mêmes
» épreuves l'avaient compris. » A la même époque,
d'ailleurs, il jetait un cri de détresse qui ne pouvait

laisser de doute sur la gravité de ses souffrances :
« Nous sommes deux misérables créatures, écrivait-il
» à un ami ! un brasier est dans votre cœur; le néant
» s'est logé dans le mien. »

Sous l'empire de ces tristesses, il fut tenté de chercher un asile suprême dans le sein de la religion. Ce projet n'eut pas de suite, non plus qu'un autre bien différent, un projet de mariage qu'il vit avec chagrin échouer, et dont le regret lui a dicté cette sorte d'élégie en prose qu'il a nommée *les Fragments* (1808). Jugez de la profondeur de cette blessure : « Nous
» serions bien moins étonnés de souffrir, dit-il, si
» nous savions combien la douleur est plus adaptée
» à notre nature que le plaisir. Il n'y a de réel que
» les larmes.... Montrez-moi celui qui a pu arriver à
» trente ans sans être détrompé... montrez-le moi !
» Un déluge de maux couvre la terre, une arche
» flotte au-dessus des eaux, comme jadis celle qui
» portait la famille du Juste ; mais cette arche-ci est
» demeurée vide, nul n'a été digne d'y entrer. » Plus tard, Ballanche revint à une tristesse plus calme. Et lui-même, dans une belle composition, *le Vieillard et le Jeune Homme*, s'est fait un devoir de combattre le penchant auquel il avait jadis cédé. Mais il avait souffert, comme l'a écrit M. Ampère, du mal de René.

J'ai parlé de M. Ampère. C'est à son père lui-même, à l'illustre savant, que Ballanche écrivait : « Un

» brasier est dans votre cœur. » Et, en effet, André-Marie Ampère avait une âme passionnée, mais aussi tourmentée. Ayant perdu la foi religieuse, il n'avait pas tardé à sentir le vide de son absence. « Descendu,
» on l'a très bien dit, au fond de l'abîme, il chercha à
» remonter vers le ciel, et c'est un des spectacles
» moraux les plus intéressants que celui qu'offrent
» les lettres où il nous peint ses regrets, ses
» angoisses et ses aspirations renaissantes vers la
» religion. Il y a dans ses doutes, dans ses souf-
» frances, dans ses affirmations retrouvées, quelque
» chose de cette crise qu'éprouva Pascal et qui
» l'épuisa. » Enfin, il retrouva la foi pour ne la plus quitter.

Chez lui, de même que chez les autres personnes d'élite auxquelles il m'a paru naturel de l'associer, le mal du siècle était dépouillé de ses éléments mauvais. Pur dans son origine, il resta toujours inoffensif dans ses effets, et ne se traduisit jamais par les audaces, les révoltes ou les faiblesses que nous avons eu, que nous aurons encore, à signaler dans le cours de ce travail.

---

## VI

## Senancour et ses disciples

Si la physionomie des deux principaux écrivains que nous ayons jusqu'à présent étudiés, M<sup>me</sup> de Staël et Chateaubriand, présente des aspects variés, si leur caractère et leurs œuvres comportent des nuances nombreuses, il n'en est pas de même de M. de Senancour. En lui tout est uniforme, et une ombre de mélancolie enveloppe sa vie entière et ses écrits.

Sa vie d'abord. Enfant maladif et ennuyé, il est confié à un curé de campagne, aux environs d'Ermenonville : là, il se plaît aux souvenirs, encore récents alors, que Jean-Jacques Rousseau a laissés dans ces lieux témoins de ses derniers moments. Il se prend d'un goût précoce pour la solitude. Ce goût, il le nourrit plus tard à Fontainebleau, où pendant le temps des vacances il promène ses jeunes rêveries. Puis son humeur indépendante se trahit par un acte important. Ne se sentant aucune vocation pour l'état ecclésiastique auquel on le destinait, il se sauve en Suisse, pour y vivre d'une vie purement contemplative. Bientôt la Terreur qui rend la France inhabitable, le fixe dans son pays d'adoption. Dans le même temps, il perd ses parents, sa femme, sa santé et sa fortune, et se voit réduit à chercher des moyens de vivre dans un travail qui lui répugne. Cependant il retrouve assez de liberté pour écrire, de 1798 à 1804, ses *Rêveries sur la nature primitive de l'homme*, et, en 1804, son livre d'*Obermann*, ouvrages qui, par l'esprit général qui les anime, par leur forme, par le titre de l'un d'eux, par l'emploi fréquent de l'apostrophe, rappellent l'influence de Rousseau. Mais, écrire n'était pour lui qu'un dérivatif insuffisant à ses douleurs. On ne saurait dire de ses ouvrages comme de ceux de Chateaubriand, que leur auteur y soulageait ses chagrins par la verve qu'il déployait à les décrire. Philosophe plutôt que poète, il se contentait d'analyser fidèlement ses impressions, et des deux conditions que réunissait l'auteur de *René* en composant son roman, l'entrain et la tristesse, Senancour n'a connu que la seconde. J'achèverai d'indiquer ici ce qu'il fut dans le reste de son existence. Il a continué sous la Restauration sa vie cachée et ses travaux philosophiques. Il a publié, en 1819, les *Libres médita-*

*tions d'un solitaire inconnu*, et, en 1833, le roman d'*Isabelle*. « Il resta toujours dans le gris » a dit Sainte-Beuve. Mais plus il avançait en âge, plus il se tournait vers les sentiments religieux. Il est mort à St-Cloud, en 1846, comme il avait vécu, obscur, isolé ; on lit sur sa tombe ces mots : « Éternité, deviens mon asile ! »

Je l'ai dit, la triste monotonie de son existence se retrouve dans ses écrits, qui ne sont souvent qu'un journal de sa vie morale. Dans ses *Rêveries*, quand il quitte les régions abstraites pour faire un retour sur lui-même, on voit quel était son esprit de résignation, et de détachement. « Douce et mélancolique automne, » s'écrie-t-il, saison chérie des cœurs sensibles et » des cœurs infortunés, tu conserves et adoucis les » sentiments tristes et précieux de nos pertes et » de nos douleurs ; tu nous fais reposer dans le mal » même, en nous apprenant à souffrir facilement, sans » résistance et sans amertume ; tout ton aspect déli- » cieux et funèbre attache nos cœurs aux souvenirs » des temps écoulés, aux regrets des impressions » aimantes... Automne, doux soir de la vie, tu sou- » lages nos cœurs attendris et pacifiés, tu portes » avec nous le fardeau de la vie. » Ces sentiments apparaissent surtout dans son ouvrage capital, dans ce livre d'*Obermann*, qui, ce titre l'indique, est, je ne dirai pas le poëme ou le roman, mais la monographie de la solitude.

Le solitaire qui en fait le sujet a quitté le monde pour se mieux conformer aux vues de la nature, pour rompre avec tout ce qui peut, au milieu de la société, contrarier la destinée véritable de l'homme. Il a échappé par la fuite au joug d'une profession pratique qu'on lui voulait imposer ; « il n'a pu renoncer » à être homme pour être homme d'affaires. » Il s'est retiré en Suisse et il écrit à un ami resté en France.

Il jouit d'abord de la liberté qu'il a conquise, en même temps que de la beauté des lieux qu'il parcourt ; mais ce moment d'espérance et de bonheur passe vite. Une secrète inquiétude se glisse dans son cœur ; son indépendance même, ses loisirs lui pèsent ; l'inaction de ses facultés devient pour lui une cause de souffrance. On le voit passant une nuit entière, absorbé dans ses pensées, sur le bord d'un lac éclairé par la lune. « Indicible sensibilité, s'écrie-t-il, charme » et tourment de nos vaines années, vaste conscience » d'une nature partout accablante et partout inspi- » rée, trouble, passion universelle, sagesse avancée, » voluptueux abandon, tout ce qu'un cœur mortel » peut contenir de besoins et d'ennuis profonds, j'ai » tout senti, tout éprouvé dans cette nuit mémo- » rable, j'ai fait un pas sinistre vers l'âge d'affaiblis- » sement, j'ai dévoré dix années de ma vie. Heu- » reux l'homme simple dont le cœur est toujours » jeune ! »

C'étaient sans doute des heures funestes que celles

qui s'écoulaient ainsi ; mais peut-être dans la violence même de ces orages intérieurs existait-il encore je ne sais quelle âpre jouissance. Après cette crise, il n'y a plus pour Obermann qu'un état presque continu de langueur et d'ennui. « Je ne veux plus de désirs,
» dit-il ; ils ne me trompent point. Je ne veux pas
» qu'ils s'éteignent ; ce silence absolu serait plus
» sinistre encore. Cependant c'est la vaine beauté
» d'une rose devant l'œil qui ne s'ouvre plus. Si
» l'espérance semble encore jeter une lueur dans la
» nuit qui m'environne, elle n'annonce rien que
» l'amertume qu'elle exhale en s'éclipsant ; elle
» n'éclaire que l'étendue de ce vide où je cherchais
» et où je n'ai rien trouvé ! Je suis seul, les forces
» de mon cœur ne sont point communiquées, elles
» réagissent dans lui, elles attendent. Me voilà dans
» le monde, errant, solitaire au milieu de la foule qui
» ne m'est rien, comme l'homme frappé dès longtemps
» d'une surdité accidentelle et dont l'œil avide se fixe
» sur tous ces êtres muets qui passent et s'agitent
» devant lui. »

Cependant cette vie à la fois inutile et malheureuse, Obermann ne comprend que trop qu'il lui importe d'en sortir. Le renversement subit de sa fortune lui fait, d'ailleurs, une loi de l'activité. Mais aucune considération ne peut triompher de son apathie et de son indécision. Dans le cours de ses méditations sur le meilleur parti à prendre, le découragement s'empare de lui, et il en arrive à envisager une solution suprême qui conviendrait à son désespoir. Il écrit à son ami : « Des idées sombres, mais tranquilles, me deviennent » plus familières. Je songe à ceux qui, le matin de leurs » jours, ont trouvé leur éternelle nuit ; ce sentiment » me repose et me console, c'est l'instinct du soir. » Il examine alors les objections qui s'élèvent contre le suicide : les devoirs envers l'amitié, la patrie, l'humanité. Il croit les réfuter par cette raison que, quand on se sent incapable de remplir un rôle dans le monde, on peut quitter volontairement la vie, et que le pouvoir de la société ne va pas jusqu'à interdire à l'homme de disposer de lui-même. Comme si l'être le plus humble ne pouvait faire quelque bien sur la terre, et si, à défaut de la société, Dieu ne lui imposait pas de rester à la place où il l'a mis ! Toutefois, il ne décide rien, content de savoir qu'il lui reste, contre l'excès de ses maux, une ressource toujours prête. Il ne se peut déterminer ni à vivre ni à mourir. Il continue à végéter. Sans doute, il a encore de nobles aspirations, mais il manque de la force nécessaire pour les réaliser. Si quelque lueur inespérée de bonheur brille un instant à ses yeux, elle s'évanouit bientôt. Sa volonté se soulève un instant, puis retombe, épuisée de son effort.

Ainsi, flottant sans cesse entre des aspirations stériles et des désirs impuissants, le triste Obermann paraît près de toucher au fond de l'abîme. Toutefois, il ne doit pas périr. Le salut lui apparaît quand il renonce à le chercher en lui-même, quand il songe sérieusement à ses semblables. Les projets utiles qu'il n'a pas encore eu le courage d'exécuter, il veut enfin les accomplir. Redevenu riche, il forme un établissement agricole qui fournit un noble aliment et à son activité et à sa bienfaisance. Outre ce généreux emploi d'une partie de ses heures, il en consacre une autre à écrire des leçons de morale, de philosophie, qui puissent être de quelque profit pour les hommes. C'est alors que, dépouillé de toute illusion, de toute passion intéressée, il trouve le calme et la paix qu'il avait si longtemps cherchés en vain dans la satisfaction de ses goûts personnels.

Tel est le remarquable traité d'Obermann. Il ne clôt pas les travaux de Senancour sur la solitude, et pour ne pas scinder l'étude de cet écrivain, je dirai quelques mots de ses derniers écrits.

*Les libres méditations d'un solitaire inconnu* renferment un grand nombre de pages consacrées à la description, à l'éloge de la vie solitaire et à l'analyse de ses effets sur l'âme. L'ouvrage est précédé par le récit de la vie d'un homme qui aurait habité, jusqu'à l'âge avancé où il mourut, une grotte de la forêt de Fontainebleau, dans laquelle on aurait trouvé le manuscrit même des *Méditations*. Ce vieillard convie chacun à l'imiter. Il invite ceux qui sont restés dans le monde à en fuir les bruyantes passsions ; il voudrait

voir se développer des établissements toujours ouverts aux hommes désireux de la vie cénobitique. Cette solitude ne peut cependant être que le partage du petit nombre ; il en est une autre plus accessible. Le philosophe inconnu en raconte les charmes ; selon lui, elle procure à l'esprit la modération et la santé, l'oubli des choses vaines, la continuité dans la possession de soi-même. Voilà sans doute de grands avantages, et celui qui parle ainsi semble entièrement satisfait de son état. Cependant, il ne le dissimule pas, il reste en lui un fond d'inquiétude, un levain de chagrin et d'ennui toujours prêt à se soulever. Il ne peut l'étouffer que par le travail, quelquefois le plus rude ; pour dompter son âme, il faut qu'il épuise ses forces physiques. « Je me hâterai, dit-il, de saisir la bêche
» ou le rabot ; je ne les quitterai pas avant d'y être
» contraint par le sommeil. Que de fois je me félicitai
» d'une vigueur qui me rendait cette diversion facile.
» Je plains celui dont la pensée n'est pas moins
» active, mais à qui ces occupations et cette lassitude
» ne sauraient convenir ; c'est celui-là dont la vie est
» un pénible combat. » Enfin, au moment même où il vient de se réjouir d'avoir pris le parti de la retraite, il fait des aveux qui jettent un jour inattendu sur la fragilité du bonheur qu'il y a trouvé. « Je n'ai pas su
» me garantir de tous les écarts de la pensée ; la paix
» dont je jouis est précaire ; je l'éprouve quelquefois
» avec autant de honte que de découragement. L'en-

» nui revient, il surmonte tout; il renouvelle de faux
» besoins, et je me sens inondé d'amertume. Mais de
» tels instants sont rares ; la fatigue du corps épuise
» l'activité trompeuse qui ne me laisserait apercevoir
» autour de moi que l'abandon et l'uniformité. »

Pas plus que dans les *Libres méditations*, le portrait de la solitude n'est flatté dans le roman d'*Isabelle*. Isabelle est un pendant au livre d'*Obermann;* et on l'a justement appelé un Obermann en jupons. La donnée du roman est d'une grande simplicité. A la suite d'événements qu'il est inutile de rapporter, une jeune fille du monde a résolu de vivre dans une solitude complète. Elle espère y trouver un soulagement à des regrets très naturels. Sans compter sur le bonheur, elle cherche du moins à éviter son contraire. Elle croit qu'elle n'est pas faite pour la vie ordinaire des femmes, qu'elle n'a pas les dons nécessaires pour vivre dans l'état de mariage, et elle se promet de n'aimer jamais. Mais l'épreuve de cette existence anormale est pénible pour elle, et elle est bien loin d'y trouver la paix qu'elle en attendait. Bien vite désabusée sur les suites de sa bizarre tentative, elle ne fait rien cependant pour rentrer dans la vie commune. Elle ne sait pas plus supporter la situation qu'elle s'est faite, que la rompre. Elle n'accepte ni ne repousse, soit l'amour, soit l'amitié, et elle meurt n'ayant su remplir ni complètement, ni à temps, les devoirs qui lui étaient imposés. Sans

entrer dans une analyse plus étendue, citons quelques fragments de ses lettres : « Que je souffre plus ou
» moins, ce ne sera pas une différence réelle dans le
» cours du monde. Que te dirai-je ? Comment me
» faire entendre ? je ne connais pas bien ce que
» j'éprouve, et il est possible que j'aie peu de raison
» de croire ce dont je reste persuadée... tout m'obsède,
» tout m'irrite. C'est une fatigue qui redouble par
» intervalles ; c'est un découragement universel...
» tout vient de ma faute, ma perte sera mon
» ouvrage. J'appartiens au malheur, l'effroi me
» pénètre, je gagnerais maintenant à cesser de
» vivre... Le rêve dont je suis fatiguée va-t-il finir ?...
» Dès que nous avons passé la première jeunesse,
» ce n'est plus qu'un long désastre : ces regrets
» forment l'histoire du monde. » Ces fragments suffisent pour faire connaître la triste Isabelle. Personnage étrange, dont le caractère n'est pas d'accord avec le sexe, création confuse qui s'explique moins par le besoin, chez Senancour, de peindre un type réel, que par le penchant qui porte un auteur à reproduire, à renouveler, sous des aspects quelquefois peu variés, le premier objet de son étude et de ses goûts.

On aperçoit maintenant l'unité qui préside à l'existence et à l'œuvre de Senancour. On peut juger l'une et l'autre.

Que dirai-je de sa vie? Sans doute, des infirmités

précoces, des pertes de famille et d'argent, s'ajoutant au sentiment des malheurs publics, étaient de nature à assombrir son caractère. Mais n'a-t-il pas travaillé lui-même à son infortune, en s'isolant volontairement, en se dérobant au train commun des choses pour lequel il se ne se croyait pas fait, et en se consacrant à un genre de vie exceptionnel et contraire à la destination de l'homme ? De ces premières fautes est née peut-être, par une juste punition, la série ininterrompue des ennuis qui ont usé les ressorts de son âme.

Toutefois, s'il est dans une certaine mesure l'artisan de son malheur, on ne peut l'accuser de s'y complaire. Sa solitude n'est pas oisive ; elle est, au contraire, remplie de labeurs où le travail du corps alterne avec celui de l'intelligence. Elle n'est pas non plus orgueilleuse, car loin d'avoir la conscience de facultés supérieures, Senancour souffre du sentiment de son insuffisance.

Quant aux pages qui ont été le fruit de cette existence solitaire, il faut blâmer leur auteur de n'avoir pas repoussé nettement la tentation du suicide et d'être resté dans le doute sur cette question qui exige une réponse formelle. Mais, reconnaissons-le, jamais il n'atténue aucun des arguments qu'on lui peut opposer, et il ne cherche pas à pallier les côtés faibles de ses théories. A côté de son opinion sur le suicide, il expose consciencieusement celle de son correspondant inconnu, comme, après avoir décrit les bienfaits de la solitude, il en révèle tous les maux, avec une exactitude qui enlève au tableau qu'il en trace le prestige dangereux de ce sujet.

Enfin, une grande leçon est rappelée, avec beaucoup de force dans ces livres de bonne foi. Chose remarquable : tous les esprits sur lesquels la maladie du siècle a passé paraissent avoir compris, après bien des recherches, des aspirations et des fatigues, que le bonheur qu'ils souhaitaient ne pouvait exister que dans un état de l'âme, réglé par des habitudes fixes et paisibles. Jean-Jacques Rousseau l'a écrit le premier : « J'ai remarqué, dans les vicissitudes d'une
» longue vie, que les époques des plus douces jouis-
» sances et des plaisirs les plus vifs, ne sont pourtant
» pas celles dont le souvenir m'attire et me touche
» le plus. Ces courts moments de délire et de passion,
» quelques vifs qu'ils puissent être, ne sont cepen-
» dant, et par leur vivacité même, que des points
» bien clair-semés dans la ligne de la vie. Ils sont
» trop rares et trop rapides pour constituer un état ;
» et le bonheur que mon cœur regrette n'est point
» composé d'instants fugitifs, mais un état simple et
» permanent, qui n'a rien de vif en lui-même, mais
» dont la durée accroît le charme, au point d'y trouver
» enfin la suprême félicité. » Après lui, Zimmermann préconisait aussi, comme le grand moyen de bonheur, l'occupation dans le calme. Mais, mieux encore que

ces deux écrivains, Chateaubriand a dit la même chose par la bouche de René : « On m'accuse d'avoir
» des goûts inconstants, de ne pouvoir jouir longtemps
» de la même chimère, d'être la proie d'une imagina-
» tion qui se hâte d'arriver au fond de mes plaisirs,
» comme si elle craignait d'être accablée de leur
» durée ; on m'accuse de passer toujours le but que
» je puis atteindre, hélas ! je cherche seulement un
» bien inconnu dont l'instinct me poursuit. Est-ce
» ma faute si je trouve partout des bornes, si ce qui
» est fini n'a pour moi aucune valeur ? Cependant,
» je sens que j'aime la monotonie des sentiments de
» la vie, et si j'avais encore la folie de croire au
» bonheur, je le chercherais dans l'habitude. » C'est cette même solution de la paix par l'ordre que Senancour vient apporter au problème du bonheur. « Il nous faudrait, fait-il dire à Obermann, il nous
» faudrait une volupté habituelle et non des émotions
» extrêmes et passagères. Il nous faudrait la tran-
» quille possession qui se suffit à elle-même dans sa
» paix domestique, et non cette fièvre de plaisir dont
» l'ivresse consumante anéantit dans la satiété nos
» cœurs ennuyés de ses retours, de ses dégoûts, de
» la vanité de son espoir, de la fatigue de ses
» regrets. » Rencontre bien significative, de plusieurs intelligences éminentes à des degrés divers. Mais chez Rousseau, chez Zimmermann et chez Chateaubriand, cette conclusion n'est proposée qu'avec timi-

dité. Rousseau et Zimmermann ont fini désespérés, et Chateaubriand nous montre René mourant dans l'impénitence finale de la mélancolie. Senancour ne tombe pas dans ces excès. Il fait plus qu'entrevoir la vérité qu'il a exprimée, il la dégage par une application pratique. Son Obermann guérit en sortant de l'oisiveté, en rentrant en communication avec les hommes, en travaillant pour eux, en sacrifiant ses intérêts à leur bonheur ; et, dans ses *Méditations*, on voit encore Senancour combattre courageusement le démon de la tristesse, et, quoiqu'il succombe quelquefois sous ses coups, se relever, du moins, et se fortifier par la lutte.

Malgré le caractère modeste de la vie et des écrits que je viens d'apprécier, une célébrité tardive n'a pas complètement fait défaut à Senancour. Un pâle rayon de gloire posthume est venu visiter son tombeau. Lui, dont les œuvres n'avaient occupé jusque-là que quelques hommes de loisir et d'esprit délicat, a été, enfin, présenté au vrai public. M^me Sand lui a consacré une étude enthousiaste qui a eu du retentissement et qui a donné, en quelque sorte, le mouvement à l'opinion. Plus tard, Sainte-Beuve a parlé de lui avec étendue, avec éloge. Un poète anglais, M. Arnold, lui a rendu hommage en de belles stances. M. Auguste Barbier a pris pour sujet d'une poésie celui qu'il appelle « *Le noble Obermann;* » et, plus récemment, un autre écrivain, M. René

Blémont, a intitulé « *Le petit-fils d'Obermann,* » un roman dans lequel il raconte les souffrances d'une âme inquiète.

Quoiqu'il en soit, Senancour avait jeté d'abord trop peu d'éclat pour avoir, de son vivant, des disciples. Cependant, si l'on n'avait tant abusé de cette expression, je dirais qu'il eut, à son insu, des frères obscurs qui, loin de lui et par une sorte d'inconsciente sympathie, rappelaient ses mœurs et ses sentiments.

L'un de ces hommes était Maine de Biran, dont le nom a grandi depuis, et, comme celui de Senancour lui-même, a fini par recueillir, dans le monde philosophique, une certaine illustration. Les affaires publiques qui ont pris une part considérable de la vie de Maine de Biran, ne l'ont pas, en effet, occupée toute entière, et même dans les fonctions de l'État, et sur la scène politique, il eut toujours un regard tourné en dedans de lui-même.

A la vérité, ces habitudes méditatives ne furent pas chez lui le résultat d'un choix entièrement libre ; elles furent en partie la réaction forcée de la dissipation qui avait marqué sa jeunesse. Les récentes publications dont il a été le sujet nous font connaître qu'il avait, à cette époque, mené une existence très frivole. Sa mauvaise santé l'avait engagé à changer sa manière d'être, et il avait suivi ce conseil.

Les événements publics l'avaient aussi détourné de la vie du dehors, et ramené davantage à la vie intérieure. Pendant la Terreur, il s'était réfugié dans une terre éloignée de Paris. Cet asile lui offrait un double avantage : il lui voilait le spectacle des folies sanguinaires qui désolaient la France, et il lui permettait de se consacrer à l'étude de lui-même. Il fut heureux de le retrouver en 1797, lorsque le coup d'État du 18 fructidor l'eut éloigné des assemblées politiques, où son opposition royaliste l'avait fait remarquer.

Maine de Biran s'occupe donc à se voir vivre, et cette contemplation ne lui donne pas toujours sujet de se réjouir. Il se plaint de n'avoir pas la direction de son âme, d'être plutôt passif qu'actif : sa volonté est chose variable ; il est obligé de reconnaître qu'elle est subordonnée à la partie matérielle de son être, qu'elle dépend quelquefois du temps ou de sa santé. Il est aussi un certain état qu'il gémit d'éprouver trop souvent : « En cet état, dit-il, absolument incapable de penser, dégoûté de tout, voulant agir sans le pouvoir, la tête lourde, l'esprit nul, je suis modifié de la manière la plus désagréable. Je me révolte contre mon ineptie, j'essaie pour m'en sortir de m'appliquer à diverses choses, je passe d'un objet à un autre ; mais tous mes efforts ne font que rendre ma nullité plus sensible. » Il parle ailleurs de « l'agitation ordinaire de sa vie intérieure, » de « sa monotone existence ; » enfin plus tard, en 1811, il constate avec regret l'affaiblissement

de son imagination et il écrit ce triste mot : « Ma vie
» se décolore peu à peu. »

A ces analyses d'impressions fugitives et de nuances
délicates, à ces confessions d'insuffisance morale, ne
reconnaît-on pas le lien qui existe entre Maine de
Biran et Senancour ? Comme Senancour, il aspirait
à la stabilité de l'âme, à la permanence des sentiments intimes. Comme lui aussi, il n'a trouvé le
calme qu'en donnant plus de place dans ses pensées à
l'élément religieux, en s'élevant davantage vers l'esprit du christianisme ; et, bien qu'il éprouvât encore
quelquefois « de la difficulté à vivre au dedans comme
» au dehors » il eut la consolation, avant de mourir,
de saisir une foi à laquelle il se tint fortement
attaché.

A côté de Biran, on peut mentionner Gleizes, personnage connu par son originalité et sa vie solitaire
et indépendante, qui a publié, en 1794, les *Mélancolies
d'un solitaire ;* en 1800, les *Nuits élyséennes.* Ces écrits
sont des méditations sentimentales sur les clairs de
lune, les cimetières, les ruines, présentées dans une
prose poétique et chargée d'images exagérées, souvent tirées de souvenirs bibliques.

Un autre écrivain, qui s'est signalé par son hostilité contre le gouvernement impérial et avait même
cru devoir s'exiler après le 18 brumaire, pour éviter
d'être compris parmi les victimes du coup d'État,
Thiébaut de Berneaud doit aussi trouver sa place

ici. Avant ses nombreux ouvrages sur les sciences et surtout sur l'agriculture, Thiébaut avait, en 1798, fait paraître *Un voyage à l'Ile des Peupliers*, hommage ardent à la mémoire et au génie de Rousseau, dans le goût de celui que lui avaient déjà rendu Mme de Staël et M. Michaud. On en prendra une juste idée par cet éloge qu'en fait, dans un style qui porte bien sa date, un catalogue de libraire de son temps (Lepetit, palais du Tribunat) : « Les amis de la nature, de
» Rousseau, des lettres et de la vertu, ne liront pas
» sans émotion ce petit ouvrage où respire une âme
» honnête, et où se manifeste le talent de peindre
» la campagne et d'exprimer le sentiment. »

Enfin, il convient de rappeler le nom oublié de Cousin de Grainville, l'auteur du *Dernier homme* (1803). Dans cet ouvrage qui nous montre le globe desséché, usé, éteint, tendant à une mort prochaine, et le génie de la terre fatigué de sa longue existence, mais condamné à vivre encore jusqu'à ce que, par la mort du dernier homme, la terre entre enfin dans l'éternel repos, dans ce vaste et sombre tableau, on a retrouvé « l'expression agrandie de la tristesse » d'Obermann. » Cette œuvre, du reste, quoiqu'elle fût fort estimée par Bernardin de Saint-Pierre, et qu'elle ait eu plus tard de nombreux admirateurs, avait été, à son apparition, mal jugée par le public, et dans l'un des accès d'une maladie violente, occasionnnée par son insuccès, Grainville s'était précipité dans la

Somme qui coulait au pied de sa maison et y avait trouvé la mort.

Tels sont les contemporains de Senancour qui présentent avec lui le plus de ressemblance, et constituent ainsi son entourage nécessaire.

## VII

## Les Romanciers

CH. NODIER. — Mme DE FLAHAUT. — Mme DE KRUDENER.

———

De ces esprits philosophiques aux romanciers proprement dits, la distance est sensible, bien que quelques-unes des œuvres que nous avons déjà parcourues soient désignées sous le titre de romans. Mais les véritables romans eux-mêmes offrent pour nous de l'intérêt et ne doivent pas échapper à notre examen.

On connaît la vie de Charles Nodier. On sait quelles furent son éducation intellectuelle, et les vicissitudes de sa jeunesse. Avec le goût des sciences naturelles, il avait celui des lettres, et il s'attacha aux littératures anglaise et allemande. Il se nourrit de Shakespeare, d'Ossian, d'Young, et se prit d'en-

thousiasme pour Werther. Nodier a singulièrement
exagéré les tribulations auxquelles l'exposa son
attitude vis-à-vis du pouvoir. Cependant enveloppé à
différentes reprises, dans de petites échauffourées
politiques, et auteur de la violente satire intitulée
*La Napoléone*, il dut, tantôt se retirer comme interné
à Besançon, tantôt, peut-être par une précaution
inutile, s'enfuir et errer dans le Jura français et en
Suisse. Au commencement de 1806, il séjourna à
Dôle, et y ouvrit un cours de littérature. Ce fut là
qu'il connut Benjamin Constant, qui avait dans cette
ville une partie de sa famille. « Leurs esprits souples
» et brillants, dit Sainte-Beuve, leurs sensibilités
» promptes et à demi-brisées devaient du premier
» coup s'enlacer et se convenir. » Que de sujets
communs d'entretien entre eux ! Que de goûts semblables ! Ils se virent beaucoup et il est permis de
penser que ce ne fut pas sans une influence réciproque
de l'un sur l'autre. Ils devaient se rencontrer encore
plus tard pour se séparer de nouveau. Longtemps
après, Nodier acheva, loin de la politique, une
existence désormais exempte de secousses, et entourée d'une croissante célébrité. Dans la première
partie de cette carrière inégale, il avait mis au jour
de nombreux écrits, dont plusieurs doivent fixer pour
quelques instants notre attention.

Les *Pensées de Shakespeare* (1801), comme les *Essais d'un jeune Barde* (1804), sont tirées de la mémoire et non de l'imagination de l'auteur. L'épigraphe de ce dernier ouvrage est empruntée à Ossian; le livre contient un chant funèbre sur le tombeau d'un chef scandinave, une traduction d'un chant de Ramond intitulé : *Le Suicide et les Pèlerins*, et une sorte de romance de Gœthe, *La Violette*, précédée d'une pensée de Senancour. Ce n'est qu'après ces différentes réminiscences que se lit un morceau sur *la solitude* composé par Nodier. Encore, cette pièce ne se distingue-t-elle pas par une haute originalité.

Le genre des *Tristes* (1806) ne diffère pas de celui des *Essais*. C'est aussi un recueil de pièces en prose ou en vers, le plus souvent imitées de l'allemand ou de l'anglais, et qui sentent « le lecteur familier d'Ossian » et d'Young, le mélancolique glaneur dans les » champs de la tombe. Toujours mêmes couleurs » éparses, mêmes complaintes égarées, même affreuse » catastrophe. » La principale part d'invention dans cet écrit consiste à supposer que son auteur inconnu s'est tué d'un coup de lime au cœur. En somme, ces différents opuscules n'étaient en quelque sorte pour Nodier que des réserves dans lesquelles il semblait déposer des matériaux pour l'avenir. Sut-il s'affranchir de ces souvenirs quand il prit la plume pour son propre compte ? Réussit-il à être tout à fait lui-même ? On en va juger en examinant *Les Proscrits* (1802) et *Le Peintre de Saltsbourg* (1803).

Le cadre du roman de « *Stella ou les Proscrits* »

a coûté peu de frais à l'imagination de l'auteur. Un jeune homme fuit sa patrie, pour échapper à la proscription de la Terreur. Dans les montagnes où il cherche un asile, il rencontre une jeune personne, victime comme lui, des fureurs révolutionnaires, et qui se cache dans une chaumière, sous la garde d'une vieille servante. Comme on peut le prévoir, il aime cette jeune personne qui répond à son amour, et qui, trop tard, lui révèle qu'elle n'était pas libre, et meurt d'amour et de remords. Mais, si la fable est peu compliquée, les sentiments sont des plus violents, et le désespoir éclate en manifestations outrées : « J'ai beaucoup vécu, nous dit le proscrit, » beaucoup souffert, beaucoup aimé, et j'ai fait un » livre avec mon cœur... C'est pour vous que j'écris, » êtres impétueux et sensibles, dont l'âme s'est » nourrie des leçons de l'infortune. »

Dans cet appareil déclamatoire, qui nous laisse assez froids, il est bien facile de constater l'imitation. Werther est le véritable inspirateur du *Proscrit*. L'auteur ne se défend pas de l'avoir pris pour modèle, et, dans le cours du roman, il en parle en plusieurs endroits. Introduit dans la demeure d'un ami, le proscrit y trouve d'abord la Bible, Klopstock, Shakespeare, Richardson, Rousseau ; mais écoutons la suite : « Lovely me pressa doucement la main, me fixa d'un » air mystérieux, tira de son rayon une boîte d'ébène, » l'ouvrit avec précaution et on ôta un volume enve-

» loppé dans un crêpe. — Encore un ami, dit-il, en
» me le présentant : c'était Werther. Je l'avouerai,
» j'avais vingt ans et je voyais Werther pour la
» première fois ! Lovely remua la tête et soupira. —
» Je lirai ton Werther, m'écriai-je ! — Vois, dit-il,
» comme ces pages sont usées. Quand je vins par-
» courir ces montagnes, cet ami m'était resté ; je le
» portais sur mon cœur, je le mouillais de mes
» larmes ; j'attachais tour à tour sur lui mes yeux et
» mes lèvres brûlantes, je le lisais tout haut et il
» peuplait ma solitude. » Ainsi sur trois ou quatre
personnages que contient le roman en voici déjà deux
qui adorent ou vont adorer Werther ; Stella appartient au même culte. Bien plus, c'est le livre de
Werther qui devient le trait d'union entre Stella et
le proscrit. La première fois que celui-ci rencontre
la jeune femme, elle était assise dans la campagne
et lisait ; en le voyant, elle avait laissé tomber son
livre ; mais la conversation engagée étant devenue
embarrassante, elle l'avait repris et le volume intelli-
gent s'était ouvert justement à l'endroit où Werther
voit Charlotte pour la première fois. Le proscrit qui
n'était pas en retard, lui présente aussitôt l'exemplaire
dont il était toujours muni depuis la scène précédente. « Encore Werther, dit-il. — L'ami des malheu-
» reux, réplique Stella » ; et grâce à cette communauté de lecture, l'intimité fait entre eux de rapides
progrès. En un mot, ce roman n'est qu'une glorifica-

tion de Werther; on n'y parle, on n'y sent que d'après Werther, et les malheurs particuliers des héros du livre de Nodier ne sont guère qu'un prétexte pour écrire un pastiche littéraire.

Les mêmes observations peuvent s'appliquer au *Peintre de Saltzbourg*. Ici encore, l'imitation de Werther est flagrante. Le héros, qui est Allemand, parle de sa résolution de consacrer « à son cher » Werther une fosse d'herbe ondoyante comme il l'a » souvent désirée. » Il y a plus, dans une préface de 1840, Nodier a reconnu que le type de Charles Munster était emprunté à « cette merveilleuse Allemagne, la » dernière patrie des poésies et des croyances de » l'Occident, » dont l'influence littéraire commençait à se faire sentir en 1803 « malgré un gouvernement » peu sentimental et disposé à traiter de ridicule le » langage de la rêverie et des passions, cette expres- » sion mélancolique d'une âme tendre qui cherche sa » pareille en pleurant et qui pleure encore après » l'avoir trouvée parce que toutes les joies du cœur » ont des larmes, et cet élan de sensibilité qui est » tentée de tout et que rien ne satisfait. » Il est vrai que Nodier affirme aussi qu'il s'identifiait alors avec son modèle, et qu' « il y avait tant de vérité au fond » de cette fiction, dans ses rapports avec son organi- » sation particulière, qu'elle lui faisait prévoir jusqu'à » des malheurs qu'il se préparait, mais qu'il n'avait » pas encore subis. » Cependant, en écrivant ce livre, il paraît avoir obéi surtout au besoin de reproduire un genre littéraire allemand. Mais il faut noter que, dans cette circonstance, il voyait un peu l'Allemagne à travers une contrefaçon française, puisque son roman fut plus particulièrement inspiré, nous dit-il, par la lecture du chant de Schwarzbourg de Ramond, qu'il a même traduit presque littéralement en vers.

Pour justifier les remarques qui précèdent, il suffit de résumer quelques traits de ce *Journal d'un cœur souffrant*, sous-titre qui rappelle encore « les souffrances » du jeune Werther. » Rien à dire des rôles secondaires, si ce n'est qu'un des comparses a recours au suicide pour échapper à ses chagrins ; le principal personnage seul mérite une courte analyse. Charles Munster est une victime des discordes politiques ; il est exilé ; de plus, il souffre d'un amour malheureux. Il se dépeint ainsi lui-même : « A vingt-trois ans, je suis » cruellement désabusé de toutes les choses de la » terre, et je suis entré dans un grand dédain du » monde et de moi-même, car j'ai vu qu'il n'y avait » qu'affliction dans la nature et que le cœur de » l'homme n'était qu'amertume. » Son chagrin, d'ailleurs, est le plus souvent calme ; il ne s'arrête pas à la tentation du suicide, et, s'il forme quelque vœu d'amour désespéré, il l'oublie vite. Il vit le plus souvent seul avec la nature. Renouvelant l'expression de René sur le retour de la saison des tempêtes, il se promet plus « de ravissement » de l'hiver que des beaux jours, et il se plaît à en tracer le tableau. Cependant, à la fin, le malheur use ses forces, et l'épilogue, ajouté à son journal par une main amie, nous le montre se rendant à une abbaye où il veut finir ses jours « ayant les cheveux épars, la barbe longue, le » teint hâve, les yeux égarés, et, malgré la rigueur » de la saison, ne portant pour vêtement qu'une » espèce de tunique grossière, fermée sur la poitrine » avec une ceinture de laine » en un mot, portant les traces « d'une profonde aliénation d'esprit. » Enfin, l'auteur nous apprend qu'à la suite d'un débordement du Danube, on a retrouvé son corps inanimé aux pieds des murs du couvent, dans lequel il allait chercher un dernier asile.

Je ne jugerai pas le *Peintre de Saltzbourg*. Charles Nodier l'a fait mieux que personne ne le saurait faire. Aux gens d'esprit, c'est peine perdue de conter leurs défauts. Il les savent de reste, et sont les premiers, sinon à s'en corriger, du moins à s'en accuser. Il est donc convenu, de bonne grâce, que son roman péchait « en réunissant au suprême degré les deux » grands défauts de l'école germanique, la naïveté » maniérée et l'enthousiasme de la tête. » Et n'a-t-il pas fait mieux ? Ne s'est-il pas amusé à nous donner de sa propre main la parodie des Werther et des d'Olban ? Dans un récit, d'ailleurs beaucoup trop libre, intitulé : *Le dernier chapitre de mon Roman*, et qui est de la même année que le *Peintre de Saltzbourg*, il nous introduit dans une réunion de ce temps, un bal à la Société Olympique, et après avoir passé en revue quelques personnages remarquables, il en décrit un autre qui, « le chapeau rabattu, les bras » croisés et l'air pensif, s'égare tristement de groupe » en groupe sans adresser la parole à qui que ce » soit. » Ce jeune homme porte un pantalon jaune et un habit bleu de ciel, pour avoir une conformité de plus avec Werther dont il a fait son héros. Le roman de Gœthe étant tombé dans ses mains alors qu'il avait vingt ans, il conçut le projet d'en faire le guide de sa conduite. « Dès ce moment, il s'occupa » exclusivement de toutes les études qui pouvaient » le rapprocher de son modèle. A une Charlotte près, » l'imitation était déjà frappante de vérité ; mais il » était bien décidé à compléter la ressemblance, et » son imagination spleenétique se familiarisait tous » les jours de plus en plus avec le fatal dénoûment. » Enfin, il ne s'agissait plus que de découvrir son » héroïne et de fixer la durée de l'attaque. Il com- » pulsa toutes les éditions de Werther pour se déter- » miner sur ce point essentiel. » Mais ce plan si bien conçu n'a pu s'exécuter. Le pauvre jeune homme n'a pas réussi à être malheureux en amour. Il lui a donc fallu renoncer à devenir tout à fait un Werther. Tel est le badinage où se joue Nodier, et qui prouve la justesse de ce qu'on a dit de lui : « Il y a de » l'Arioste dans ce Werther. » Sachons-lui gré, d'ailleurs, de n'avoir pas poussé l'imitation de Gœthe et de Ramond jusqu'à célébrer avec eux le suicide. Contre cette coupable folie, il cherche une arme dans la religion ; et, dans un autre écrit de cette même année 1803, les *Méditations du cloître*, signalant les ravages qu'ont faits parmi ses contemporains « la » hache des bourreaux et le pistolet de Werther, » il s'adresse au pouvoir, et, dans un mouvement, cette fois parti du cœur, il jette, à peu près comme l'avait fait Senancour, ce cri des temps troublés : « Cette » génération se lève et vous demande des cloîtres ! »

Concluons : si Nodier appartient à l'école de la mélancolie, il n'y appartient que sous certaines réserves. Néanmoins, il conserva toujours quelque réminiscence de ses débuts. A l'époque même où, dégagé des liens dans lesquels il s'était plu à s'envelopper, il exprime des idées et des sentiments plus originaux, lorsque, sous la Restauration et depuis, il donne au public des romans, des nouvelles tirés de son propre fonds, on y retrouve la trace de ses anciennes habitudes. Dans le roman de *Clémentine*, il déclare être en sympathie de sentiments avec un certain Maxime Odin, dont il retrace l'ardour inquiète. Il n'est presque aucun de ses ouvrages qui ne se termine par un dénouement violent ; la mort inopinée est le « *Deus ex machinâ* » de tous ces récits, et la liste de ses héroïnes n'est guère qu'un long martyrologe. Il est certain que, dans l'imagination de l'aimable conteur, il était toujours resté un petit coin pour le lugubre et le ténébreux.

Si la mesure et le naturel manquent souvent à Nodier, ces qualités se retrouvent chez deux femmes qui, comme lui, et à la même époque, se sont fait connaître par des romans.

L'une est l'auteur d'*Adèle de Sénange* (1793) et je n'en veux dire qu'un mot. Dans ce récit composé en Angleterre, au milieu des plus cruels chagrins de famille, des douleurs de l'émigration et des étreintes de la gêne, M^me de Flahaut met en scène un anglais, le jeune lord Sydenham, qui se déclare atteint « d'une » mélancolie qui le poursuit et lui rend importuns les » plaisirs de la société. » Ce caractère est un mélange de l'anglais de *Caliste* qui l'avait précédé, et d'*Oswald* qui l'a suivi. Mais il est à peine indiqué. En traitant un sujet à peu près semblable, M^me de Krudener y apporta plus de développement. C'est d'elle que j'ai maintenant à parler.

M^me de Krudener était née à Riga. Élevée dans ce pays un peu sauvage, elle en avait beaucoup aimé la nature sévère et triste. Elle vint à Paris au mois de juin 1789. Elle avait alors vingt-trois ans. Elle était à la fois amie du luxe et de la simplicité, et au milieu de sa vie élégante, elle trouvait le temps d'aller visiter Bernardin de Saint-Pierre, dans son humble retraite du faubourg Saint-Marceau. Plus tard, elle fit un séjour à Lauzanne, et bientôt se lia avec la société qui entourait M^me de Staël. Mais les événements du dehors devaient venir la poursuivre dans cet asile bienveillant. Comme tant d'autres étrangers illustres, elle ressentit les effets de nos malheurs. L'invasion française de 1798 la força à s'éloigner de la Suisse. Elle y revint cependant quand le torrent eut passé ; elle revint aussi en France, et ce fut à Paris qu'elle publia, au mois de décembre 1803, avec un brillant succès, le roman de *Valérie*. Plus tard, et de retour dans sa patrie, cette femme qui avait connu tous les orages de la passion, étonna le monde par une conversion éclatante, et après des incidents divers qui lui donnèrent, dans quelques grands faits de l'histoire de l'Europe, un rôle important, elle succomba, en 1824, à l'excès de rigueurs ascétiques qui avaient miné sa santé. Mais au moment où elle écrivait *Valérie*, M^me de Krudener était loin de ces hauteurs mystiques, et les divers incidents de sa vie pouvaient expliquer une disposition mélancolique.

Cette disposition se personnifie dans ce roman moins en Valérie elle-même, qu'en celui qui l'aime, Gustave de Linar. Ce jeune homme a toujours eu le goût de la vie solitaire. Un fragment du journal que tenait sa mère nous le dépeint ainsi : « Il se promène » souvent seul, beaucoup avec Ossian, qu'il sait » presque par cœur. Un singulier mélange d'exalta- » tion guerrière et d'une indolence abandonnée aux » longues rêveries, le fait passer tour à tour d'une

» vivacité extrême à une extrême tristesse qui lui
» fait répandre des larmes. » Plus tard, lui-même
écrit : « Le comte trouve que je ressemble beaucoup
» à mon père, que j'ai dans mon regard la même
» mélancolie; il me reproche d'être, comme lui,
» presque sauvage, et de craindre trop le monde. »
En effet, son imagination le reporte vers les montagnes où s'est écoulée son adolescence. « Ernest,
» écrit-il, de Luben, à son fidèle ami, plus que jamais
» elle est dans mon cœur, cette secrète agitation qui
» tantôt portait mes pas vers les sommets escarpés
» des Roullen, tantôt sur nos grèves désertes.
» Ah! tu le sais, je n'y étais pas seul : la solitude
» des mers, leur vaste silence ou leur orageuse
» activité, le vol incertain de l'alcyon, le cri mélan-
» colique de l'oiseau qui aime nos régions glacées, la
» triste et douce clarté de nos aurores boréales, tout
» nourrissait les vagues et ravissantes inquiétudes
» de ma jeunesse. Que de fois dévoré par la fièvre de
» mon cœur, j'eusse voulu, comme l'aigle des montagnes, me baigner dans un nuage et renouveler
» ma vie ! Que de fois, j'eusse voulu me plonger dans
» dans l'abîme de ces mers dévorantes, et tirer de
» tous les éléments, de toutes les secousses une nou-
» velle énergie, quand je sentais des feux qui me
» consumaient ! » Et il ajoute : « Ernest, j'ai quitté
» tous ces témoins de mon inquiète existence, mais
» partout j'en retrouve d'autres ; j'ai changé de ciel,

» mais j'ai emporté avec moi mes fantastiques songes
» et mes vœux immodérés. »

Une nature si ardente et si tendre devait être pour l'amour une proie facile : Gustave subit le charme de Valérie, et la violence de l'amour combattu altère gravement sa santé. La maladie du corps cède enfin, mais le mal moral n'est pas guéri. Il se plaint d'être inutile et incompris, de porter avec lui un principe qui le dévore. Il entrevoit sa mort prochaine ; elle lui sourit comme le terme de son malheur. Mais ce dénouement, il ne cherche pas à le précipiter. Son affection filiale, ses sentiments religieux le lui défendent. Il supportera donc la vie, mais il ne peut plus soutenir la vue de Valérie : la prudence, l'honneur lui ordonnent de la fuir. Il cherche et trouve un instant de repos à la Grande-Chartreuse de B... d'où il repart pour les Apennins. Il y écrit ces lignes :
« Ne me plains pas, Ernest, la douleur sans remords
» porte en soi une mélancolie qui a pour elle des
» larmes qui ne sont pas sans volupté. Chaque
» moment ne tombe pas tristement sur mon cœur ;
» souvent il y a des repos, des intervalles où une
» espèce d'attendrissement, une vague rêverie qui
» n'est pas sans charme vient me bercer. » Mais pour avoir son charme et sa volupté, la tristesse n'en brise pas moins le cœur, et Gustave rend enfin le dernier soupir, soutenu par la religion et par l'amitié.

Ce ne fut un mystère pour personne dans le monde

où vivait M^me de Krudener, que les personnages du roman de *Valérie* étaient empruntés, pour la plus grande partie, à la réalité. Comme Valérie est M^me de Krudener elle-même, Gustave de Linar est un certain Alexandre de Stakief qui éprouva pour elle une grande passion. Il se peut que plusieurs des impressions que l'auteur prête à ce jeune homme, quand il parle de ses vieux souvenirs et de son goût pour la nature, soient des réminiscences des impressions que M^me de Krudener avait gardées de sa propre enfance, et qu'elle se soit plus d'une fois exprimée par la bouche de Gustave aussi bien que par celle de Valérie ; mais on ne peut douter que son mélancolique Scandinave, comme on l'a appelé, n'ait vraiment existé avec la physionomie que lui donne le roman ; et c'est à cela que le héros de *Valérie* doit ce cachet de personnalité qui le distingue de ses devanciers et de ses successeurs. Mais en prenant pour sujet de son œuvre ce type nouveau de la maladie du siècle, M^me de Krudener n'a pas suivi les inspirations du hasard ; elle a obéi à ses préférences intimes, et l'on peut en conclure qu'elle appartenait au même ordre d'esprits que celui dont elle a tracé un si vivant tableau. Reconnaissons d'ailleurs à son roman, comme à celui de M^me de Flahaut, ce mérite que leur morale est irréprochable, qu'ils ont su concilier la mélancolie et la vertu, et que dans la lutte entre le devoir et la passion, c'est au devoir qu'ils ont donné l'avantage.

Cette exception, rare dans la littérature que nous étudions, méritait d'être signalée. On ne la retrouve pas dans l'écrit célèbre que je vais examiner.

L'étude des romanciers m'amène, en effet, à parler de Benjamin Constant. Déjà, j'ai prononcé son nom à propos des amis de M^me de Staël; mais par la nature et par la date de celui de ses ouvrages que je veux surtout examiner, c'est ici seulement que je devais m'en occuper avec quelque étendue.

# VIII

## Benjamin Constant

Benjamin Constant est né à Lausanne. Élevé d'abord par un père dont la froideur apparente comprimait la tendresse, il suit les universités d'Angleterre et d'Allemagne. De bonne heure il se trouve introduit dans l'intimité d'une femme distinguée, mais alors morose, isolée, dont il a été question plus haut, Mme de Charrière ; avec elle il aborde dans de longues conversations et sous toutes ses faces le problème de notre destinée. Sa jeunesse, d'ailleurs, n'est pas exempte de folies. Instruit par une expérience précoce des tristesses de la vie comme de ses charmes, il en est déjà rassasié, et l'abus de l'analyse le conduit à railler tous ses sentiments, et sa raillerie elle-même.

Un jour en 1787, il s'échappe de la maison pater-

nelle pour courir en Angleterre. De Douvres, il écrit à M^me de Charrière : « Je me représentai, moi,
» pauvre diable, ayant manqué tous mes projets,
» plus ennuyé, plus malheureux, plus fatigué que
» jamais de ma triste vie. Je me figurai ce pauvre
» père trompé dans toutes ses espérances, n'ayant
» pour consolation dans sa vieillesse qu'un homme
» aux yeux duquel, à vingt ans, tout était décoloré,
» sans activité, sans énergie, sans désirs, ayant le
» morne silence de la passion contrariée, sans se
» livrer aux élans de l'espérance qui nous ranime et
» nous donne de nouvelles forces. J'étais abattu, je
» souffrais, je pleurais. Si j'avais eu là mon consolant
» opium, c'eût été le bon moment pour achever, en
» l'honneur de l'ennui, le sacrifice manqué par
» l'amour. » Mais ces paroles amères qui se terminent par une allusion à une récente aventure de jeunesse, sont bientôt corrigées par une sorte de démenti orgueilleux que Benjamin Constant donne à l'aveu de sa faiblesse : « Ne vous inquiétez absolument
» pas de ma situation : moi je m'y amuse comme si
» c'était celle d'un autre. »

L'année suivante on le retrouve chambellan d'un prince allemand et se faisant plus d'un ennemi par la liberté de son humeur. Puis il se marie. Quel est l'état de son âme en ces années ? « Je sens plus que
» jamais le néant de tout... Je suis quelquefois
» mélancolique à devenir fol, d'autres fois mieux,

» jamais gai ni même sans tristesse pendant une
» heure... Je suis parvenu à un point de désabuse-
» ment tel, que je ne saurais que désirer si tout
» dépendait de moi, et que je suis convaincu que je
» ne serais dans aucune situation, plus heureux que
» je le suis (1790 et 1791). » A propos d'orangers
que M⁰ᵉ de Charrière voulait planter, il lui dit : « Je
» ne veux rien voir fleurir près de moi ; je veux que
» tout ce qui m'environne soit triste, languissant et
» fané. » Et ailleurs : « J'ai écrit il y a longtemps
» au malheureux Knecht : je passerai comme une
» ombre sur la terre entre le malheur et l'ennui.
» (17 septembre 1791). » Mais ces sentiments étaient-ils
bien sincères ? non, et il l'avoue ailleurs : « Je suis
» las, s'écrie-t-il, le 17 mai 1792, je suis las d'être
» égoïste, de persifler mes propres sentiments, de
» me persuader à moi-même que je n'ai plus ni
» l'amour du bien, ni la haine du mal. Puisqu'avec
» toute cette affectation d'expérience, de profondeur,
» de machiavélisme, d'apathie, je ne suis pas plus
» heureux, au diable la gloire de la satiété ! Je rouvre
» mon âme à toutes les impressions ; je veux rede-
» venir confiant, crédule, enthousiaste, et faire
» succéder à ma vieillesse prématurée, qui n'a fait
» que tout décolorer à mes yeux, une nouvelle
» jeunesse qui embellisse tout et me rende le
» bonheur. » Cependant, il revient vite aux habitudes contraires, à la seconde nature qu'il s'est

donnée. Le 17 décembre 1702, il se dépeint encore « blasé de tout, ennuyé de tout, amer, égoïste, avec » une sorte de sensibilité qui ne sert qu'à le tour- » menter ; mobile au point d'en passer pour fol, et » sujet à des accès de mélancolie qui interrompent » tous ses plans. » Et Chênedollé qui le rencontrait à Coppet, en 1797, disait de lui : « Il n'y a plus là ni » cœur, ni enthousiasme. » Le reste de cette vie agitée appartient à l'histoire. Je rappellerai seulement qu'exilé en 1803, il se réfugia en Allemagne, où il fréquenta les écrivains en vogue. Ce fut pendant la durée de l'Empire et pendant les loisirs qu'elle lui fit, qu'il conçut et qu'il composa le roman d'*Adolphe*, publié seulement en 1816.

Adolphe est un jeune Allemand. Il vient d'achever à l'Université de Gœttingue de brillantes études menées de front avec une vie mal dirigée. Dès cette époque, il porte en lui un germe de tristesse et d'ennui qu'il attribue à la société de son père, homme généreux, mais rigide auprès duquel il n'éprouvait que de la contrainte, et surtout à de longs entretiens avec une femme âgée et mécontente de la vie, vivant retirée dans son château « n'ayant que son » esprit pour ressource et analysant tout avec son » esprit. » — « Pendant près d'un an, dit Adolphe, dans » nos conversations inépuisables, nous avions envi» sagé la vie sous toutes ses faces et la mort toujours » pour terme de tout, et après avoir tant causé de la

» mort avec elle, j'avais vu la mort la frapper à mes
» yeux. Cet événement m'avait rempli d'un sentiment
» d'incertitude sur la destinée et d'une rêverie vague
» qui ne m'abandonnaient pas. Je trouvais qu'aucun
» but ne valait la peine d'aucun effort. » C'est dans
cette disposition qu'il consume au fond d'une petite
ville une existence sans utilité et sans attrait. Son
esprit ironique lui attire des inimitiés dans un
monde où la convention et l'usage décident de tout.
Mais en même temps il y rencontre une Polonaise
« célèbre par sa beauté, quoiqu'elle ne fût plus de
» la première jeunesse. » Par un sentiment de
vanité, joint à un vague désir de bonheur, il désire
lui plaire, et même, entraîné par son imagination,
il croit l'aimer. Étrange contradiction, à peine se
voit-il aimé lui-même qu'il pressent le terme de ce
qu'il a pris pour de l'amour. Dans la liaison qu'il a
contractée, il ne tarde pas à voir moins le bonheur
qu'il a souhaité, que la dépendance à laquelle il s'est
soumis. L'assiduité qu'Ellénore demande lui devient
une gêne. Pourtant il ne s'éloigne pas d'elle, et
quand son père le rappelle auprès de lui, sur les
instances d'Ellénore, il sollicite un délai de quelques
mois. Mais à peine a-t-il obtenu ce sursis qu'il le
regrette, et n'y voit plus que la prolongation de son
esclavage. Alors éclate entre eux un échange de dures
récriminations et une scène violente qu'il déplore
aussitôt qu'il l'a provoquée. Cependant le terme fixé

par son père est arrivé. Il part. Se réjouit-il de sa liberté reconquise ? Nullement. Il n'a jamais mieux senti le prix d'une intimité qui est devenue nécessaire à son existence, et bientôt il renoue dans un autre lieu les liens qu'il avait tant souhaité de rompre. *Cœlum non animum mutat.* Faut-il suivre pas à pas l'histoire de cette triste union ? Alternatives incessantes de disputes et de réconciliations ; fatigue, chez l'un, d'un joug qu'il n'a pas la force de secouer ; chez l'autre, amertume d'un amour qu'elle sait n'être pas partagé ; opposition toujours renaissante de deux caractères incompatibles fatalement réunis, de deux existences inconciliables qui ne se peuvent séparer : tel est le thème sur lequel se déroulent les variations du livre.

Le dénouement fatal arrive enfin ; Adolphe écrit à son père qu'il consent à se séparer d'Ellénore. Cet engagement pris, il en redoute déjà l'accomplissement. Mais la lettre même qui le contient est remise à Ellénore. Celle-ci ne peut survivre à ce coup, et ne tarde pas expirer.

Adolphe retrouve alors toute l'étendue de sa solitude ; étranger à toute la terre, il regrette le temps où sa vie avait un intérêt et se réfléchissait dans une autre. Une sorte de conclusion de l'ouvrage nous apprend qu'il ne fit plus que végéter, qu'il ne sût faire aucun usage de la liberté qu'il avait si souvent invoquée, prouvant ainsi qu'on peut bien « changer

» de situation, mais qu'on transporte dans chacune
» le tourment dont on espérait se délivrer ; et que,
» comme on ne se corrige pas en se déplaçant, l'on
» se trouve seulement avoir ajouté des remords aux
» regrets, et des fautes aux souffrances. »

Quelle est la portée de ce récit ? Je ne m'arrêterai pas à l'assertion de l'auteur qui déclare n'avoir eu d'autre prétention que de convaincre « deux ou trois
» amis réunis à la campagne de la possibilité de
» donner une sorte d'intérêt à un roman dont les
» personnages se réduiraient à deux, et dont la
» situation serait toujours la même. » Fausse modestie, coquetterie d'écrivain qu'il est facile de démasquer. Adolphe n'est pas une œuvre de fantaisie, mais une composition répondant à un sentiment profond. Quand au sujet même de ce roman, il importe de le préciser. Or Benjamin Constant ne nous cache pas qu'il a voulu montrer « le mal que font
» éprouver même aux cœurs arides les souffrances
» qu'ils causent, et cette illusion qui les porte à
» se croire plus légers ou plus corrompus qu'ils ne
» le sont. » Le caractère que l'auteur a voulu peindre est donc l'aridité du cœur.

Qu'on ne s'y trompe pas en effet, l'éloignement d'Adolphe pour Ellénore n'est pas un accident vulgaire, un simple prétexte pour mettre en œuvre le combat qui s'agite chez Adolphe entre l'égoïsme et le dévouement ; c'est le trait distinctif, c'est le fond même d'une personnalité. Les querelles quotidiennes qui rendent intolérables les rapports d'Adolphe et d'Ellénore n'ont rien de commun avec les dissensions qui punissent souvent les unions irrégulières si exploitées de nos jours par le roman et le théâtre et qu'on est convenu de qualifier du nom de chaîne. Ce qui rend souvent ces sortes d'associations si pesantes pour l'une des deux parties, et quelquefois pour toutes les deux, c'est le besoin de recouvrer son indépendance pour l'aliéner de nouveau, c'est l'inconstance plus que la satiété. Mais reprendre son cœur à peine donné, sans arrière-pensée de le donner ailleurs, voir l'amour s'éteindre en soi avant d'avoir épuisé sa flamme, et s'efforcer en vain de le ranimer, c'est un destin bien différent et un sujet nouveau dans la littérature.

Pendant longtemps l'amour, ses émotions, ses joies, sa puissance, n'avaient-ils pas défrayé la prose et la poésie ? Ne le montrait-on pas toujours supérieur aux obstacles qui se dressaient contre lui ? Aussi il semblait qu'il ne pût être utilement combattu que par lui-même, et que l'amour de Dieu pût seul vaincre l'amour humain. L'école des mélancoliques avait bien commencé à affaiblir le prestige de l'amour par son dédain plus ou moins affecté pour les émotions communes. Toutefois l'altération maladive de nos facultés aimantes n'avait pas été directement étudiée avant l'apparition d'Adolphe. Ce livre est par excellence le roman de l'impuissance du cœur.

Cet état chez Adolphe avait plusieurs causes ; sa jeunesse avait d'abord été austère, puis très dissipée et la réalité trop tôt connue avait tué en lui l'idéal. Il avait, de plus, reçu après les enseignements de l'esprit allemand les leçons d'une femme sceptique, et cette fleur d'illusion, qui est peut-être indispensable dans l'amour, n'avait pas résisté au souffle d'une impitoyable analyse. Ainsi se trouve expliquée l'infirmité morale d'Adolphe. Il ne reste qu'à rechercher si ce personnage est un être fictif ou s'il a été copié d'après nature.

On a sur ce point un témoignage décisif. Une lettre écrite au moment de l'apparition du roman, le 14 octobre 1816, par M. de Sismondi à la comtesse d'Albany, nous donne la clef des pseudonymes du livre. Après avoir parlé du plaisir qu'il prenait à le lire, il ajoutait : « Je crois bien que j'en ressens plus
» encore, parce que je reconnais l'auteur à chaque
» page, et que jamais confession n'offrit à mes yeux
» un portrait plus ressemblant. Il fait comprendre
» tous ses défauts, mais il ne les excuse pas, et il ne
» semble point avoir la pensée de les faire aimer. Il
» est très possible qu'autrefois il ait été plus réelle-
» ment amoureux qu'il ne se peint dans son livre ;
» mais quand je l'ai connu, il était tel qu'Adolphe, et,
» avec tout aussi peu d'amour, non moins orageux,
» non moins amer, non moins occupé de flatter
» ensuite et de tromper de nouveau, par un sentiment

» de bonté, celle qu'il avait déchirée. Il a évidem-
» ment voulu éloigner le portrait d'Ellénore de toute
» ressemblance. Il a tout changé pour elle, patrie,
» condition, figure, esprit. Ni les circonstances de la
» vie, ni celles de la passion n'ont aucune identité ;
» il en résulte qu'à quelques égards, elle se montre
» dans le cours du roman tout autre qu'il ne l'a
» annoncée. Cette apparente intimité, cette domina-
» tion passionnée, pendant laquelle ils se déchiraient
» par tout ce que la colère et la haine peuvent dicter
» de plus injurieux, est leur histoire à l'un et à l'autre.
» Cette ressemblance seule est trop frappante pour
» ne pas rendre inutiles tous les autres déguisements. »

De ces révélations curieuses, que Sismondi poursuit et applique aux personnages secondaires du roman, on me permettra de ne retenir que ce qui concerne Adolphe, et de laisser de côté ce qui regarde Ellénore, bien que le masque de ce personnage ait été souvent levé par d'autres mains. Qu'importe ici le nom de cette femme ? La supposition de Sismondi à son égard est-elle, d'ailleurs, certaine ? Il est obligé de convenir que tout a été changé dans les circonstances qui entouraient le modèle. Qui empêche de supposer que ce modèle ait été emprunté à quelque autre souvenir de la vie de Benjamin Constant ? Quand on questionnait celui-ci sur les originaux d'*Adolphe*, il répondait qu'il s'agissait d'une femme, qu'il nommait. que Chateaubriand a appelée la dernière des Ninon, qui avait été liée, sous le Consulat, à un homme du monde et à laquelle Benjamin Constant avait été lui-même attaché. Il paraît qu'en effet la situation était bien la même que celle attribuée à Ellénore. Gardons-nous donc de désignations indiscrètes et téméraires. Mais le même scrupule ne saurait nous arrêter dans l'indication du héros du livre ; héros que Sismondi avait assez approché pour le reconnaître avec sûreté : quoique le cadre adopté par l'auteur soit de tout point imaginaire, Adolphe est son portrait. Benjamin Constant a souffert du mal qu'il a décrit. Il n'a pu aimer, et il a joué la comédie de la passion. Il l'a jouée peut-être par commisération pour la femme qui l'aimait, car comme l'indique Sismondi et comme le dit aussi M<sup>me</sup> de Staël qui, dans *Delphine*, a représenté Benjamin Constant sous les traits d'Henri de Lebensei, « il » était plus accessible que personne à la pitié ; » mais cette pitié était stérile ; elle s'usait en vaines émotions, et en vœux superflus. Nous pouvons ajouter qu'il resta toujours ce que nous l'avons vu jusqu'ici, plein de contrastes et de versatilité ; que son âme flétrie ne refleurit jamais ; qu'il porta l'amer souvenir « de cette vie si dévastée, si orageuse qu'il avait lui-» même menée contre tous les écueils avec une sorte » de rage ; » que, sous l'influence de M<sup>me</sup> de Krudener, « il voulut croire et essaya de prier ; » qu'il se soumit même, selon le précepte de Pascal, aux formes extérieures de la piété ; mais qu'il demeura jusqu'au bout partagé entre des aspirations éphémères et des regrets impuissants. On l'a vu, pour Benjamin Constant, comme pour Adolphe, et sauf les différences qui existent entre le roman et la biographie, cet état était le résultat d'une philosophie dissolvante, d'une jeunesse trop émancipée succédant à une enfance trop comprimée, enfin d'une existence nomade souvent mêlée au mouvement mélancolique de l'Angleterre ou de l'Allemagne.

Énumérer les éléments divers qui ont concouru à la formation de ce caractère, c'est prononcer sur l'homme en qui on les voyait réunis. Une distinction s'établit naturellement entre ceux qu'apportèrent les circonstances extérieures, et ceux que des fautes personnelles y ont ajoutés. Benjamin Constant ne peut échapper au blâme qu'il a encouru à certains égards que parce qu'il se l'est infligé lui-même à l'avance dans quelques-unes des lignes que nous avons citées. Cet homme éminent est donc un nouvel et irrécusable exemple de la maladie du siècle, et je puis dire qu'il n'en est pas le moins douloureux.

## IX

## Les jeunes Gens

Nous avons parcouru une double série de personnages, les uns qu'on peut appeler les princes de la mélancolie, les autres formant à ceux-ci comme un cortège. Avons-nous cependant tout dit sur leur époque ? Non, derrière les figures plus ou moins illustres déjà citées, on découvre toute une foule innomée, marquée du même sceau qu'elles. *Proxima deinde tenent mœsti loca.*

Plusieurs documents viennent jeter de la lumière sur cette légion d'inconnus qui appartiennent tous à la jeunesse. Dans un ouvrage intitulé : *Lettres Westphaliennes*, à M<sup>me</sup> de H., publié sous les initiales R. M., le chevalier de Romance-Mesmon écrivait, à la date du 5 juillet 1796, les lignes suivantes : « Toutes les imaginations sont en feu..... Pas de

» jeune fille qui ne veuille être une Julie, pas un
» amant qui ne se croie un Werther, à sa mort près
» cependant, que peu s'empressent d'imiter.... Jamais
» cette affection de l'âme qu'on nomme sensibilité ne
» fut exaltée autant que dans notre siècle ; jamais le
» sentiment ne fut aussi analysé, aussi délicat ; cela
» peut se remarquer même dans ses influences
» physiques, par la prodigieuse quantité de maladies
» nerveuses qui se voit tous les jours. Les gens qui
» sont organisés d'une manière si irritable ont les
» passions plus vives..... On pourrait les nommer la
» secte des sentimentaux. A leur tête, je placerais
» Jean-Jacques Rousseau. » Nodier dit aussi, qu'alors
une jeune fille « romanesque, sentimentale et ner-
» veuse n'était pas une exception. » Tel était l'état de
beaucoup de jeunes esprits pendant la République.
Fut-il différent sous l'Empire ? Écoutons le langage
d'un juge compétent : « Maintenant, dit M. Gueneau
» de Mussy, dans une *Vie de Rollin*, publiée en 1805,
» maintenant, le jeune homme, jeté comme par un
» naufrage à l'entrée de sa carrière, en contemple
» vainement l'étendue. Il n'enfante que des désirs
» mourants et des projets sans consistance. Il est
» pressé de souvenirs et il n'a plus le courage de
» former des espérances. Il se croit désabusé et il
» n'a plus d'expérience. Son cœur est flétri et il n'a
» point eu de passions. Comme il n'a pas rempli les
» différentes époques de sa vie, il ressent toujours,

» au dedans de lui-même, quelque chose d'imparfait
» qui ne s'achèvera pas. Ses goûts et ses pensées,
» par un contraste affligeant, appartiennent à la fois
» à tous les âges, mais sans rappeler le charme de la
» jeunesse, ni la gravité de l'âge mûr. Sa vie entière
» se présente comme une de ces années orageuses et
» frappées de stérilité, où l'on dirait que le cours des
» saisons et l'ordre de la nature sont intervertis ;
» et, dans cette confusion, les facultés les plus heu-
» reuses se sont tournées contre elles-mêmes. La
» jeunesse a été en proie à des tristesses extraordi-
» naires, aux fausses douceurs d'une imagination
» bizarre et emportée, au mépris superbe de la vie, à
» l'indifférence qui naît du désespoir ; une grande
» maladie s'est manifestée sous mille formes diverses.
» Ceux-mêmes, qui ont été assez heureux pour
» échapper à cette contagion des esprits, ont attesté
» toute la violence qu'ils ont soufferte ; ils ont franchi
» brusquement toutes les époques du premier âge
» qu'ils ont étonné par une maturité précoce, mais
» sans y trouver ce qui avait manqué à leur jeu-
» nesse. »

Ce que M. de Mussy dit de la jeunesse des collèges peut, dans une certaine mesure, s'appliquer également à celle des établissements d'éducation étrangers à l'État. M. de Lamartine nous a ouvert un jour intéressant sur le collège de Belley où il fut élevé, et où il se trouvait avec Raymond de Virieu et Louis

de Vignet. Il rapporte qu'un jour, c'était en 1806, Xavier de Maistre avait envoyé de Russie à M^me de Vignet le manuscrit de son *Lépreux de la cité d'Aoste*, qu'il venait de composer, mais qui ne devait être publié en Russie qu'en 1811, et véritablement connu en France qu'en 1817. Celle-ci l'avait communiqué à son fils Louis ; et les trois amis, Lamartine, Virieu et Vignet, avaient emporté dans une promenade le précieux manuscrit et en avaient dévoré les pages émouvantes. Lamartine avait terminé la lecture au milieu d'un profond silence. « Nous
» nous levâmes alors, ajoute-t-il, nous rejoignîmes
» nos camarades, et nous reprîmes avec eux la
» descente de Virieu-le-Grand. Mais cette lecture
» nous avait mis sur le front un sceau de mélancolie
» et de gravité qui n'était pas de notre âge et qui
» distinguait notre époque de celles qui nous précé-
» daient et qui nous suivaient. » Il y avait donc, dans l'émotion des jeunes lecteurs du *Lépreux*, plus que l'impression causée par le récit d'une grande infortune ; on y sentait l'effet d'une disposition intime et permanente qu'il était intéressant de noter. Nous verrons plus tard combien cela était vrai pour Lamartine ; il nous apprend qu'il en était de même pour Louis de Vignet. Celui-ci « savait par
» cœur, nous rapporte son illustre ami, *Les Nuits*
» *d'Young* et les sublimes passages de *Werther*,
» *d'Atala*, de *René*.... En tout, c'était la figure de

» Werther, amoureux, pensif, désespéré, tel que le
» capricieux génie de Gœthe venait de le jeter dans
» l'imagination de l'Europe, pour y vivre longtemps
» de ses larmes et de son sang. Jamais la mélancolie
» maladive n'incarna son image plus complète sur
» des traits humains que dans cette figure. On ne
» pouvait rester ni léger, ni indifférent en le voyant;
» il semblait porter un secret de tristesse. » Ailleurs,
Lamartine est encore revenu à la mémoire de Vignet,
et en a fait un portrait poétique, où ce jeune homme,
« né dans les jours sombres, » et élevé au milieu des
paysages sévères de la Savoie, nous apparaît dans
l'attitude d'une « plaintive rêverie. »

Ces révélations prouvent qu'une sorte de nostalgie
s'était emparée de la jeunesse, sans distinction entre
le caractère des maisons où l'instruction lui était
distribuée. Il paraît qu'à cet égard, du moins, on y
rencontrait un même esprit. Mais je ne pense pas
qu'une si triste unité puisse être regrettée par
personne.

Il ne faudrait pas croire, qu'échappés des collèges,
les jeunes gens entrassent dans une phase définitive
de santé morale. Si beaucoup d'entre eux se jetaient
dans la vie militaire et si des idées de gloire chassaient de leur cerveau les rêveries maladives, il en
était aussi qui, dans l'oisiveté qui les étouffait,
conservaient, comme l'a dit Nodier, « un besoin pro-
» fond et douloureux d'épreuves, d'agitations, de
» souffrances et surtout de changement. »

Sans doute, dans les manifestations de cette maladie, il faut faire la part de l'exagération, de la mode. Il paraît bien que, parmi ceux qui se montraient atteints du mal du temps, un assez grand nombre cherchait seulement à exciter l'intérêt. L'observateur, dont j'ai reproduit un passage sur la secte des sentimentaux, ajoutait : « Les sentimen-
» taux ont leurs hypocrites, comme les vrais dévots
» ont leurs Tartuffes. » Plus tard, dans le numéro, daté du 3 octobre 1812, de l'*Hermite de la Chaussée-d'Antin*, M. de Jouy, parlant de la demeure de Jean-Jacques Rousseau à Montmorency, et constatant les hommages périodiques dont elle était l'objet, faisait ces curieuses remarques : « J'aurais assez
» mauvaise opinion, je l'avoue, de celui qui parcoure-
» rait avec indifférence cette habitation d'un grand
» homme, mais ce respect pour l'auteur de quelques
» beaux écrits empêche-t-il de trouver excessivement
» ridicule cette dame qui vient tous les ans, à pareil
» jour, à cet hermitage célèbre pour s'y rouler par
» terre avec des spasmes convulsifs, comme en
» éprouvaient certains dévots sur le tombeau du
» diacre Pâris ? Empêche-t-il de trouver un peu
» d'exagération dans ces larmes que j'ai vu verser
» par une jeune mère et sa fille dans la chambre d'un
» homme qui mit ses enfants à l'hôpital ? Empêche-t-
» il de rire de cette foule de pèlerins qui ne sont
» venus là que pour inscrire leurs noms sur les

» murailles du jardin, et jusque sur le buste du » héros, dont la joue droite est couverte tout entière » par le nom de M. Thoté? » La même affectation se retrouve dans certaines habitudes sociales, par exemple dans le costume. En général, on imitait les vêtements autant, ou plus que les passions de ses héros. « Le plus flatteur triomphe d'un jeune France » en ce temps-là (1797), consistait à obtenir des » parents de porter l'habit bleu de ciel et la culotte » jaune de Werther. » Ainsi, la convention se substituait souvent au naturel, mais, au fond, le mal n'existait que trop réellement.

# X

## Les Étrangers

ANGLETERRE. — ALLEMAGNE. — ITALIE.

---

Pendant que la France présentait ce regrettable spectacle, quel était au dehors l'état des esprits ? C'est ce qu'il importe de rechercher ici, pour être à même d'apprécier l'influence que notre pays a pu recevoir du dehors.

L'Angleterre voyait alors fleurir un poëte illustre qui devenait le chef incontesté de l'école de la mélancolie, et qui fondait même celle du désespoir. J'ai nommé lord Byron.

Investi encore enfant d'un titre aristocratique, il prend possession à dix-huit ans d'un vaste manoir, d'une antique abbaye solitaire. D'abord, il s'abandonne à toute la fougue de son naturel, mais il paraît vite se lasser de ses folies, et tout jeune encore, il se montre déjà blasé. Ayant « prodigué » tout son été dans le beau mois de mai », ne pouvant plus voir refleurir en lui « la fraîcheur du cœur, » il contemple avec une triste indifférence le monde » qui s'ouvre devant lui. » Profondément irritable, avide d'originalité, il rompt en visière avec quiconque gêne ou contrarie ses goûts; il brave, il excite à plaisir l'opinion publique. Il affecte de n'avoir jamais eu qu'un ami qu'il a perdu, et cet ami qu'était-il ? un chien.

Adolescent, il aimait les courses vagabondes à travers les bois et les montagnes de son pays ; homme fait, un instinct inquiet, un besoin de mouvement et de nouveauté, l'aiguillon enfin de l'ennui le poussent vers des pays lointains. Il parcourt la France, la Suisse, l'Italie, la Grèce. Tantôt on le voit sur une frêle embarcation défier la tempête au milieu du lac Léman ; tantôt, au galop de son cheval, il dévore les plages de l'Adriatique; tantôt, il tente à la nage la traversée de l'Hellespont, fatale à Léandre. Mais ni le plaisir, ni les voyages ne l'arrachent à son incurable tristesse. Il ne fait que changer le théâtre de ses chagrins, et pour achever cette existence courte et troublée il va se battre pour la libération de la Grèce, et il meurt au moment où il se prépare à attaquer la citadelle de Lépante. Homme extraordinaire par la hauteur, par l'énergie du caractère autant que par le don de poésie, mais se rapprochant du vulgaire par ses passions, il présente un mélange d'éléments disparates qui ne sont pas également avouables, mais il a cherché à s'entourer aux yeux du public d'une grandeur idéale et n'a pas craint d'en emprunter le caractère à un type maudit.

Écoutez comme à dix-huit ans il parle de sa destinée : « Ah ! dit-il, quoique je sois d'un naturel » hautain, bizarre, impétueux, dominé par le caprice, » la proie de mille erreurs qui préparent ma chute, » je voudrais tomber seul. » Ainsi à ses yeux sa perte est inévitable ; il est l'instrument d'une puissance surnaturelle et il s'y résigne. Les témoins de son séjour à Coppet, ont remarqué qu'il tenait à paraître « amer, sarcastique, prenant plaisir à scan- » daliser par des propos irréligieux le puritanisme » de la société de Genève, enfin qu'il s'amusait à se « donner des airs sataniques. » Lui-même raconte qu'un jour à son apparition dans le salon de M$^{me}$ de Staël, une dame anglaise s'évanouit, ou prétendit s'évanouir, et que toutes les personnes présentes « firent une mine, comme si sa majesté satanique » était entrée dans la chambre. » Quand M$^{me}$ Lamb eut composé son *Glenarvon* où elle peint Byron sous les traits d'un Don Juan insolent et cruel et comme une figure infernale, Byron n'hésita pas à autoriser la publication de ce roman qui flattait en lui un amour-propre bien singulièrement placé. Du reste, son genre de beauté favorisait cette transfiguration. Son front noble et élevé semblait le siège d'une intelligence plus qu'humaine, et il n'était pas jusqu'à cette difformité légère qui déparait un de ses pieds, qui ne concourût à son prestige, en rappelant l'idée de quelque ange foudroyé, gardant les marques de la chute qui l'a précipité du ciel.

C'est aussi pour le type infernal que sa prédilection s'accuse dans ses premiers écrits. On connaît son portrait de *Conrad* dans le *Corsaire*; « il y avait
» dans son dédain le sourire d'un démon que sus-
» citaient à la fois des émotions de rage et de crainte,
» et là où s'adressait le geste farouche de sa colère,
» l'espérance s'évanouissait et la pitié fuyait en
» soupirant...... Solitaire, farouche et bizarre, si son
» nom répandait l'effroi, si ses actions étonnaient,
» ceux qui le craignaient n'osaient le mépriser. »

*Lara* est le digne frère de Conrad. « Il y avait en
» lui un mépris continuel de tout, comme s'il avait
» essuyé déjà ce qui peut survenir de pire. Il vivait
» étranger sur la terre, comme un esprit errant et
» rejeté d'un autre monde. Livré à des passions
» ardentes, leurs ravages avaient semé la désolation
» sur ses pas, et n'avaient laissé à ses meilleurs sen-
» timents qu'un trouble intérieur et les réflexions
» cruelles qu'inspire une vie agitée par les tempêtes. »

Quand à *Manfred*, que je ne puis séparer de Conrad

et de Lara, bien qu'il n'ait vu le jour qu'après 1815, son désespoir est plus immense encore. Le poëte l'a placé au milieu d'une scène fantastique. C'est au sommet des Alpes, c'est dans la région des glaces et de la foudre que Manfred agit et parle. Il ose défier les éléments et entrer en lutte avec les esprits. C'est une sorte de Faust auquel celui de Gœthe n'a pas été inutile, quoique Byron s'en soit défendu, et n'ait avoué pour son œuvre de rapport de filiation qu'avec le prométhée d'Eschyle ; mais c'est un Faust gigantesque et démesuré. Au début, dirai-je de ce poëme ou de ce drame? Manfred veut en finir avec la vie. Il fait appel aux forces destructives de la nature : il montre « les vapeurs qui s'amoncellent
» autour des glaciers ; les nuages qui se forment
» sous ses pas en flocons blanchâtres et sulfureux,
» semblables à l'écume qui jaillit au-dessus des
» abîmes infernaux, dont chaque vague bouillon-
» nante va se briser sur un rivage où les damnés
» sont réunis comme les cailloux sur celui de la
» mer. » Trompé dans l'accomplissement de son vœu d'anéantissement, Manfred voit apparaître la fée des Alpes, il lui raconte sa vie passée, sa jeunesse solitaire, comment il descendait dans les caveaux pour interroger la mort, et par quelle étude des sciences secrètes, il s'était familiarisé avec les esprits qui peuplent l'infini. Il périt enfin, mais conservant jusque dans la mort son indomptable

fermeté, et son arrogance monstrueuse. Manfred, Lara, le Corsaire, forment donc une trilogie qui, avec quelques variantes, offre un personnage unique tenant plus du démon que de l'homme.

On ne saurait en douter, dans ces productions étranges, Byron a voulu placer quelques-uns des traits sous lesquels il aimait à se montrer lui-même. Sans doute, on peut dire avec M. Montégut « qu'il est » impossible de voir en elles des types humains, ni » des types du temps présent. » Sans doute, les proportions de ces personnages sont excessives. Mais en les dépouillant des exagérations de forme dont l'auteur les a entourés, ils figurent le caractère ennuyé, chagrin et hautain qu'affichait lord Byron.

Dans ses autres œuvres, le poëte a tempéré sa manière. Il a renoncé à l'appareil de la terreur; mais ses héros sont toujours attristés. Qui ne connaît ce portrait de *Childe Harold ?* « Avant que le premier » terme de sa vie fût passé, Harold éprouva le goût » de la satiété. Il avait parcouru tous les dédales du » vice, sans jamais réparer ses torts. Or, Childe » Harold avait le cœur malade. Il voulait s'éloigner » de ses compagnons de débauche ; on dit que par- » fois une larme brillait dans ses yeux sombres et » humides, mais l'orgueil l'y glaçait souvent. Il » allait errer seul à l'écart et dans une rêverie sans » charme. Il résolut enfin de quitter sa patrie...

» Rassasié de plaisirs, il soupirait presque après le
» malheur : pour changer de théâtre, il serait des-
» cendu volontiers même dans le séjour des ombres. »
Tel est l'état de spleen dans lequel il entreprend son
pèlerinage où je ne le suivrai pas. Je remarquerai
seulement que son passage en Suisse fournit au
poète l'occasion d'exprimer son admiration pour
Rousseau dont il recueille pieusement les traces
dans les lieux illustrés par son souvenir. Inutile
d'ajouter, d'ailleurs, que Childe Harold par son ennui
représente Byron lui-même.

Le même type apparaîtra plus tard dans son *Don
Juan.* Au premier aspect, le Don Juan de Byron ne
paraît être qu'un jeune homme amoureux du plaisir
et de l'action. Il ne court pas, comme d'autres Dons
Juans, à la recherche d'un idéal de bonheur qui le
fuit sans cesse. Cependant au milieu du récit de ses
entraînements divers, combien il sème d'amères
réflexions ! Quelle ironie intarissable vis-à-vis des
principes de la morale universelle, des convictions
communes, de toutes ces choses qui font battre le
cœur des simples honnêtes gens ! Dans ces épanchements de verve sarcastique, est-ce le poète qui parle ?
Est-ce seulement le personnage auquel il donne la
vie ? C'est ce que la trame du poëme ne permet pas
toujours de distinguer. Mais, qu'importe ? Au fond,
et quoiqu'il s'en défende, Byron et Don Juan se
tiennent par des liens étroits, et l'on doit même dire

que l'auteur s'est bien mieux et plus fidèlement dépeint dans cette création et dans celle de Childe Harold, que dans les conceptions violentes et déréglées sorties d'abord de son ardente imagination. Ainsi, sous des formes diverses, c'est toujours le même sentiment que décrit Byron, et il est vrai de dire, comme Macaulay : « Jamais écrivain n'eut à sa
» disposition une aussi vaste source de mépris, d'élo-
» quence et de désespoir. »

Ce qui est moins évident c'est la sincérité de ce désespoir. L'éminent compatriote de Byron, que je viens de citer, a dit à ce sujet : « Il est permis de
» douter qu'il ait jamais existé, ou qu'il puisse jamais
» exister un homme répondant à la description qu'il
» nous a laissée de lui-même ; mais il est incontes-
» table que Byron n'était pas cet homme-là. Il est
» ridicule de supposer qu'un homme dont l'esprit
» aurait été véritablement imbu de mépris pour ses
» semblables, aurait publié chaque année trois ou
» quatre volumes pour le leur dire, ou qu'un homme
» qui aurait pu affirmer en toute sincérité qu'il ne
» recherchait la sympathie de personne, aurait per-
» mis à l'Europe toute entière d'entendre ses adieux
» à sa femme et la bénédiction qu'il adressait à ses
» enfants... Je suis pourtant bien loin de croire que sa
» tristesse fut entièrement feinte... Mais il découvrit
» bientôt qu'en faisant parade de son malheur devant
» le public, il produisait une immense sensation.

» L'intérêt qu'excitèrent ses premières confessions le
» conduisit à affecter une tristesse fort exagérée, et
» l'affectation agit probablement sur ses sentiments.
» Il aurait vraisemblablement été fort embarrassé
» lui-même, s'il avait été forcé de faire la part de la
» vérité et celle de la mise en scène dans le carac-
» tère qu'il se plaisait à s'attribuer. » La vérité
paraît être dans cette appréciation humoristique.
Byron fut triste, mais bien moins qu'il ne l'a dit.

Par malheur, le rôle qu'il n'a cessé de jouer ne fut
que trop pris au sérieux par le public, et il exerça sur
ses contemporains une remarquable influence. « Le
» sentiment qu'éprouvaient à son égard les jeunes
» amateurs de poésie ne peut être compris que par
» ceux qui l'ont éprouvé. La popularité de Byron
» fut sans bornes parmi la masse des jeunes gens qui
» ne lisent à peu près que des ouvrages d'imagina-
» tion. Ils achetaient son portrait; ils faisaient collec-
» tion de ses moindres reliques; ils apprenaient par
» cœur ses poèmes; ils faisaient les plus grands
» efforts pour écrire comme lui et pour se donner les
» mêmes airs que lui. Beaucoup d'entre eux étudièrent
» devant leur glace dans l'espoir d'attraper le pli de
» la lèvre supérieure et les sourcils froncés qu'on
» remarque dans quelques-uns de ses portraits.
» Quelques fanatiques allèrent même jusqu'à bannir
» leur cravate, à l'imitation de leur grand modèle.
» Pendant quelques années la presse de la *Minerve*

» ne fit pas paraître un seul roman sans un noble
» personnage mystérieux et infortuné comme Lara.
» On ne saurait se faire une idée de la quantité
» d'étudiants pleins d'espérance et d'élèves en méde-
» cine qui devinrent de sombres infortunés pour
» lesquels la fraîcheur de l'âme ne retombait plus en
» rosée, dont les passions étaient réduites en cendre,
» et qui ne pouvaient même plus se soulager par des
» larmes. » Jusque-là il n'y avait guère que du ridicule. Mais, ajoute lord Macaulay, « il s'établit bientôt
» dans le cœur d'un grand nombre de ces enthou-
» siastes une association pernicieuse et absurde entre
» la vigueur intellectuelle et la dépravation morale.
» Ils finirent par extraire de la poésie de lord Byron,
» un système de morale, composé à la fois de misan-
» thropie et de goût pour la volupté. » Byron est donc
une preuve nouvelle de ce que nous avaient déjà montré Gœthe et Chateaubriand : la facilité avec laquelle
le génie séduit les jeunes intelligences, et le danger de
jeter dans des imaginations tendres des germes
d'égarement qui s'y développent avec une force
imprévue, et que ceux qui les ont semés ne sont
plus maîtres d'anéantir.

En Allemagne, aucun grand nom à opposer en ces
temps à celui de Byron. Mentionnons cependant
Henri de Kleist, poëte et auteur dramatique qui, à la
suite des désastres de sa patrie, tombé dans une mélancolie profonde, se donna la mort, et que M. Mundt,

dans son histoire littéraire, définit « le Werther poli» tique de son époque ; » Jean-Paul Richter qui, après une enfance solitaire dans les montagnes de la Bavière et de la Bohême était devenu fantasque et misanthrope, et dont M^{me} de Staël a dit : « La mélancolie » continuelle de son langage ébranle quelquefois » jusqu'à la fatigue ; » Justin Kerner, écrivain quelque peu maladif, remarquable, a dit M. H. Blaze, « par une ardeur vague et saisissante, par cette » indicible aspiration qui refuse de s'expliquer ouver» tement, ce désir sans fin que les Allemands appellent » Schensucht ; « enfin, l'auteur des *Contes fantastiques*. Hoffmann, dont l'existence fut souvent agitée par les événements publics, nous montre dans un de ses plus intéressants récits Don Juan à la recherche de l'éternel féminin, s'irritant de ne pas rencontrer l'idéal qu'il poursuit, dédaignant le bonheur selon les idées bourgeoises, mais écrasé par les plaisirs de la vie réelle, et n'en rapportant en définitive qu'un immense mépris pour l'humanité et pour les déceptions de la vie, type dangereux que nous retrouverons ailleurs dans le cours de cette étude.

Mais que la littérature ne nous fasse point oublier les autres manifestations des sentiments de cette époque, et n'omettons pas de dire qu'alors, en Allemagne, la musique portait la même marque que les autres œuvres de l'imagination. Rappelons Schubert et ses mélodies, surtout son beau chant de l'*Adieu*.

celui de l'*Éloge des larmes*, si pénétré de mélancolie.

Jusqu'à présent nous avons vu ces sentiments se manifester surtout chez les peuples du Nord. Voici que le phénomène d'une œuvre maladive dans une contrée méridionale vient donner un démenti aux théories trop absolues de Mme de Staël que j'ai rappelées plus haut. Mais tel était, au commencement du siècle, le trouble des esprits, que toutes les régions de l'Europe paraissent en avoir ressenti quelque chose. *Les dernières lettres de Jacopo Ortis*, par Ugo Foscolo (1802), ne laissent, à ce sujet, aucun doute pour l'Italie.

Le héros de ce roman est un jeune homme souffrant d'un double amour malheureux : il aime une jeune fille fiancée à un autre; il aime sa patrie, et il a la douleur de la voir livrée à la domination d'un conquérant. Aussi il maudit l'humanité; pour lui tous les hommes sont ennemis et « le monde n'est » qu'une forêt peuplée de bêtes féroces. » Accablé par ces deux douleurs, « son cœur se gonfle et » gémit, comme s'il voulait s'échapper de sa poi-» trine. » Mais il ne veut pas guérir. « Je te l'avoue, » écrit-il à son confident, je me plais dans mon » malheur. Je touche moi-même mes blessures à » l'endroit où elles sont le plus mortelles, je les » rouvre et je les regarde saigner. » Et cependant, en même temps, il déclare son mal insupportable. Renonçant à tout effort comme à toute espérance, et sans s'arrêter aux conseils du devoir, à la pensée du désespoir inévitable d'une mère, il se décide à mourir. Après avoir longuement discuté ce projet, il l'exécute froidement.

La ressemblance d'Ortis et de Werther est manifeste. Je ne vois dans Ortis qu'un trait nouveau, cette souffrance patriotique qui se mêle à son chagrin d'amour, et, par ce côté, il ressemble au Werther politique dont je parlais plus haut, à ce malheureux Kleist, victime trop réelle de son désespoir de citoyen. Sauf cette addition, Werther et Ortis sont bien frères ; sans parler des ressemblances de forme entre les deux ouvrages, on trouve dans tous deux le même amour qui ne peut être ni satisfait, ni éteint, la même haine des hommes, le même goût de la solitude, la même complaisance à se nourrir de sa douleur, la même impuissance à la supporter, enfin le même dénouement tragique d'une existence inutile. Seulement Werther se tue d'un coup de pistolet dans la tête, et Ortis d'un coup de lime au cœur.

Aussi les mêmes critiques s'adressent aux deux ouvrages ; et pour Ortis la condamnation est d'autant plus facile qu'il l'a prononcée lui-même. « Il y aurait » plus de courage sans doute, dit-il, à supporter ses » maux ; mais le malheureux entraîné par un torrent » et qui a la force d'y résister, sans savoir l'employer, » en est-il plus méprisable pour cela ? » Ainsi nous avons son aveu : c'est le courage et non la force qui lui manque. Plus sincère que le héros de Gœthe, qui repoussait pour le suicide la qualification de lâcheté, celui de Foscolo semble l'accepter. C'est ce dernier avis qu'on partagera.

Le dénouement par le suicide s'explique, d'ailleurs, moins naturellement dans le roman italien que dans l'ouvrage allemand. Cet acte de désespoir n'était guère dans les mœurs d'une nation légère et amoureuse de la vie. Gœthe, qui la visitait, en 1786, remarquait « qu'on y entendait » presque tous les jours parler de meurtres ; mais » qu'on faisait trop de cas de sa propre vie dans ce » pays pour s'en délivrer comme d'un fardeau ; et » rien même n'autorisait à penser que l'on y crût à » la possibilité d'un acte semblable. » En tout cas, on doit croire qu'à raison de ce trait des mœurs nationales, l'exemple de mort volontaire proposé par Foscolo ne rencontra guère d'imitateurs chez ses compatriotes, et l'on pourrait voir un indice du peu de popularité de son ouvrage en Italie, dans un fait tiré de l'*Épisode de Graziella*, qui paraît pris dans la réalité. Lamartine y raconte que dans l'île de Procida, où l'avait jeté une tempête, il s'était mis à lire à la famille de pêcheurs qui lui donnait asile les livres échappés à son naufrage, mais que, tandis que ces gens simples suivaient avec émotion les malheurs de *Paul et Virginie*, ils ne pouvaient parvenir à comprendre le désespoir de *Jacopo Ortis*.

J'ignore si l'auteur de ce dernier ouvrage eut à subir sous ses deux formes le même martyre que son héros, mais on sait qu'il le subit au moins en partie ; qu'il fut le témoin désolé de la déchéance de Venise, sa patrie, de sa chute au pouvoir des armées étrangères ; qu'il passa par toutes les horreurs du siège de Gênes ; enfin qu'il eût une existence agitée et ne trouva le bonheur ni dans les affaires, ni dans la retraite, ni dans l'étude, ni dans les plaisirs.

Sa physionomie répondait à son caractère et à son talent. Au rapport de Sismondi, il avait « une superbe » figure mélancolique et passionnée, tout à fait sem- » blable à celle qu'on aurait supposée à son héros » Jacopo Ortis. » Outre ce roman, il avait écrit plusieurs ouvrages parmi lesquels il faut distinguer les *Sepolcri* (1808), où il célèbre les grands hommes et où l'on retrouve les traces de sa mélancolie habituelle. Il a, d'ailleurs, laissé peu d'imitateurs dans son pays. Son illustre compatriote, Silvio Pellico, bien qu'il présente avec lui quelques rapports, n'a rien donné qui soit de nature à être noté à cette place.

Quoi qu'il en soit, en Angleterre, en Allemagne, en Italie même, se produisait alors à des degrés divers un mouvement d'esprit analogue à celui qui agissait sur la France.

## XI

## Caractère et causes du mal du siècle de 1789 à 1815.

Ce mal était grave. Il l'était par son étendue : il frappait l'âge mûr comme la jeunesse, les écrivains brillants comme les penseurs austères, les femmes du monde comme les hommes. Il était grave aussi par sa profondeur ; quoique parfois mêlé d'exagération, le plus souvent il était sincère. Il attaquait toutes les puissances de l'âme, la pensée, la volonté, l'amour, la foi. Il ébranlait les plus hautes intelligences, et troublait les plus claires notions du vrai et du bien. Cette gravité s'explique, indépendamment des raisons que j'ai indiquées pour chaque cas particulier, par plusieurs raisons générales.

Il était impossible qu'une explosion de scepticisme et de mélancolie aussi violente que celle qui avait éclaté dans le cours du XVIII° siècle, tant en France qu'à l'étranger, ne se fît pas ressentir pendant un certain temps. Et en effet, pour ne rappeler que les principaux sujets de cette étude, l'influence de Jean-Jacques Rousseau est visible chez M^me de Staël, Chateaubriand, Senancour, Byron ; celle d'Ossian et d'autres poètes anglais chez Baour-Lormian et Chateaubriand ; celle de Gœthe chez Legouvé, M^me de Staël, Senancour, Nodier, Ugo Foscolo.

Mais si certaines théories de Jean-Jacques Rousseau et de quelques-uns de ses disciples en France ou ailleurs, si leur culte excessif pour la vie solitaire ont pu entraîner beaucoup d'esprits, la Révolution fit bien davantage en ce sens pour les Français ; et j'entends par là, non seulement ceux que la naissance avait faits tels, mais aussi ceux qui l'étaient devenus par le langage, par les habitudes et par l'affection. Elle força une partie de la société dont je parle à pratiquer, bon gré mal gré, ce qui n'était jusque-là qu'un goût libre et une mode facultative. Elle se chargea d'accomplir par la violence le rêve des philosophes. Combien de Français ont été réduits, pour échapper aux dangers qui les menaçaient, à chercher en France des retraites inaccessibles ou même à recourir à l'exil. Delille l'a dit dans le *Poëme de la Pitié* (1809).

> Des malheurs où l'État est plongé,
> Le plus affreux n'est pas l'Empire ravagé ;
> Ses enfants dispersés aux quatre coins du monde,
> De toutes ses douleurs, voilà la plus profonde.

Lui-même réfugié en Suisse, payait plus tard à ce pays un tribut de reconnaissance et s'écriait :

> Eh ! comment oublier
> Tes cascades, tes rocs, ton sol hospitalier ?
> O bords infortunés ! En vain nos oppresseurs
> Nous ont de votre asile envié les douceurs,
> Et menaçant de loin vos frêles Républiques,
> Ont lancé contre nous leurs arrêts tyranniques !
> Chacun de vos rochers cachait un malheureux !

Les mêmes sentiments, inspirés par les mêmes souvenirs se montrent dans un autre poëme publié à la même époque par M. Michaud, *le Printemps d'un Proscrit*. Ces témoignages qu'il serait facile de multiplier établissent que le régime de la Terreur a été, pour un grand nombre de Français, le régime de la solitude obligatoire. Cette solitude plus ou moins complète avait d'ordinaire pour compagne l'inaction, l'inquiétude, les agitations de l'âme. Ce n'est pas tout : les malheureux qui avaient dû fuir leur patrie se trouvaient en rapports forcés avec des peuples chez lesquels la mélancolie avait déjà plus ou moins fortement établi son empire. Dans cette vie nouvelle, ils pénétraient mieux leurs habitudes et devaient contracter eux-mêmes à ce contact quelque pli qui ne s'effaçait plus. Enfin pour toutes ces victimes de la Révolution il y avait une cause permanente de tristesse dans le spectacle ou dans la pensée des maux qui désolaient le pays de leur naissance ou de leur adoption.

C'est ainsi que la Révolution et ses conséquences directes ou lointaines ont été une grande cause de souffrance pour M^me de Staël, par Sismondi, Chateaubriand, Chênedollé, M^mes de Caud et de Beaumont, Ballanche, Maine de Biran, M^mes de Flahaut et de Krudener.

L'Empire dans une certaine mesure a produit les mêmes effets. A Dieu ne plaise que je confonde le régime de la Terreur et le régime du gouvernement impérial; que je place sur la même ligne leurs intentions, leurs œuvres respectives. Mais il est aisé de démontrer que, sous l'Empire comme sous la République, il y eut pour les Français plus d'une retraite, volontaire ou forcée, plus d'une oisiveté imposée par les événements, plus d'une intimité, qu'on n'eût peut-être pas choisie, avec les littératures étrangères, enfin plus d'une patriotique tristesse. Le nombre des prisonniers d'État n'a pas laissé d'être assez considérable. L'exil a joué aussi son rôle. Benjamin Constant fut exilé par le premier Consul qui allait devenir l'Empereur. On peut dire que M^me de Staël subit la même peine, car sa patrie véritable était Paris, et la réduire au séjour de Coppet, c'était en réalité l'expatrier. Charles Nodier n'eut à supporter qu'un demi-exil. Il fut seulement, ou se tint par prudence, éloigné de Paris. Paris devint à son tour un lieu d'internement, mais il ne fut pas choisi pour les Parisiens ; il fut réservé à une femme que tout rappelait à Florence, et à ce propos Bonstetten lui écrivait : « Vous voilà, » Madame, comme le pêcheur de l'Évangile, forcé d'en- » trer en Paradis. Je suis dans un pays où l'on vous » envie vos péchés, si tant est que vous en ayez com- » mis, et encore plus votre purgatoire. » Plusieurs crurent, d'ailleurs, devoir prévenir la disgrâce du maître ; Chateaubriand donna cet exemple. D'autres, comme Sismondi, ne purent supporter l'absence de la liberté, et allèrent chercher ailleurs un pays où l'on pût parler et écrire à l'aise. En général, le parti des mélancoliques est aussi le parti de l'opposition au gouvernement impérial, et le retour de quelques-uns d'entre-eux à des idées plus riantes coïncide avec la fin de leur hostilité politique.

Pendant toute la durée de la République et de l'Empire, on ne voit qu'un moment, un seul, où nulle cause de désunion n'apparaisse en France, et où l'espérance semble briller à tous les yeux. Ce fut l'heure où succédait aux excès sanglants de la tyrannie de Robespierre, à la corruption du Directoire, un pouvoir soucieux de force et de dignité. Alors la patrie renaît, les bannis sont rappelés. Tout meurtri qu'on est encore des coups de la tempête, et quels que soient les deuils qu'on porte en son cœur, on se rapproche avec confiance ; les hommes appartenant à l'ancienne France se réconcilient avec la nouvelle. C'est le moment où Chateaubriand accepte de servir le premier Consul, et où Joubert parlant du héros de Marengo s'écrie : « Je l'aime ! sans lui on ne pourrait plus » sentir aucun enthousiasme pour quelque chose de » vivant et de puissant. L'admiration a reparu et » réjoui une terre attristée. » Hors cette courte trêve, cette heureuse conjonction d'astres favorables, la France n'a connu pendant vingt-cinq ans que des alternatives d'agitations sanglantes, ou d'énervante compression, qui paraissaient presque également intolérables à des hommes épris à la fois d'ordre et de liberté, et qui, à quelques égards, entraînaient de semblables résultats.

Mais si, dans cet espace de temps la France a été plus maltraitée que le reste de l'Europe, elle n'a pas seule souffert. Les perturbations qui l'ont travaillée s'étendaient à la plupart des peuples, éprouvés comme elle, de près ou de loin, par les soucis politiques et par les grandes guerres ; et l'on aperçoit bien le contre-coup de ces secousses, par exemple, dans Henri de Kleist et dans Ugo Foscolo. Les mêmes causes, ou peu s'en faut, ont donc produit les mêmes effets en France et à l'étranger pendant le cours de la République et de l'Empire.

Cette continuité explique pourquoi beaucoup de personnages qui figurent dans cette étude se retrouvent et sous l'Empire et sous la République, et pourquoi aussi j'ai compris dans un examen unique, l'époque qui renferme ces deux régimes.

Voilà pourquoi enfin cette époque tout entière, du moins sous le rapport dont je m'occupe, doit être jugée d'après un même principe. Oui, la génération qui l'a remplie peut invoquer comme excuse de son mal, quand il est sérieux, d'une part, le douloureux héritage qu'elle avait reçu de celle qui l'avait précédée, et d'autre part, les nouveaux sujets de plainte qu'ont créés pour elle les malheurs publics. Toutefois cette excuse ne saurait justifier toutes ses faiblesses et amnistier des torts qui n'étaient pas le fait d'une inévitable fatalité.

# III

## 1815-1830

# I

## Les poètes.

### CH. LOYSON. — DIVERS.

---

Avec la Restauration s'ouvre en France une ère littéraire nouvelle. Un travail inattendu se produit dans les esprits. C'est l'heure de l'éclosion du romantisme. Ce n'est pas sans raison que je parle de cet événement littéraire. Le romantisme se rattache par un lien intime à la maladie du siècle. Ce que fut exactement le romantisme, ce n'est pas chose facile de le dire, mais il n'est pas nécessaire de résoudre ici ce problème. Je me contenterai d'avancer que l'un des aspects de ce genre littéraire se confond avec l'objet de cette étude.

Mᵐᵉ de Staël a dit que « le nom de romantique avait
» été introduit nouvellement en Allemagne pour dési-
» gner la poésie dont les chants des troubadours ont
» été l'origine, celle qui est née de la chevalerie et
» du christianisme. »

L'éminent auteur de l'*Allemagne* oubliait que le
mot dont il s'agit n'avait pas été inventé dans cette
circonstance; que Jean-Jacques Rousseau s'en était
déjà servi pour caractériser un paysage de la Suisse;
mais quelle que soit l'origine du mot, Mᵐᵉ de Staël
émettait une observation juste, quand elle ajoutait
que la poésie romantique était volontiers compliquée, repliée sur elle-même, « et empreinte de cette
» réflexion inquiète qui nous dévore souvent comme
» le vautour de Prométhée ; » enfin quand elle estimait que le romantisme descendait de ce qu'elle
appelait les littératures du nord, c'est-à-dire des littératures mélancoliques.

Plus tard, un écrivain peu connu, dont on retrouve
un discours couronné par l'académie des jeux floraux,
dans un recueil intitulé les *Annales romantiques*, et
qui comprend les années 1826, 1827 et 1828, M. de
Servière, s'exprimait ainsi : « Il n'est pas douteux
» que le genre romantique, ne doive entrer aujour-
» d'hui dans toute la littérature, et y apporter une
» source de richesses poétiques : les tableaux de la
» nature animés du souffle de Dieu, et la peinture de
» tant d'affections nouvelles; cette inquiétude secrète

» de l'homme, cet instinct mélancolique qui le met en
» rapport avec les scènes de la nature ; ce mystère
» plein d'attraits, ce vague où l'âme se complaît, qui
» est comme l'absence de sensations, et qui pourtant
» est une sensation délicieuse. » Une autorité plus
haute et plus incontestable vient s'ajouter à ces
témoignages. Gœthe l'a dit, en 1829, reprenant la
théorie qui ferait de la querelle des classiques et des
romantiques une nouvelle phase, un dernier incident de la querelle des anciens et des modernes :
« La plupart des modernes sont romantiques non
» parce qu'ils sont récents, mais parce qu'ils
» sont faibles, maladifs, malades ; l'antique n'est
» pas classique parce qu'il est antique, mais parce
» qu'il est vigoureux, frais et serein. » Selon lui,
il n'aurait tenu qu'à notre siècle d'être antique ; il
ne lui fallait pour cela qu'être sain d'esprit. L'examen
des monuments de la période romantique confirme ces
appréciations. On y voit mainte trace de ces tendances morbides que Gœthe caractérisait et blâmait
à si bon droit, quoiqu'il eût contribué lui-même puissamment à les répandre.

Romantisme et mal du siècle vont donc souvent de
pair, et la poésie de ce temps en fournit mainte
preuve.

Il est impossible de mentionner toutes les productions poétiques, se rapportant à notre sujet, que
la Restauration vit éclore et périr aussitôt. La *Muse*

*française*, le premier des recueils romantiques, en contient un grand nombre. On y remarque surtout une série de pièces telles que *la jeune Malade, la Sœur malade, la jeune Fille malade, la Mère mourante*. Cette veine alla si loin qu'à la fin la *Muse* elle-même voulut réagir, et qu'un de ses critiques osa provoquer, « pour la clôture définitive de toutes les » poésies pharmaceutiques, » la publication d'une élégie intitulée : « *l'Oncle à la mode de Bretagne en* » *pleine convalescence*. » Les *Annales romantiques*, ce recueil dont j'ai parlé plus haut, abondèrent aussi dans le même sens. Je citerai quelques titres : *la Mort, la Feuille morte, le Désenchantement, la Plainte*. Ce sont des rêveries vagues et vides dont on ne peut rien détacher de saillant.

Avant Lamartine, il n'est sous la Restauration qu'un poète qui, dans le même ordre d'idées, soit digne d'être signalé. Je le range parmi les disciples de la nouvelle école, parce qu'étant, comme on l'a dit « un intermédiaire entre Millevoye et Lamartine, il » est beaucoup plus rapproché de ce dernier. » Je veux parler de Charles Loyson.

Dès l'année 1817, Loyson publie un recueil de poésies où il se représente comme arrivé au terme de sa vie, et où il chante lui-même son hymne funèbre. Une gravure placée en tête de l'édition montre le poète étendu sur sa couche, et maniant une lyre en présence de deux hommes et d'une femme assis à son chevet et vêtus du plus pur costume de la Restauration ; au-dessous de ce frontispice on lit ce vers emprunté au volume qu'il précède.

*Placez, placez ma lyre en mes tremblantes mains.*

En 1819, Loyson fait paraître un nouveau recueil. Là encore, il suit le cours de ses tristes pensées. Il a des vers pour célébrer *le Lit de mort*, et s'il chante aussi *le Retour à la vie*, combien ce retour est éphémère, et déjà assombri par la pensée d'une fin prochaine ! On lui doit aussi des articles insérés dans le journal *Le Lycée*, sur les œuvres de Millevoye et sur celles d'André Chénier. L'un de ces articles se termine par la description d'un lieu qu'il rêvait de consacrer aux poètes morts prématurément, depuis Tibulle jusqu'à Millevoye. Chacun y devait être l'objet d'un monument approprié à sa mémoire ; Jean Second, par exemple, aurait eu une tombe ornée de deux colombes et abritée sous un saule pleureur ; Chatterton aurait reposé sur un rocher nu. Loyson n'indique pas le genre de sépulture qu'il préférerait ; mais les préoccupations qu'il exprime au sujet de ses devanciers semblent n'avoir été qu'un pressentiment du sort qui lui était réservé : il était enlevé par la maladie à vingt-neuf ans.

On sait que la société parisienne montra d'abord peu d'engouement pour la poésie romantique, même modérée comme elle l'était chez Loyson. Lamartine eut seul la puissance de remuer profondément ce public rebelle, et bientôt après la France et l'Europe entière.

## II

## Lamartine.

Quelques personnes peuvent se rappeler encore l'effet que produisit l'apparition des premières poésies de Lamartine. Ceux dont les souvenirs ne remontent pas si loin, savent, par la renommée avec quelle admiration elles furent accueillies. Quel n'était pas surtout l'enthousiasme des privilégiés auxquels il était donné d'entendre le poëte lui-même réciter ses vers. Un témoin bien autorisé, M. Villemain, nous a laissé le tableau de ces bonnes fortunes. « Rien
» n'égalait, dit-il, le tressaillement d'admiration, la
» flatterie sincère dont il était entouré, lorsque le
» soir, dans un salon de cent personnes, au milieu
» des plus gracieux visages et des plus éclatantes
» parures, dans l'intervalle des félicitations ou des

» allusions jetées à quelques députés présents, sur
» leurs discours de la veille ou du matin, lui bien
» jeune et reconnaissable entre tous, debout, la tête
» inclinée avec grâce, d'une voix mélodieuse que nul
» débat n'avait encore fatiguée, récitait *le Doute,*
» *l'Isolement, le Lac,* ces premiers nés de son génie,
» ces chants qu'on n'avait nulle part entendus et que
» la langue française n'oubliera jamais. Il faut
» renoncer à peindre le ravissement que tant de
» beaux vers, si bien dits, excitaient dans une part de
» l'auditoire, la plus vive et la moins distraite alors ;
» mais tous étaient presque également émus. »

Ces premiers nés du génie, dont parle M. Villemain, eurent des frères qui, bien que portant peut-être déjà quelques signes d'affaiblissement, ne parurent point dégénérés. Aux premières *Méditations* (1820) en succédèrent de nouvelles (1823) et plus tard, les *Harmonies poétiques et religieuses* (1830). Dans ces trois œuvres, rapprochées par le temps et par l'inspiration, plusieurs points intéressent notre étude.

Chantre de la nature, Lamartine l'est aussi de la solitude. Sa première *Méditation* a pour titre : *l'Isolement;* une autre, *la Solitude.* On lit, dans les *Harmonies, la bénédiction de Dieu dans la Solitude.* Plus loin il célèbre *la vie du Solitaire.* En mille endroits, il vante les avantages de la retraite, le mépris de la société, de ses aspirations stériles et de ses mesquines passions. C'est dans le monde de la rêverie, dans le monde idéal qu'il établit son domaine.

Il ne s'y nourrit pas de pensées riantes. Quel découragement ! quelle tristesse dans ces vers :

> Mon cœur lassé de tout même de l'espérance
> N'ira plus de ses vœux importuner le sort...
>    Pourquoi gémis-tu sans cesse,
>    O mon âme, réponds-moi....
>    Tristesse qui m'inondes,
>    Coule donc de mes yeux....

En tête de l'une des *Harmonies*, on lit même ces mots : « *Novissima verba, ou mon âme est triste jusqu'à la mort.* »

La mort, tel est souvent le terme de ses réflexions. Elle lui apparaît au milieu des séductions de la vie ou des merveilles de la nature ; elle s'interpose entre le bonheur et lui. On dirait qu'il se sent atteint déjà par sa main glacée. On le voit

> Prêt à quitter l'horizon de la vie,
> Pleurant de ses longs jours l'espoir évanoui.

Ailleurs il s'écrie :

> Mon horizon se borne, et mon œil incertain
> Ose l'étendre à peine au-delà d'une année.

Il va plus loin, il se suppose mourant, il nous fait assister à son agonie ; bientôt, dit-il, je vais « avec la lyre des séraphins, guider des cieux

» suspendus à ma voix. » Enfin, dans *l'Hymne à la mort*, il se représente comme ayant franchi le seuil de l'éternité et s'adresse à sa dépouille mortelle dont il ne sent déjà plus le poids.

N'allons pas croire cependant que le poëte soit un désespéré. Quelque triste qu'il se montre, il rencontre de douces consolations. Il a de mystérieuses sympathies, il a même de profonds amours. Lui qui fait profession de mépriser hautement la gloire, les honneurs, les richesses, lui qui dédaigne tous les prix de la vie, il est une passion qu'il excepte de son indifférence superbe, l'amour ; il le proclame dans les moments les plus solennels. Son seul grief contre ce sentiment c'est qu'il n'est point éternel, et que « ce » n'est qu'un songe que le bonheur qui doit finir. » Ce n'est pas tout, au-dessus des amours terrestres le poëte sent en lui un autre amour plus pur, plus vaste, l'amour de Dieu lui-même. S'il connaît le doute, il n'en fait pas l'état habituel de son âme; à côté du désespoir de l'homme qui cherche à deviner l'énigme du monde et dont la raison se trouble devant l'existence du mal, il place le secours de la foi. Il se fait même auprès d'un grand esprit sceptique l'apôtre de la croyance; il gourmande l'incrédulité de Byron. Déjà très prononcée dans les *Méditations*, cette disposition s'accuse plus nettement encore, leur titre même l'indique, dans les *Harmonies poétiques et religieuses*. Là, où ne sont plus seulement des désirs qui s'élèvent vers le ciel, c'est un culte accompagné d'extases et d'une sorte de mysticisme. L'auteur déclare lui-même qu'il a voulu répondre aux besoins religieux de certaines âmes. Et quand, dans son dernier chant du *Pèlerinage de Childe Harold* (1825), Lamartine reproduit par instants le scepticisme de Byron, il a soin de faire remarquer que, tout en se conformant aux opinions trop connues de son héros, il n'a point voulu blesser des convictions pieuses « qui sont les siennes. » Aussi, en le recevant au sein de l'académie française, M. Cuvier put-il dire au poète que, tandis qu'on avait vu dans Byron « l'Ange du Désespoir » le monde avait salué en lui « le Chantre de l'Espérance. »

Mais si Lamartine n'est tombé dans aucun des excès de l'école du désespoir, il a cependant consacré souvent sa poésie à des sentiments vagues, des aspirations mal définies, à je ne sais quel instinct de rêverie sans objet et de tristesse sans cause, et c'est par là surtout qu'il s'emparait de l'âme des lecteurs qui voyaient, avec reconnaissance, leurs pensées les plus secrètes prendre dans ses vers une forme palpable d'une incomparable beauté. Passionné et religieux, mais aussi parfois mélancolique, tel était le poète. Qu'était l'homme ?

Pour l'étudier, les documents abondent, et ils émanent de M. de Lamartine lui-même. Dans ce siècle où le goût des révélations personnelles a pris tant de développements, il est un de ceux qui ont le plus donné l'exemple de cette faiblesse. Il est donc aisé, grâce à lui, de répondre à la question que je viens de poser. Au surplus, est-il besoin de le dire? je ne réglerai pas aveuglément mes appréciations sur les siennes et je m'efforcerai de le juger avec impartialité.

Arrivé au monde le 21 octobre 1792 (ce chiffre a son importance), Alphonse de Lamartine appartenait à une famille ancienne. Sous la Terreur, son père fut conduit avec tous les siens en prison. De la fenêtre d'une chambre qui faisait face au cachot, sa mère qui l'allaitait le montrait de loin au prisonnier et déjà il jouait un rôle, à son insu, dans ce lugubre drame.

Son enfance s'écoula dans une demeure modeste, retraite de sa famille, à laquelle la fin de la Terreur avait rendu son chef si menacé. Dans cette terre de Milly, qu'il a plus d'une fois célébrée avec une émotion vraie, il jouissait avec bonheur de l'air pur de la liberté. Il aimait à faire au loin des excursions dans les montagnes. Il y avait surtout dans les environs une grotte qui l'attirait. L'eau y coulait avec un tintement sonore. « L'eau, dit-il, est l'élément triste. *Super* » *flumina Babylonis sedimus et flevimus.* Pourquoi? » C'est que l'eau pleure avec tout le monde. Tous, » enfants que nous sommes, nous ne pouvons nous » empêcher d'en être émus. » Il portait dans les distractions de son âge une gravité précoce. S'il s'adonnait à l'exercice du patinage, il y cherchait un sentiment de « délire mélancolique. » Il fallut cependant un jour s'arracher à cette douce indépendance, à cette chère solitude, et s'en aller faire l'apprentissage de la discipline dans une maison d'éducation de Lyon. Mais il paraît que cet essai fut au-dessus de ses forces. Il conçut pour cette prison une telle horreur, que les idées de suicide dont il n'avait jamais entendu parler, vinrent l'assaillir et qu'il passa des jours et des nuits à chercher par quels moyens il pourrait se soustraire à une vie qu'il ne pouvait plus supporter. Grâce à Dieu, comme naguère Chateaubriand, il n'accomplit pas ce projet sinistre et eut recours à une solution moins violente; il s'évada. Bientôt retrouvé, il fut placé cette fois dans une maison religieuse, au collège de Belley (1803).

A Belley, le jeune Lamartine nouait avec quelques-uns de ses condisciples, sérieux comme lui, des amitiés que le temps ne devait pas relâcher; ce fut aussi l'époque où il éprouva le plus vivement les élans et les tendresses du sentiment religieux. Mais, en 1807, il quittait son collège bien aimé, pour une vie encore plus douce, la vie de famille à la campagne. Là, il reprend avec bonheur ses habitudes de liberté, de rêverie et de contemplation. Ses lectures sont en rapport avec ces habitudes et les fortifient. Dans la bibliothèque paternelle, il trouve un nombre restreint de volumes parmi lesquels figurent les romans de Mme de Flahaut, de Mme de Staël, les écrits de Jean-Jacques Rousseau et *Paul et Virginie*, œuvres brûlantes qu'il dévore et qui attisent en lui le foyer d'une sensibilité prête à éclater. Pope le frappe aussi fortement. Il avait lu dans ce poète trois strophes mélancoliques qui laissèrent dans son imagination et dans son cœur des traces si durables que plus tard il en tira le sujet du *Poète mourant*, qui fait partie du second volume des *Méditations*. Mais le livre auquel il donne la part la plus importante dans la formation de son génie, c'est le *Recueil des poésies ossianiques*. C'était le moment de leur plus grande faveur, et par un rare privilège elles avaient conquis à la fois l'admiration discrète des cœurs solitaires et le culte officiel qu'à l'exemple du maître leur rendait le monde de la cour et de l'armée. Le jeune Lamartine ne résista pas à cet ascendant. « Je m'abîmai, dit-il, dans cet océan » d'ombres, de sang, de larmes, de frimas et d'images » dont l'immensité, le demi-jour et la tristesse corres- » pondaient si bien à la mélancolie grandiose d'une » âme de seize ans, qui ouvre ses premiers rayons » sur l'infini. » Dans son enthousiasme pour les héros de cette sombre poésie, il croyait vivre de leur vie même. Le caractère du pays qu'il habitait se prêtait à cette illusion. Il voulut un jour pousser l'assimilation jusqu'à son dernier terme, et essayer un amour ossianique. Mais le bruit de cette aventure étant arrivé aux oreilles de sa famille, on crut devoir éloigner

Lamartine. Il inaugura dès lors une vie moins intérieure et moins sédentaire, et se rendit en Italie où l'attendait l'épisode de Graziella.

A son retour d'Italie, on voit Lamartine, tantôt continuer à se nourrir de poésie et de rêves, tantôt se jeter avec ardeur dans la vie réelle, entrant à la chute de l'Empire dans la vie militaire, en sortant pendant les Cent-Jours, puis y rentrant encore avec la seconde Restauration, et s'affranchir enfin pour toujours des liens du service par une retraite volontaire. Divers aveux nous font connaître quel était en ces temps son état moral.

Il écrivait un jour sur les pages d'un Tacite les lignes suivantes, qu'il retrouva longtemps après et qu'il a conservées : « J'entre aujourd'hui dans ma » vingt et unième année, et je suis fatigué comme si » j'en avais vécu cent. Je ne croyais pas que ce fût » une chose si difficile que de vivre. Voyons, pourquoi » est-ce si difficile ? un morceau de pain, une goutte » d'eau y suffisent. Mes organes sont sains, j'ai un » ciel éblouissant sur la tête, et cependant je n'ai » plus aucune passion ici-bas ; mais le cœur n'est » jamais si lourd que quand il est vide. Pourquoi ? » c'est qu'il se remplit d'ennui. Oh ! oui j'ai une » passion, la plus terrible, la plus pesante, la plus » rongeuse de toutes, l'ennui. » Dans cette prostration de son âme se dresse devant lui le souvenir de Graziella, et pressé d'échapper à « ce désert de

» l'indifférence, à cette sécheresse de la vie, il aurait
» voulu mourir tout de suite pour retrouver son
» ombre. » Sauf ce regret, et peut-être ce remords, qui se mêle à son ennui, la note écrite par Lamartine ne rappelle-t-elle pas celles que traçaient dans des moments de découragement André Chénier, et celui qui devait être Napoléon I<sup>er</sup> ? et ce rapprochement ne prouve-t-il pas que, malgré certaines différences inhérentes à la diversité des situations et des personnes, l'esprit humain présente à certaines époques des aspects uniformes, et que les mêmes pensées s'y revêtent du même langage ?

Dans une autre circonstance et à propos d'un séjour qu'il avait fait en Suisse pour éviter de servir l'Empire après le retour de l'île d'Elbe, il parle de la joie qu'il a goûtée dans la solitude « ce linceul volon-
» taire de l'homme où il s'enveloppe pour mourir
» voluptueusement à la terre. » Ailleurs encore revenant sur ses souvenirs de Milly il dit : « La com-
» pression de ma vie morale dans cette aridité et cet
» isolement, l'intensité de ma pensée creusant sans
» cesse en moi le vide de mon existence, les palpi-
» tations de mon cœur brûlant sans aliment réel et
» se révoltant contre les dures privations d'air, de
» lumière et d'amour dont j'étais altéré, finirent par
» me mutiler, par me consumer jusque dans mon
» corps, et par me donner des langueurs, des spasmes,
» des abattements, des dégoûts de vivre, des envies

» de mourir, que je pris pour des maladies du corps
» et qui n'étaient que la maladie de mon âme. »

Le livre de *Raphaël* nous présente avec plus de développements encore l'analyse de cette maladie. Raphaël est dévoré par l'ennui, et cependant il ne veut rien tenter pour sortir de son inaction, parce que rien ne lui paraît valoir son ambition. Il se drape dans sa tristesse et dit adieu aux affections humaines, comme s'il avait perdu sans retour la faculté d'aimer. Il accuse les hommes d'injustice, d'aveuglement, il se dit méconnu, mais au lieu de donner la preuve de sa force, il s'enferme dans un paresseux isolement ; il analyse « les mélancolies
» dont il est dévoré, son désir de mourir, son désan-
» chantement de tout, enfin la langueur physique,
» résultat de la lassitude de l'âme et qui sous des
» cheveux et sous des traits de vingt-quatre ans
» cachait la précoce sénilité et le détachement de la
» terre d'un homme mûr et fatigué de jours. » Or, Raphaël, on le sait, c'est Lamartine presque en tout ; et personne n'a été dupe de l'artifice par lequel l'auteur feint d'avoir reçu des mains d'un ami mourant le manuscrit des « *Pages de la vingtième*
» *année.* »

Cette amertume de cœur, ce précoce désenchantement quelles en étaient les causes ? Les unes étaient anciennes, les autres récentes. Et d'abord il était né dans les plus mauvais jours de la Révolution, au

milieu du deuil de sa famille. « On s'étonne, a-t-il
» dit, que les hommes dont la vie date de ces jours
» sinistres aient apporté en naissant, un goût de
» tristesse et une empreinte de mélancolie dans le
» génie français. Virgile, Cicéron, Tibulle (?) Horace
» lui-même (?) qui imprimèrent ce caractère au génie
» Romain, n'étaient-ils pas nés comme nous, pendant
» les grandes guerres de Marius, de Sylla, de César ?
» Que l'on songe aux impressions de terreur ou de
» pitié qui agitèrent les flancs des femmes romaines
» pendant qu'elles portaient ces hommes dans leur
» sein ! Que l'on songe au lait aigri de larmes, que je
» reçus moi-même de ma mère, pendant que ma
» famille entière était dans une captivité qui ne
» s'ouvrait que par la mort ; pendant que l'époux
» qu'elle adorait était sur les degrés de l'échafaud, et
» que captive elle-même dans sa maison déserte, des
» soldats féroces épiaient ses regards pour lui faire
» un crime de sa tendresse et pour insulter à sa
» sa douleur ! »

De plus, l'enfance de Lamartine s'était écoulée
solitaire, et son adolescence s'était alimentée de la
lecture de grands auteurs mélancoliques français ou
étrangers.

Ajoutez à cela que, pendant plusieurs années, à
l'âge où se produisent d'ordinaire chez les jeunes
gens les efforts sérieux, et où se décide l'avenir, il
n'avait, sauf quelques courts essais de carrière

militaire, tenté aucune entreprise utile, ni fait aucun acte de volonté ; et ce n'est pas impunément qu'un jeune homme s'abandonne à la vie contemplative, fût-elle bercée par les plus poétiques rêveries. Enfin il avait traversé une période de dissipation dont il était sorti, dit-il, « le cœur plein de cendres. » Toutefois, cette période avait été courte et bientôt il était remonté vers les hautes cîmes de l'idéal et de l'amour. Ce fut précisément à l'incident qui fait le sujet du livre de *Raphaël* qu'il dût son salut. Ce fut la Julie de ce livre, la même qu'il a célébrée, et, je pourrais dire, immortalisée dans les *Méditations* sous le nom d'Elvire, qui lui apprit qu'il avait encore le cœur capable d'une grande passion.

Pour le dire en passant, Julie, de son côté, était malade d'esprit aussi bien que de corps ; quelque chose du souffle aride du siècle avait passé sur elle et y avait fait mourir la foi. Elle approchait de sa mort prématurée sans espoir d'un autre avenir, et même une fois avec Raphaël elle avait eu la tentation de devancer le terme de ses jours, et le livre nous raconte cet essai de suicide à deux. Mais elle aussi trouve sa régénération dans l'amour et revient à la foi par la passion. Quant à lui, je le répète, cet amour marque la fin du mal dont il souffrait, en même temps que la fin de sa jeunesse.

Avec la maturité (1820), sa vie se transforme. Jusque-là désœuvrée et solitaire, elle devient active et mêlée au mouvement des affaires publiques. Le bonheur du foyer, la gloire, tout lui sourit. Au milieu de tous ces dons inattendus peut-il rester place à la tristesse ? Elle se montre encore chez lui, mais il semble que déjà ce soit plus par imitation que par une inspiration naturelle, ou qu'elle découle de la plénitude même de son bonheur et du sentiment de sa brièveté.

Et maintenant si, dépassant l'époque de la publication des *Méditations* et des *Harmonies*, nous suivons leur auteur au delà de la Restauration, il nous apparaît chaque jour moins adonné à la rêverie et, bien qu'on ait pu lui reprocher d'avoir introduit la poésie partout et même dans la politique, profondément mêlé aux grands événements de notre histoire. Plus tard encore, quand il quitte la vie publique, il puise dans de cruelles nécessités d'existence un nouveau principe d'activité. Pendant toute cette phase de son déclin, sa mélancolie s'évanouit; lui qui, à vingt ans, se croyait arrivé au bout de sa carrière et pleurait sur sa mort prochaine, à soixante ans ne croyait plus avoir parcouru que la moitié de son existence et il le disait ingénument. De ces deux illusions, la seconde était la plus noble puisqu'elle soutenait son courage et secondait son énergie. Mais revenons au poète d'avant 1830. Si le mal du siècle ne l'a pas envahi tout entier, il s'en faut qu'il l'ait tout entier épargné. De là ce mélange de tristesse et d'enthousiasme, de découragement et de consolations, dont les *Méditations* et les *Harmonies* ont livré au monde séduit les merveilleux échos. Si dans cette œuvre inattendue tout n'est pas également fortifiant, cependant, en se rappelant tant de beaux vers dans lesquels Lamartine a consacré des pensées élevées ou des sentiments généreux, on est porté envers lui à l'indulgence et tenté de lui appliquer ce qu'il a écrit à propos des « fléaux de Dieu, » en disant :

> Qui sait si le génie
> N'est pas une de ses vertus ?

## III

## Sainte-Beuve.

Ce sont encore des poésies que nous allons étudier, mais des poésies qui ne peuvent soutenir aucune comparaison avec celles de Lamartine, et qui viennent, d'ailleurs, d'un écrivain beaucoup moins connu comme poète que comme prosateur, de M. Sainte-Beuve. Le grand critique dont j'ai eu, dont j'aurai encore l'occasion de citer tant de mots justes, de fines appréciations sur des hommes ou sur des œuvres compris dans cette étude, l'écrivain habile qui a si bien pénétré chez autrui les replis cachés de la maladie du siècle, en a été atteint, lui aussi, et peut-être n'en parle-t-il avec tant de sagacité que pour l'avoir personnellement éprouvée. Il s'en est guéri, sans doute, et la mobilité inhérente à son caractère ne lui permettait pas de rester longtemps sous la même influence, mais il avait commencé par la subir. C'est pendant la Restauration, dans le volume intitulé : *Vie, poésies et pensées de Joseph Delorme* (1829), et dans les poésies qui ont pour titre *les Consolations* (1830) qu'il a donné le plus de signes de cette affection.

L'ouvrage consacré à Joseph Delorme débute par une vie du prétendu auteur. Ce récit, prend Joseph Delorme depuis sa naissance, qui eut lieu « vers le » commencement du siècle, dans un bourg voisin » d'Amiens, » jusqu'à sa mort qui survint à Meudon et qui fut causée par une phthisie pulmonaire compliquée « à ce qu'on croit » d'une affection du cœur. « Élevé au bruit des miracles de l'Empire, amou- » reux des splendeurs militaires, combien de longues » heures il passait à l'écart, loin des jeux de son âge, » le long d'un petit sentier, dans des monologues » imaginaires ! » A quatorze ans, il vient à Paris pour y achever ses études. Là, le goût de la science l'emporte en lui sur le goût de la poésie. « Que faire » d'une lyre en ces jours d'orage ? La lyre fût brisée. » La philosophie le séduit aussi. « Abjurant les simples » croyances de son éducation chrétienne, il s'était » épris de l'impiété audacieuse du dernier siècle. » C'est alors qu'il devient médecin. Pour se livrer plus librement à son art, et pour ne pas « s'emprisonner » dans des affections trop étroites, » il rompt avec une jeune personne à laquelle il pouvait espérer

s'unir. « Ce qu'il souffrit pendant deux ou trois
» années d'épreuves continuelles et de luttes journa-
» lières avec lui-même » nous est en partie révélé
par le journal qu'il rédigeait habituellement. On y
apprend que « sa santé s'était assez profondément
» altérée et que ses facultés sans expression avaient
» engendré à la longue un malaise inexprimable. »
Il se promenait quelquefois « à la nuit tombante sur
» un boulevard extérieur près duquel il demeurait. »
Les protections qu'on lui offre, il les repousse comme
des entreprises sur son indépendance, comme des
tentatives d'exploitation. Il écrit alors les lignes suivantes : « Ce vendredi, 14 mars 1820. Dix heures et
» demie du matin. Si l'on vous disait : il est un jeune
» homme, heureusement doué par la nature et formé
» par l'éducation ; il a ce qu'on appelle du talent, etc.,
» etc. Et si l'on ajoutait : ce jeune homme est le plus
» malheureux des êtres ! Depuis bien des jours, il se
» demande s'il est une seule minute où l'un de ses
» goûts ait été satisfait, et il ne la trouve pas, etc., etc.
» Oh ! qui ne le plaindrait cet homme de vingt ans,
» etc., etc. Mais moi qui écris ceci, je me sens
» défaillir ; mes yeux se voilent de larmes, et l'excès
» de mon malheur m'ôte la force nécessaire pour
» achever de le décrire... *Miserere !* » Enfin il recon-
quiert sa liberté, mais « incapable de rien poursuivre,
» renonçant à tout but, s'enveloppant de la pauvreté
» comme d'un manteau, il ne pense qu'à vivre chaque

» jour en condamné de la veille qui doit mourir le
» lendemain, et à se bercer de chants monotones
» pour endormir la mort. » Il ne sort plus de chez lui
qu'à la nuit close. Là commence « son lent et
» profond suicide. Rien que des défaillances et des
» frénésies d'où s'échappaient de temps à autre des
» cris et des soupirs. » Il ne lit plus que « les romans
» de la famille de *Werther* et de *Delphine : le peintre*
» *de Saltzbourg, Adolphe, René, Édouard, Adèle,*
» *Thérèse Aubert* et *Valérie; Senancour, Lamartine*
» et *Ballanche; Ossian, Cooper* et *Kirke White.* Son
» âme n'offre plus désormais qu'un inconcevable
» chaos, où de monstrueuses imaginations, de
» fraîches réminiscences, des fantaisies criminelles,
» de grandes pensées avortées, de sages prévoyances
» suivies d'actions folles, des élans pieux après des
» blasphèmes, jouent et s'agitent confusément sur
» un fond de désespoir. » Un instant, ce désespoir
semble supportable; Joseph jouit de quelques intervalles de calme; les beautés de la nature, la société
de ses amis adoucissent un peu ses chagrins; on le
dirait presque gai; mais le mal a déjà poussé trop
loin ses ravages, et Joseph succombe. Du reste, ses
notes le prouvent, si la maladie s'était prolongée
quelque temps, il en eût précipité le dénouement.
Complétons ce récit en disant qu'ailleurs, dans un
article du *Globe,* du 4 novembre 1830, Sainte-Beuve
nous apprend que Joseph Delorme, si indifférent

en toutes choses, avait conçu une ardente hostilité contre le gouvernement de son pays, et que, s'il avait vécu jusqu'en 1830, il aurait tout fait pour contribuer à renverser le trône.

Tel est le triste personnage qui nous est présenté sous le nom de Joseph Delorme. Les *Œuvres* qu'on lui attribue sont en harmonie avec le caractère qu'on lui donne. A côté de poésies et de pensées qui ne redisent d'autres soucis que des soucis littéraires ou artistiques, on y rencontre plus d'une confidence sur la nature intime de leur auteur ; et le point qui s'en détache le plus nettement, c'est l'impossibilité pour lui d'aimer d'un amour vrai et profond, de se dévouer, de croire à ce qu'il aime ; c'est la bizarrerie qui lui fait voir le désenchantement au milieu de l'enthousiasme, et rêver la rupture avant la liaison. « Oh ! » que l'amour est loin, » s'écrie-t-il ! Mais pourquoi cette paralysie du cœur ? Est-ce la marque d'une fatalité particulière ? Est-ce le signe d'une nature tristement privilégiée ? Non, c'est seulement la conséquence d'une conduite assez vulgaire. Joseph a poursuivi « de vaines amours, » et aujourd'hui il ne peut plus vraiment aimer.

Personne n'ignore que, dans quelques parties de la vie de Joseph Delorme, Sainte-Beuve ait voulu se mettre lui-même en scène. En imaginant de se produire sous ce nom et cette personnalité, il ne faisait qu'obéir au goût d'un temps qui aimait les petites supercheries, les innocents déguisements littéraires. Plusieurs des traits qu'il a prêtés à Joseph Delorme sont empruntés à sa propre physionomie. M. de Lamartine, parlant de ce qu'était Sainte-Beuve en 1829, le décrit ainsi : » un jeune homme pâle, blond, frêle, sensible jus- » qu'à la maladie, poète jusqu'aux larmes. » Et il a été reproduit sous cet aspect mélancolique par le pinceau de Chenavard, sur une toile que plus tard il ne montrait qu'à quelques rares amis, disant pour expliquer ce mystère que : « c'était un peu trop Joseph » Delorme. » Et puis, lui aussi avait étudié la médecine, et il avait puisé dans ces travaux des habitudes d'analyse et, pour ainsi dire, de dissection, qui, appliquées à un autre ordre de choses le conduisaient à faire sur lui-même de l'anatomie morale. Ce qu'il avait encore de commun avec Joseph Delorme c'était une disposition à la rêverie, à la tristesse vague et sans cause. « Sainte-Beuve, a dit M. Henri » Fournier, éprouva sincèrement les désespoirs à la » Werther et à l'Obermann qui n'étaient guère » qu'une affectation et une mode chez les romanti- » ques bien portants et bien en chair de 1830. » Il écrivait à vingt ans à son ami M. Loudière qui s'ennuyait et le lui avait dit : « L'ennui ne doit pas » t'étonner : résigne-toi à n'avoir ni jeunesse, ni passé, » ni avenir ; je ne te dis pas de ne pas en souffrir, de » ne pas en mourir même à la longue, mais je te dis » de ne pas en enrager...... Je me souviens bien que

» j'ai eu au collège, comme aujourd'hui, de terribles
» accès de mélancolie et de dégoût de tout. » Plus
tard, en 1830, il écrivait à un poète : « J'ai besoin de
» ce qui console, mais je me fais moins d'illusions que
» vous, et je ne cherche plus, par désespoir de trou-
» ver. » Enfin, on l'a dit, il aimait chez autrui
certaines tristesses dans lesquelles il retrouvait une
maladie qui avait été la sienne. Ajoutons que Sainte-
Beuve souffrait, comme Joseph Delorme, d'un précoce
désenchantement en amour, résultant de ce qu'il
avait laissé trop souvent s'égarer ses affections. Je
n'en veux pas dire davantage sur ce sujet dont on
comprend la délicatesse.

On voit donc que la nostalgie de Joseph Delorme
n'était pas étrangère à Sainte-Beuve. Toutefois entre
l'auteur et la création, les différences étaient encore
nombreuses. Non seulement, comme le fait remarquer M. d'Haussonville, « au bout de leurs infortunes,
» la ressemblance cesse : Joseph Delorme en meurt ;
» Sainte-Beuve en guérit. » Mais encore, dans le livre, la
note vraie est souvent forcée ; les chagrins sont grossis
à plaisir, et, en maint endroit, on voit percer le désir
de copier un modèle plutôt que de peindre d'après
nature. L'écrivain s'est inspiré de plusieurs types
bien connus. Tantôt, c'est René traînant sa mélancolie
le long des promenades désertes ; tantôt c'est
Obermann cachant son impuissance morale dans une
solitude oisive. Le passage où il jette un cri de

détresse sur son malheur n'est-il pas copié sur certaines lignes trouvées dans les papiers de Bonaparte, ou de celles écrites par Chénier dans une taverne de Londres? Enfin n'est-ce pas surtout Werther qui a fourni le ton général de la vie du malheureux Joseph, et M. Guizot n'a-t-il pas eu raison de qualifier celui-ci de Werther carabin et jacobin?

Ce côté volontairement exagéré de la pseudo-biographie de Joseph Delorme ne pouvait échapper à la malice de la critique. L'occasion était belle pour les classiques si malmenés de prendre une revanche sur leurs adversaires, et ce fut M. Jay, l'un des plus corrects d'entre-eux, qui se chargea de ce soin. Dans un livre aujourd'hui peu connu, intitulé *La conversion d'un romantique; manuscrit de Jacques Delorme* (1830), M. Jay rétablissait la vérité sur Joseph Delorme d'après des renseignements fournis par un prétendu frère de celui-ci. Selon lui, Joseph, né dans une famille des plus humbles, après avoir passé son enfance dans des conditions heureuses, mais ordinaires, était devenu médecin. Mais un jour il s'était « mis en » fantaisie qu'il était poète. » Dès ce moment, il avait négligé ses devoirs pour faire « une révolution en » poésie, » et détrôner « les membres de l'Académie » française, et les hommes de lettres du temps de » l'Empire, qu'on devait regarder comme des » perruques. Nous vous donnerons, disait-il, de l'in- » croyable, de l'affreux, du terrible, de l'extra-

» vagant, et s'il le faut, le diable lui-même rempla-
» cera votre vieux Apollon. Nous aurons comme les
» Anglais notre école satanique. » Toutefois, et tout
à coup, il s'était guéri de sa folie, avait jeté au feu
ses anciennes idoles et désavoué « le recueil
» d'extravagances rimées et de pensées ridicules
» publié sous son nom », pour en revenir aux chefs-
d'œuvre de nos vieux classiques, et à l'exercice
sérieux de sa profession. Loin de mourir prématurément, il avait constamment joui de la meilleure
santé du monde, aimant, dit-on, à bien dîner et
digérant toujours parfaitement.

Sans apprécier, au point de vue de la forme, le
mérite de la raillerie de M. Jay et tout en étant
obligé de convenir que la rectification n'était pas
moins fantaisiste que la biographie rectifiée, on ne
peut contester la sagesse de la leçon qu'elle renferme. Il est permis plutôt de la trouver incomplète.
M. Jay ne s'est attaqué qu'aux ridicules de Joseph
Delorme ; combien plus justement encore il aurait pu
s'élever, au nom de la morale, contre l'affaissement
de son caractère, contre son indifférence et son
inertie, et contre les causes de cet état !

On pourrait faire les mêmes remarques à propos
des *Consolations* (1830) ; car le poëte y exprime sur
l'aridité précoce de son cœur les mêmes plaintes
dues aux mêmes motifs que dans les œuvres de
Joseph Delorme. Seulement, dans le nouveau recueil

on entrevoit une tendance croissante à chercher dans la religion un moyen de relèvement, un instrument de régénération morale. En effet, à cette époque, Sainte-Beuve, dont la nature, comme l'a dit son récent et intéressant biographe, était à la fois « amoureuse et mystique » cherchait à se rattacher aux idées religieuses, et, quoique plus tard il l'ait nié, il est certain que le conflit qu'il dépeint entre les tendances malsaines et les pieuses aspirations était la fidèle représentation de ce qui se passait alors dans son âme.

Sainte-Beuve ne s'en est pas tenu là. Dans un roman qui ne date plus de la Restauration, mais du gouvernement qui l'a suivie, il a cru pouvoir prendre pour sujet, non plus la mélancolie, mais l'une de ses causes possibles. Il a pensé qu'il y avait une utilité morale à étudier tous les degrés par lesquels passe le débauché, avant d'arriver au fond de l'abîme où ses plus nobles facultés s'engloutissent. C'est le but de *Volupté* (1834). L'étrange héros de ce roman, quoiqu'on le donne comme naturellement faible et inquiet, comme un fils de René, n'est frappé du mal dont il souffre, que pour s'être livré à de précoces excès. Ces excès sont la cause encore plus que l'effet de son caractère que Sainte-Beuve, nous décrit : « languissant, oisif, attachant, sec et privé, mysté-
» rieux et furtif, rêveur jusqu'à la sensibilité, tendre
» jusqu'à la mollesse, volupteux enfin. »

Il me sera permis de m'étonner, malgré l'enseignement sensé qu'il contient, que ce livre de *Volupté* ait fait, on l'affirme du moins, une conversion, et d'estimer qu'une telle œuvre était plus dangereuse qu'utile. Le sujet exigeait une touche plus rude et en même temps plus discrète. Mais je n'ai pas à faire l'examen de ce roman. La mélancolie qui provient directement de la sensualité sort du cadre de notre étude. C'est une maladie physique, plutôt que morale, et qui relève moins de la philosophie que de la pathologie.

Laissons donc *Volupté*, et son auteur même qui, en dehors des deux ouvrages dont j'ai parlé plus haut, n'appartient plus au mal du siècle.

## IV

## Le monde philosophique et religieux.

JOUFFROY. — G. FARCY. — LAMENNAIS. — LE P. LACORDAIRE.

---

Si maintenant, quittant la poésie, nous interrogeons la pensée philosophique ou religieuse du temps, y trouvons-nous la sérénité que nous n'avons pas rencontrée jusqu'ici? Qu'on en juge.

M. Jouffroy avait montré, tout enfant, une nature « curieuse, rêveuse et recueillie. » Ce sont les expressions dont s'est servi pour le définir un autre philosophe, son ami le plus cher peut-être, qui s'est dévoué à sa mémoire, et qui sait parfaitement inspirer l'intérêt qu'il éprouve pour son sujet. M. Damiron ajoute que cette « âme d'élite était dès lors inquiétée » de ces tourments de la pensée dont plus tard, à sa » gloire sans doute, mais aussi trop souvent au prix

» de son repos, elle fut si profondément agitée et
» travaillée. » Jouffroy fut admis comme élève à
l'École Normale, à vingt ans à peine (1816), et commença à s'occuper de philosophie. Il nous apprend lui-même qu'il avait été accoutumé « à considérer l'avenir
» de l'homme et le soin de son âme comme la grande
» affaire de sa vie, » et que « pendant longtemps les
» croyances du christianisme avaient pleinement
» répondu à tous les besoins et à toutes les inquiétudes
» que de telles dispositions jettent dans l'âme. » Mais,
ajoute-t-il, « dans le temps où j'étais né, il était
» impossible que ce bonheur fût durable, et le jour
» était venu où, du sein de ce paisible édifice de la
» religion qui m'avait recueilli à ma naissance, et à
» l'ombre duquel ma première jeunesse s'était écoulée,
» j'avais entendu le vent du doute qui de toutes parts
» en battait les murs et l'ébranlait jusque dans ses
» fondements. » Il n'avait pu résister à la contagion
de l'esprit d'examen et d'objection. Il était devenu
sceptique. « Cette mélancolique révolution ne s'était
» point opérée, dit-il, au grand jour de ma con-
» science, elle s'était accomplie sourdement par un
» travail involontaire dont je n'avais pas été com-
» plice. » Toutefois, « la vie studieuse et solitaire de
» l'école fortifiant les dispositions méditatives de
» son esprit, » il ne devait pas tarder à se rendre
un compte exact du véritable état de ses croyances.

Rien de plus poignant, on peut dire de plus dra-

matique, que le récit de cette révélation; de cette nuit d'hiver dans une chambre étroite et nue de l'École Normale, à la clarté d'une lune à demi voilée par les nuages; de cette funeste nuit pendant laquelle fut déchiré le voile qui dérobait à Jouffroy sa propre transformation. « Ce moment fut affreux, dit-il, et quand
» vers le matin, je me jetai épuisé sur mon lit, il me
» sembla sentir ma première vie, si riante et si pleine,
» s'éteindre, et derrière moi s'en ouvrir une autre,
» sombre et dépeuplée, où désormais j'allais vivre
» seul, seul avec ma fatale pensée qui venait de m'y
» exiler et que j'étais tenté de maudire. Les jours qui
» suivirent cette découverte furent les plus tristes de
» ma vie... Mon âme ne pouvait s'accoutumer à un
» état si peu fait pour la faiblesse humaine; par des
» retours violents, elle cherchait à regagner les
» rivages qu'elle avait perdus; elle retrouvait dans la
» cendre de ses croyances passées des étincelles qui
» semblaient par intervalles rallumer sa foi. Mais ces
» lueurs s'éteignaient bientôt. » Quel lugubre tableau! Quelles images sinistres! Ne croirait-on pas lire une page arrachée aux annales des naufrages célèbres? Et les malheureux échoués sur une plage déserte étaient-ils plus désolés que le philosophe jeté par la tempête de sa pensée sur les bords arides de l'incrédulité?

» Si, ajoute-t-il, en perdant la foi, j'avais perdu le
» souci des questions qu'elle m'avait résolues, ce vio-
» lent état n'aurait pas duré longtemps, la fatigue

» m'aurait assoupi, et ma vie se serait endormie comme » tant d'autres, dans le scepticisme... » Mais il sentait mieux que jamais, l'importance des problèmes dont il n'avait plus la clef ; et ce fut là ce qui décida de la direction de sa vie. Ne pouvant supporter l'incertitude sur l'énigme de la destinée humaine, à défaut de la foi, il fit appel à la raison, et résolut de consacrer sa vie à résoudre le problème qui l'obsédait. Ce fut ainsi qu'il se voua à la philosophie. Le mauvais état de sa santé et la suppression, par suite du licenciement de l'école normale, d'un cours qu'il y faisait, lui permirent de s'y consacrer tout entier. Au bout de plusieurs années de patientes recherches, il « affirmait qu'il » voyait clairement la route à suivre, pour retrouver » la solution perdue du problème » et qu'il avait déjà reformé « en lui bien des convictions qui lui avaient » rendu, sinon tout son premier bonheur, du moins le » calme de l'esprit et le repos du cœur. » (*Mémoire sur l'organisation des sciences philosophiques*, première partie, 1836).

Cependant la période de détresse qu'il avait traversée, en 1816 et dans les années suivantes, avait-elle entièrement pris fin? Une période de calme absolu s'était-elle ouverte pour lui? Il l'affirme. Mais un de ses auditeurs de la Sorbonne nous le montre sous un jour bien différent. « Hier, dit cet auditeur, qui n'est » autre que M. Ozanam, dans une lettre du 15 mars » 1832, il confessait que les besoins intellectuels sont

» immenses, que la science loin de les combler ne sert
» qu'à en faire voir toute l'étendue et conduit l'homme
» au désespoir, en lui montrant l'impossibilité d'arri-
» ver à la perfection. Il confessait que les connais-
» sances matérielles ne suffisent point à notre esprit
» et qu'après les avoir épuisées, il éprouvait un grand
» vide et se trouvait invinciblement poussé à chercher
» des lumières surnaturelles. » Il ne se pouvait donc
empêcher de tourner un regard de regret vers le
joug qu'il avait brisé. Et Ozanam ajoute : « ils font
» peine ces philosophes du rationalisme! Si tu les
» voyais au milieu de leurs fantaisies, reconnaître à
» chaque instant leur faiblesse et proclamer le déses-
» poir qui les ronge : *le désespoir !* »

Quand il se plaignait du vide de son âme, Jouffroy
pouvait, du moins, se rendre cette justice que toute
son existence était celle d'un véritable sage. On ne
s'étonnera donc pas que la philosophie ait été impuissante à protéger contre les souffrances intimes, un de
ses adeptes qui n'avait pas, comme lui, la garantie
d'une vie exempte d'orages.

On connaît assez peu aujourd'hui celui qui fut
Georges Farcy. Comme Jouffroy, et peu de temps
après lui, il avait été élève à l'École Normale. Il s'était
ensuite retiré près de M. Cousin qui avait été son
maître et qui était resté son ami, et il avait continué,
sous cette éminente direction, des travaux auxquels ses
aptitudes semblaient le destiner. Trop indépendant

pour l'Université, il entreprit une éducation particulière ; puis il avait, en 1826, fait une excursion en Italie où il avait rencontré Lamartine et écrit quelques poésies philosophiques. L'année suivante, il était allé en Angleterre et au Brésil. Revenu en France après d'amères déceptions, il avait dû se contenter d'une place de professeur de philosophie, non pas, comme Jouffroy, dans les premières chaires de l'État, mais dans une modeste institution de Fontenay-aux-Roses. Cette vie traversée par tant de difficultés, et déjà mal ordonnée par Farcy lui-même, ne devait pas compter de longs jours. Elle fut brusquement terminée, précisément à la date qui clôt la période de la Restauration et par l'événement même qui a mis fin à cette période. Pendant l'une des journées de Juillet, Georges Farcy sortit, avec un fusil, de l'hôtel de Nantes qu'il habitait, et fut frappé mortellement d'un coup de feu à l'angle d'une rue. Sa mort fut célébrée comme celle d'un martyr de la liberté. A l'anniversaire de cet événement tragique, M. Cousin prononça son éloge et déclara que « rien ne pouvait lui ravir » l'immortalité que lui avait donnée une heure d'une » énergie divine. » La postérité n'a pas ratifié cette sentence, et Cousin a fait plus pour la mémoire de Farcy en lui dédiant sa belle traduction des *Lois de Platon*, que le pays en inscrivant son nom sur un monument parmi ceux des combattants de Juillet. Farcy laissait en mourant, outre une traduction partielle des *Éléments de philosophie de l'esprit humain* de Dugald Stewart, des fragments de poésies didactiques et de réflexions morales et politiques. On en a composé un volume sous ce titre : *Farcy Reliquiæ*.

Quelques traits nous font bien apprécier son caractère. Dans son voyage en Italie, quelles furent ses impressions ? « Ce qu'il aima seulement de Rome, ce » fut ce sublime silence de mort quand on en approche ; » ce furent ces vastes plaines désolées où plus rien ne » se laboure ni ne se moissonne jamais, ces vieux » murs de briques, ces ruines au dedans et au dehors » ce soleil d'aplomb sur des routes poudreuses, ces » villas sévères et mélancoliques dans la noirceur de » leurs pins et de leurs cyprès. » Au Brésil, au milieu d'une splendide nature, il se sent envahi par une invincible mélancolie qu'il exprime dans la pièce intitulée *Tristesse*. D'où vient, dit-il, que mon cœur est prêt à se briser ? C'est que tout m'abandonne, le passé comme l'avenir ; c'est que je me réveille d'un songe décevant de bonheur, et que je retrouve en moi « mes ennuis » languissants et mes délires vains. » A son retour d'Amérique, il manifeste contre la société une aversion profonde : « La société ! s'écrie-t-il ; moi qui ne vaux » rien que seul et inconnu moi qui n'aime et qui » n'aimerai peut-être plus jamais que la solitude *et le » sombre plaisir d'un cœur mélancolique!* » Mais ce n'est pas seulement le sort qu'il accuse ; il fait ce triste aveu : « Je me plains de moi-même qui ai

» dissipé mon temps, dispersé mes forces, tué en mo
» la foi et l'amour. » D'après Sainte-Beuve, Farcy était
une nature timide, réservée, un peu sauvage, d'une
ardeur inquiète et fatiguée, « se manifestant par des
» mouvements plutôt que par des rayons, » capable
au besoin de stoïcisme, mais inégale et maladive.
Lamartine a dit de lui quelque chose de semblable :
« C'était une de ces âmes concentrées, quoique
» errantes, qui désespèrent de trouver dans les autres
» âmes ce qu'elles rêvent de perfection en elles-
» mêmes. On en fait, ajoute-t-il, un héros de
» Juillet, ce n'était pas cela, c'était un héros de je ne
» sais quoi, un héros de l'ennui, du vide, de l'inspira-
» tion maladive de l'âme. »

Tel était cet infortuné, professeur d'une philosophie qui le guidait si mal, et qui lui assurait si peu de calme et de paix. Avec lui, comme avec Jouffroy, quoique pour des causes différentes, la mélancolie avait donc envahi ces retraites qui semblaient lui devoir être inaccessibles et dont le poète avait dit :

Edita doctrinâ sapientûm templa serena.

Mais il y avait plus, et la contagion avait pénétré jusque dans le monde religieux. Lamennais ne l'atteste que trop.

Quoi ! peut-on dire, l'*Essai sur l'indifférence en matière de religion* (1817-1824), est-il un des indices du mal moderne ? N'a-t-il pas eu précisément pour but de donner à nos opinions flottantes une base désormais inébranlable ? Ne se montre-t-il pas sévère pour le siècle ? De quel ton parle-t-il de ce siècle « où tout passe, où tout s'en va, où la terre fuit sous » nos pas ? » Écoutez-le : « Le siècle le plus malade » n'est pas celui qui se passionne pour l'erreur, mais » celui qui néglige, qui dédaigne la vérité. Non, » jamais rien de semblable ne s'était vu, n'aurait pu » même s'imaginer. Il a fallu de longs et persévé- » rants efforts, une lutte infatigable de l'homme » contre sa conscience et sa raison, pour parvenir » enfin à cette brutale insouciance. Contemplant » avec un égal dégoût la vérité et l'erreur, il affecte » de croire qu'on ne les saurait discerner, afin de » les confondre dans un commun mépris : dernier » degré de dépravation intellectuelle où il lui serait » donné d'arriver. » L'auteur s'attaque même directement à la mélancolie. « Quand le cœur, dit-il, n'a » point au dehors un objet d'amour ou de terme de » son action, il agit sur lui-même ; et que produit-il ? » de vagues fantômes, comme l'esprit qui est seul » produit de chimériques abstractions. L'un se » nourrit de rêves, l'autre de rêveries ; ou plutôt ils » essaient inutilement de s'en nourrir. Dans sa soli- » tude et dans ses désirs, le cœur se tourmente pour » jouir de lui-même. C'est l'amour de soi ou l'égoïsme » à son plus haut degré. Ce genre de dépravation, ce

» vice honteux du cœur, l'affaiblit, l'épuise et conduit
» à une espèce particulière d'idiotisme qu'on appelle
» la mélancolie. »

Rien de plus juste en même temps que de plus éloquent. Cependant, qu'on ne s'y trompe pas. En faisant la guerre à l'indifférence et à ses conséquences funestes, Lamennais n'échappe pas au danger qu'il prétend combattre. Et, avant tout, quel moyen emploie-t-il pour assurer à l'homme le bienfait de la certitude ? A l'aide de quel flambeau veut-il nous guider dans la recherche qu'il se propose ? Arrière la raison humaine, instrument trop imparfait, selon lui, et qui se brise entre nos mains débiles ! Sans doute, à ses yeux, la créature n'est pas dénuée de tout secours pour arriver au vrai. Si l'homme, par ses seules ressources, est incapable de conquérir ce bien inestimable, il le peut rencontrer dans l'ensemble des lumières répandues sur la surface du globe. En d'autres termes, si l'homme est sujet à l'erreur, l'humanité est infaillible. Donc, les différentes traditions, dont on recueille les vestiges à l'origine de toutes les nations, constituent, dans ce qu'elles ont de commun entre elles, le trésor de la vérité ; et le christianisme étant la plus pure de ces traditions, sa divinité est démontrée. Mais quelle est la valeur de cette argumentation ? Par quelle illusion de son imagination puissante le philosophe a-t-il cru pouvoir étayer la foi par le scepticisme ? Comment n'a-t-il pas senti qu'en ruinant la raison individuelle, il sapait du même coup la raison universelle, puisque celle-ci ne se compose, en dernière analyse, que de la réunion des intelligences particulières ? Descartes, du moins, dans son doute méthodique, avait eu le soin de mettre en réserve un principe inattaquable, que l'observation lui faisait toucher au fond de sa conscience, et grâce auquel il pouvait reconstruire tous les autres éléments de la vérité. Mais précipiter l'homme dans un abîme et vouloir l'en tirer sans point d'appui, c'est une entreprise vaine et dont tout le talent qu'on y met ne peut dissimuler l'inanité. Hélas ! la meilleure preuve de l'erreur de ce procédé est dans l'histoire de son auteur. Il n'a pas réussi à se convaincre lui-même. Son intelligence ardente n'a pas tardé à substituer d'autres conceptions à la première, et de chute en chute on sait jusqu'où il est tombé.

Nous venons de voir Lamennais combattre l'indifférence par un remède illusoire ; voyons-le maintenant victime de ce mal de la mélancolie qu'il a si fortement stigmatisé. Dès sa jeunesse, taciturne et méfiant, il fuit le monde et recherche la solitude de sa sauvage Bretagne. Il se passionne pour Rousseau, dont il semble avoir pris, avec le goût de la campagne et de la rêverie, le style éclatant et large, et la dialectique si entraînante, alors même qu'elle s'égare. Sa vocation religieuse ne se décide pas sans de longues hésitations. En 1812, lorsqu'il vient de recevoir les ordres mineurs, un prêtre de Saint-Sulpice lui écrit : « Je crains que vous ne vous livriez trop » à une certaine mélancolie qui vous dévore. » Les événements politiques viennent aussi le troubler. Aux Cent-Jours, il croit prudent d'émigrer. Il se rend alors en Angleterre, où il a le bonheur de rencontrer l'abbé Caron, mais les conseils même que lui adresse ce prêtre vénérable indiquent la persistance des souffrances de Lamennais. « Mon bon ami, lui écrit-on, » je suis bien inquiet de votre santé qui nous est si » chère, mais je le suis encore plus de l'état de votre » âme. Je ne saurais trop vous dire, mon cher fils : » Paix, confiance, abandon à la volonté divine, douce » assurance des secours du ciel. » Et quelques mois plus tard : « Pourquoi cette vilaine mélancolie ? » Est-ce que le bon chrétien n'est pas comme dans un » festin continuel ? Est-ce que le simple souvenir de » Dieu ne nous donne pas de la joie ? » Exhortations perdues : cette humeur triste, que deux hommes versés dans l'expérience des âmes avaient démêlée en Lamennais dès ses premières années, devait résister à leurs efforts. Il resta toujours mobile et tourmenté ; oscillant sans cesse d'un pôle à l'autre, il usa sa gloire et sa vie dans de stériles agitations. Quel que soit le jugement qu'on porte sur lui on ne peut se défendre d'un sentiment de pitié, en pensant que ses erreurs n'ont pas apporté moins d'amertume à lui-même que de scandale aux autres.

Son illustre élève, le P. Lacordaire a aussi connu, quoiqu'avec moins de violence, les troubles et les inquiétudes de l'âme. Avant d'être le grand Dominicain que l'on admire, il cherchait péniblement sa voie (1822). Il était malade, dit Sainte-Beuve, du « mal du temps, du mal de la jeunesse d'alors ; il » pleurait sans cesse comme René ; il disait : Je suis » rassasié de tout sans avoir rien connu. Son énergie » refoulée l'étouffait. » Ses idées étaient celles du xviiie siècle ; il était déiste, mais avec une sorte de scepticisme, et un peu de cette indifférence dont Lamennais cherchait à combattre l'influence mortelle. La solution chrétienne apparut un jour à son intelligence, et, vers 1824, il entrait au séminaire de Saint-Sulpice. Mais s'il a de bonne heure triomphé de l'esprit du siècle dans ce qu'il avait de malsain, n'en a-t-il pas cependant conservé quelque chose, non-seulement dans cette forme poétique et même romantique qu'il a donnée à l'éloquence chrétienne, mais encore dans cette sympathie qu'il exprime pour certaines tendances de son temps ? Dans la chaire de Notre-Dame, parlant du siècle même, il avouera « que c'est un siècle dont il a tout aimé. » Et ne pourrait-on pas voir, en même temps qu'une vue élevée des choses humaines, une allusion à des impressions intimes, à de vagues chagrins non effacés, dans ces lignes où le langage de la charité s'empreint à demi d'une sensibilité profane : « Par

» la charité il n'y a pas de cœur où l'Église ne pût
» pénétrer, car le malheur est le roi d'ici-bas, et tôt
» ou tard tout cœur est atteint de son sceptre...
» Désormais l'Église pouvait aller avec confiance
» conquérir l'univers, car il y a des larmes dans tout
» l'univers, et elles nous sont si naturelles qu'encore
» qu'elles n'eussent pas de cause, elles couleraient
» sans cause par le seul charme de cette indéfinis-
» sable tristesse dont notre âme est le puits profond
» et mystérieux. »

C'est par là que Lacordaire se trouvait en communion de sentiments avec tant d'hommes de sa génération, et c'est, avec son incontestable talent, un des secrets de la séduction qu'il a exercée sur son époque.

## V

## Les Romanciers.

M<sup>me</sup> DE RÉMUSAT. — M<sup>me</sup> DE DURAS. — BEYLE. — M<sup>lle</sup> HORTENSE ALLARD.

---

Du monde poétique, philosophique et religieux, il faut descendre à un monde plus pratique. Il faut consulter sur la vie ceux qui se sont plu à en raconter les vicissitudes. Il faut aborder les romanciers.

Les premiers romans qui s'offrent ici à notre examen nous en rappellent d'autres que nous avons analysés dans la partie précédente de ce travail, ceux de M<sup>me</sup> de Flahaut et de M<sup>me</sup> de Krudener. Empreints comme ceux-ci de délicatesse et de grâce ils portent également quelque marque de l'esprit de leur temps; les uns et les autres ont été écrits par des femmes appartenant à la société la plus élevée ; et ces femmes présentaient entre elles, par leur existence et leur caractère plus d'une ressemblance.

M^me de Rémusat qui avait vu son père périr sur l'échafaud révolutionnaire, qui avait traversé les plus mauvais jours de la Terreur sans quitter la France, a écrit, en 1814, un roman intitulé : *Charles et Claire ou la Flûte*. Cet écrit n'a jamais été publié ; il n'était destiné qu'à un petit cercle d'amis. Mais Sainte-Beuve qui en avait reçu communication, nous en a donné l'analyse. On y voit un jeune émigré qui aime une jeune fille réfugiée comme lui dans une ville d'Allemagne, mais qui l'aime sans l'avoir jamais rencontrée, et qui ne l'entrevoit que pour s'en séparer à jamais ; le héros est bien de son temps ; il lit Werther, sa tête et son style s'en ressentent.

M^me de Duras avait eu aussi à pleurer son père, parmi les victimes de la Révolution. De la Martinique où elle avait dû séjourner quelque temps, elle était passée en Angleterre, puis rentrée en France au Consulat. Sous la Restauration, son salon devint le point de réunion de bien des personnages qui ont laissé de vifs souvenirs ; Chateaubriand en était le centre éclatant. Ce fut pour ce public d'élite que M^me de Duras écrivit les romans d'*Ourika* (1823) et d'*Édouard* (1825), auxquels il faut ajouter une nouvelle inédite, *Olivier*. Ce dernier ouvrage a pour sujet l'état douloureux d'un jeune homme qu'une cause mystérieuse, quelque disgrâce secrète, condamne à l'isolement. *Édouard* et *Ourika* qui ont été dans leur temps très répandus, et qui sont encore goûtés des lecteurs difficiles, nous présentent une situation qui n'est pas sans analogie avec celle d'*Olivier*. « Analyser *Édouard* marquerait bien peu de goût, » a dit Sainte-Beuve. Il en aurait pu dire autant d'*Ourika* qui, de même qu'*Édouard*, repose sur une idée délicate, et se recommande moins par l'action que par la finesse des sentiments. Je ne m'étendrai donc ni sur *Édouard* ni sur *Ourika*. Je dirai seulement que dans tous les sujets choisis par M<sup>me</sup> de Duras il est facile de découvrir une pensée unique qui sert de lien entre ses différents écrits, et cette pensée c'est l'impossibilité d'être heureux. L'infirmité d'Olivier, la couleur d'Ourika, la naissance d'Édouard ne sont que des preuves d'ordres divers à l'appui de cette proposition désolante.

Une si triste philosophie venait chez M<sup>me</sup> de Duras, des souvenirs de la Révolution qu'elle avait traversée, plus encore que d'un état de santé de bonne heure altéré. Ces souvenirs apparaissent ouvertement dans certains passages d'*Ourika*, et l'on sait que M<sup>me</sup> de Duras n'avait jamais pu se soustraire à l'influence des premières impressions de sa vie. On entendait en elle comme « l'écho d'une lutte non
» encore terminée avec le sentiment de grandes
» catastrophes en arrière. Une de ses pensées habi-

» tuelles était que pour ceux qui ont subi jeunes la
» Terreur, le bel âge a été flétri, qu'il n'y pas eu de
» jeunesse, et qu'ils porteront jusqu'au tombeau cette
» mélancolie première, ce mal qui date de la Terreur,
» mais, ajoute d'une façon trop absolue M. Sainte-
» Beuve, qui sort de bien d'autres causes, qui s'est
» transmis à toutes les générations venues plus tard.
» Ce mal de Delphine, de René, elle l'avoue, elle le
» peint avec nuance, elle le poursuit dans ses varié-
» tés, elle tâche de le guérir en Dieu. »

Dieu fut, en effet, le dernier terme de ses aspirations. Elle accepta, en esprit de sacrifice chrétien, des souffrances physiques devenues presque intolérables, et des froissements intérieurs que le monde ne lui avait point épargnés; et des réflexions et prières qu'elle traçait peu de temps avant sa mort (1829) nous montrent qu'elle s'est éteinte au milieu des espérances les plus consolantes. C'est dans ces sentiments qu'après avoir partagé les mêmes épreuves, les mêmes impressions, les mêmes souvenirs, se sont rencontrées au bout de leur courte existence M$^{me}$ de Duras et M$^{me}$ de Rémusat.

On a vu plus haut que l'un des exemples choisis par M$^{me}$ de Duras pour démontrer l'impossibilité d'arriver au bonheur était le mal secret et inexplicable du jeune *Olivier*. La nouvelle qui portait ce nom, lue en manuscrit dans son salon, avait vivement excité la curiosité. Les commentaires s'étaient donné carrière sur la nature du mal mystérieux du héros. M. de Latouche, qui avait connu le mot de l'énigme, fit paraître un *Olivier* qui fut attribué à M^me de Duras. Henri Beyle voulut faire aussi le sien. Il publia, en 1827, *Armance ou quelques scènes d'un salon de Paris.* Dans ce roman, où il maltraite vivement la haute société du temps, dont il ne faisait pas partie, je ne m'attacherai qu'au personnage d'Octave de Malivert, et je n'indiquerai que pour faire ressortir son caractère les événements auxquels il fut mêlé.

« Beaucoup d'esprit, une taille élevée, des manières
» nobles, de grands yeux noirs les plus beaux du
» monde, auraient marqué la place d'Octave parmi
» les jeunes gens les plus distingués de la société, si
» quelque chose de sombre empreint dans ces yeux si
» doux n'eût porté à le plaindre plus qu'à l'aimer. Ils
» semblaient quelquefois regarder au ciel et réfléchir
» le bonheur qu'ils y voyaient. Un instant après on y
» lisait les tourments de l'enfer. Il eût fait sensation s'il
» eût désiré parler. Mais Octave ne disait rien; rien ne
» semblait lui causer ni peine ni plaisir... Quelle que
» fût la cause de sa profonde mélancolie, Octave
» semblait misanthrope avant l'âge... Des médecins,
» gens d'esprit, dirent à M^me de Malivert inquiète,
» que son fils n'avait d'autre maladie que cette sorte
» de tristesse mécontente et jugeante qui caractérise
» les jeunes gens de son époque et de son rang. »
Dans son hôtel opulent, près de son père qu'il

respecte et de sa mère qu'il chérit, Octave s'ennuie. Il se plonge dans les livres et dans la rêverie. Il pense un instant à consacrer sa vie à Dieu ; mais l'étude de la philosophie le détourne de ces idées. Il reste dans le monde et n'y voyant que bassesse, alors qu'il ne rêve que grandeur d'âme, il le prend en dédain. Par sa hauteur, il s'y fait des ennemis dont il se soucie peu. Quelquefois même il se laisse aller à des mouvements de fureur. Il croit voir partout percer l'intérêt personnel, et ne répond aux avances qu'il reçoit que par « l'ironie la plus amère. » Dégoûté de tout, il veut en finir avec la vie ; mais le sentiment du devoir est assez fort en lui pour le retenir. Cette victoire sur lui-même lui apporte un peu de calme. D'un autre côté, il s'est pris d'une sympathie profonde pour une jeune fille qu'il voit chaque jour, dans le salon d'une de ses parentes, mais par suite de malentendus déplorables ou d'engagements imprudents, il ne peut s'unir à elle. Pendant sa lutte contre ces difficultés, Octave se réconcilie avec la vie. « Le monde » lui semble moins haïssable, et surtout moins occupé » de lui nuire... Il redevient juste et même indulgent, » et il en arrive à déserter ses raisonnements » sévères sur bien des choses. » Cependant il nourrit encore quelques idées excentriques et son mépris pour les hommes n'est pas vaincu pour toujours. Enfin les obstacles qui s'étaient multipliés sont écartés; il se marie avec Armance. Mais ce mariage est condamné à un dénouement prompt et fatal. En effet, Octave, avant d'épouser la femme qu'il adorait, avait résolu de lui confier un secret terrible ; il lui avait déclaré qu'il était un monstre, mais sans s'expliquer davantage, et il jugeait de son devoir de tout lui dire. Il allait le faire, quand une machination ourdie par des parents, intéressés à s'opposer au mariage projeté, avait entravé cette confession ; mais il s'était fait le serment de se tuer peu de temps après son mariage pour ne pas enchaîner Armance à un homme qu'il jugeait indigne d'elle. Le mariage accompli, Octave se tient parole, et sous prétexte d'aller se joindre aux défenseurs de l'indépendance hellénique, il quitte sa femme, et pendant la traversée, il s'empoisonne, emportant dans la mort le secret qui pesait sur lui.

Ainsi après avoir vécu hors des voies communes Octave finit par un acte inutilement coupable. Il n'a eu de bon dans sa vie morale que les moments dus à un amour pur. Noble et grand, mais sans discernement, et sans justice, il se sacrifie à une loi qu'il s'est imposée peut-être sans cause, et en se sacrifiant il atteint des êtres innocents et chers. Un critique du temps, dans la *Revue des Deux-Mondes*, a dit qu'Octave « était une caricature indéchiffrable. » Je reconnais qu'en plusieurs points il est pour nous un problème, mais l'obscurité qui plane sur sa nature entrait dans le plan de l'auteur, et rien ne m'autorise à penser que ce type, tout en étant peut-être exagéré, ne fût pas vrai à l'époque où Beyle le dessinait. En tout cas, l'amertume d'Octave dépasse de beaucoup celle des personnages de Mᵐᵉ de Duras, quoiqu'il doive à l'un d'eux son origine. Chez ceux-ci, la tristesse naît d'une difficulté étrangère à celui qui la subit ; le héros de Beyle, au contraire, ajoute par les inquiétudes de son caractère aux malheurs de sa destinée. Mais chez tous, la première donnée est un fond de tristesse et de désenchantement.

Ce mot de désenchantement nous rappelle par contraste un roman qui a pour titre le mot opposé, mais qui contient aussi, dans son désordre capricieux, plus d'une allusion à l'état maladif dont je suis les traces. Je veux parler des *Enchantements de Prudence* publiés sous le pseudonyme de Mᵐᵉ de Saman, par Mˡˡᵉ Hortense Allard.

Cette femme, dont le nom a fait quelque bruit dans ces dernières années, et a été mêlé à des indiscrétions rétrospectives sur un grand écrivain, avait déjà publié des lettres sur les ouvrages de Mᵐᵉ de Staël, vers laquelle elle s'était sentie vivement attirée. Son nouveau livre est une confession, du moins on peut le croire, car l'auteur n'a pas cherché à s'idéaliser ni à dissimuler aucune de ses impressions, quelle qu'en fût la nature. Cette confession embrasse environ quarante années à partir de 1820. Le type qui s'en dégage est ardent, mais en même temps rêveur et inquiet. Ce sont surtout les premiers souvenirs de Prudence qui accusent ce côté mélancolique. Elle aime la solitude de la campagne : « J'allais dans le parc, dit-elle, m'enivrer du bruit » grandiose du feuillage éperdu, de cette mélancolie » secrète, de cette tristesse éloquente qui signale » l'automne, dans la pompe de ses inspirations et de » ses rêveries. » Elle décrit bien l'agitation de son âme passant d'une tristesse sans cause à une félicité que rien ne motive : « Un trouble, un tourment qui » attaque la raison même, le découragement de la vie » et de ce qui la fait aimer : ennui profond ; regret » amer et douloureux ; besoin de s'affliger et de » répandre des larmes. Puis, tranquillité douce et » parfaite, contentement passager. » Notons, entre plusieurs, un de ces jours pleins d'émotions rapides, qu'aucune cause apparente ne justifie et où les états d'âme les plus différents se succèdent avec une rapidité qui ferait douter de la persistance de la personnalité, chez l'être témoin et sujet de ces variations. C'est le lundi 30 juin 1822 : « Le matin, » agitation et souffrance insupportables ; ensuite » calme plein de douceurs ; puis tristesse profonde et » idées douloureuses. Enfin à dîner et le soir vifs sen» timents de plaisir et joie complète d'exister. Ce jour, » ajoute-t-elle, a été une vie entière. » Cette mobilité maladive, Prudence la porte dans sa vie réelle, dans ses « enchantements » dont je ne ferai pas l'histoire. Je dirai seulement qu'ils eurent pour premier objet, ce qui était bien fait pour lui plaire, un homme « d'un génie sombre, en proie à mille impressions diverses, » fatigué à l'avance de ce qu'il avait le plus vivement désiré, et souffrant par l'imagination des maux inouïs. Mᵐᵉ de Saman mêle, d'ailleurs, aux sentiments les plus profanes, les aspirations d'une vague religiosité.

Sous cette sensibilité déréglée, sous cette inquiétude d'une âme qui ne trouve pas de repos, je découvre une nouvelle victime du mal du siècle. Elle l'a gagné sans doute, ce mal, dans son goût pour des écrivains qui, en étant atteints eux-mêmes, l'ont propagé par leurs écrits. Je crois retrouver Jean-Jacques Rousseau en plus d'un endroit des *Enchantements*. J'y retrouve surtout Senancour dont Mᵐᵉ de Saman se rapproche encore plus par la libre allure de la pensée et par la forme quelquefois heureuse, mais plus souvent négligée, de son style. Il y a donc peu d'originalité chez elle. Mais elle devait figurer ici, ne fût-ce qu'à titre de disciple.

# VI

## Les Artistes.

### GÉRICAULT. — DELACROIX.

Ce n'est pas seulement dans les œuvres littéraires qu'on voit la maladie du siècle côtoyer sur certains points l'histoire du romantisme. Les arts, à leur tour, nous offrent le même rapprochement. Géricault, dont tout le monde connaît la célèbre toile du « *Radeau de la Méduse* » qui parut au salon de 1819, et qui fut l'occasion d'une lutte ardente entre les classiques et les romantiques, Géricault a demandé au poète du désespoir quelques sujets de croquis ; il a su rendre avec sa puissance habituelle les passions farouches de Conrad et de Lara.

Au reste, la nature intime de ce grand peintre répondait au caractère de ses œuvres. Un critique

M. G. Planche nous a fait connaître que l'amour très-vif du plaisir s'alliait en lui à de fréquents accès de mélancolie. Par une sorte de pressentiment de l'accident qui devait l'enlever dans la force de l'âge (1824), l'image de la mort tenait une grande place dans ses pensées. Une lettre écrite par le peintre Charlet, lettre dont l'authenticité ne peut être contestée, nous apprend même que Géricault a plus d'une fois songé au suicide, et que sans la vigilance de ses camarades, il est probable qu'il eût accompli son sinistre projet. Charlet raconte qu'il l'a sauvé.

On trouve ainsi dans l'éminent auteur du *Naufrage* les deux faits que nous avons déjà si souvent observés, la tristesse et l'obsession du suicide.

Sans partager des sentiments aussi violents, un autre peintre célèbre, Delacroix, fut aussi, sous la Restauration, le représentant de l'alliance du romantisme et de la mélancolie. On remarque qu'il choisit alors volontiers ses sujets dans les écrits dont l'analyse a déjà fait partie de ce travail. Il débute par le groupe de *Dante et Virgile* (1822), et il enveloppe le front de ces deux poètes d'un nuage de tristesse. Ensuite il aborde Gœthe (1826) et personne n'a mieux exprimé que lui le caractère étrange et douloureux de la fantastique légende de Faust. Il se mesure aussi avec Byron, (1829, 1835) et il reproduit avec sa fougue merveilleuse les types de ses sombres héros. Plus tard (1839, 1843), quand il sera tenté par Shakespeare, il imprimera un cachet de désolation à la série de ses dessins sur l'impénétrable Hamlet, sur l'apparition lugubre de son père, sur la mort de l'infortunée Ophélie? Qui ne se sentirait surtout saisi d'émotion en face de ce tableau où le jeune prince contemple le crâne d'Yorick d'un air indécis, qui tient le milieu entre les apparences de la méditation philosophique et celles de la folie? Toutes ces œuvres se rapportaient à un même ordre d'idées, à un même genre d'impressions qui dénotent bien quelle était la tendance habituelle de l'artiste, et qui forment un trait d'union entre ces deux grands représentants de l'école moderne, Géricault et Delacroix.

## VII

## Les Jeunes Gens.

J.-J. AMPÈRE ET SES AMIS.

---

En présence du concert mélancolique que formaient alors la poésie, la philosophie, le roman, l'art enfin, quelle était l'attitude de la jeunesse de la Restauration ?

J'ai déjà parlé en un autre endroit d'une composition de Ballanche intitulée : *le Vieillard et le jeune Homme* ; elle date de cette époque. L'auteur met en scène un jeune homme qui désespère de son siècle et ne sait où se prendre, et un vieillard qui cherche à relever son courage, et à lui rendre la foi en l'avenir. Le vieillard s'adresse au jeune homme en ces termes : « Mon fils, vous portez dans votre sein » une secrète inquiétude qui vous dévore... Eh quoi ! » vous avez à peine quelques souvenirs fugitifs, et déjà

» vous trouvez qu'ils vous suffisent... Les livres
» seuls vous ont tout appris. Vous cherchez la solitude
» comme l'infortuné qui a essuyé mille maux...
» Caractère bien singulier de l'époque où nous
» sommes placés! Le jeune homme n'a pas le temps
» de former des affections; il franchit sans l'aperce-
» voir le moment fugitif où elles devaient naître en
» lui : le sourire de la beauté n'atteindra pas
» son cœur, n'enchantera pas son imagination...
» Les plus hautes conceptions des sages qui pour y
» parvenir ont eu besoin de vivre de longs jours sont
» devenues le lait des enfants... Je veux essayer,
» mon fils, de guérir en vous une si triste maladie,
» état fâcheux de l'âme, qui intervertit les saisons de
» la vie, et place l'hiver dans un printemps privé de
» fleurs. »

Singulière interversion des rôles ! Bien souvent on avait vu en face l'un de l'autre le jeune enthousiaste et le vieillard désabusé. Ici les situations sont changées ; c'est le vieillard plein encore d'espérance qui réconforte le jeune homme déjà désenchanté. Mais en formulant ce contraste, Ballanche n'a pas cédé au désir de se livrer à un piquant paradoxe, il a seulement constaté un fait dont l'expérience multipliait autour de lui les exemples. Il était en cela d'accord avec un autre observateur sagace.

Dans un morceau inédit jusqu'en 1847, mais écrit en 1817, sous ce titre : *De la jeunesse*, M. de

Rémusat traçait des jeunes gens de cette époque un portrait qu'il est intéressant de rappeler. Après avoir signalé chez eux une tendance à se singulariser, « le dégoût du train commun des choses », il s'arrête sur une figure qui lui paraît reproduire la physionomie de plusieurs de ses jeunes contemporains.

*Cléon* est né avec des facultés qui donnaient de grandes espérances. Il a reçu une éducation élevée. Mais non content de l'avenir auquel ces avantages lui donnaient le droit d'aspirer, il se croit appelé à des destinées supérieures, et se fait pour son usage un monde imaginaire dans lequel il se complaît. Il vient à aimer, et, sous ce rapport, il paraît se distinguer du jeune homme de Ballanche ; mais s'il n'est pas encore aussi glacé que lui, combien il reste tiède ! Il a bien le désir de rendre sa situation dans le monde digne de l'objet de son amour, mais pour y parvenir il ne tente rien de sérieux, et ajourne indéfiniment toute entreprise. Il essaie enfin d'écrire un ouvrage, mais sans but précis, sans volonté arrêtée ; aussi ne tarde-t-il pas à l'abandonner. Cependant il ne se résigne pas non plus à entrer dans la voie vulgaire et à vivre comme tous les membres de la société. « Il continua, dit M. de
» Rémusat, de se croire une exception, malheur
» grave pour qui n'est pas une supériorité... Il fit
» sentir à qui l'approchait un dédain que ne justifiait
» aucun succès brillant. Son ton était sec, son lan-

» gage amer. Il se jouait de tous les sentiments
» naturels, raillait toutes les croyances, prenait
» pitié de tous les scrupules, insultait à toutes les
» idées reçues... Il semblait défier la malveillance
» qui répondit à l'appel... Il s'endurcit par souf-
» france et se desséchа bientôt par calcul. Il se
» disait désespéré; en définitive, il s'ennuya... Il
» mourut jeune, mais cependant ayant assez vécu
» pour décevoir jusqu'à la dernière espérance et
» tarir d'avance jusqu'au dernier regret. Une telle
» destinée n'est possible que de nos jours. »

Une dernière appréciation doit s'ajouter à ces jugements. Dans un écrit sur lequel je reviendrai en son lieu, Alfred de Musset, lui aussi, a décrit la génération qui débutait dans le monde avec la Restauration. Il l'a dépeinte « ardente, pâle, rêveuse,
» incrédule, livrée aux appétits matériels. » — « Qui
» osera jamais, s'écrie-t-il, raconter ce qui se passait
» alors dans les collèges? Les hommes doutaient de
» tout : les jeunes gens nièrent tout ; les poètes chan-
» taient le désespoir : les jeunes gens sortirent des
» collèges avec le front serein, le visage frais et
» vermeil et le blasphème à la bouche. » Enfin, selon lui, la jeunesse au lieu d'avoir l'enthousiasme du mal n'avait que l'abnégation du bien ; au lieu du désespoir, l'insensibilité. Sans disputer sur certains détails, il faut reconnaître à l'opinion d'Alfred de Musset à l'égard de ses contemporains quelque autorité.

Est-ce à dire qu'à côté du type de jeunes gens dépeint par Ballanche, Rémusat et Musset, il n'en existât pas d'autres? Ne sait-on pas, au contraire, que beaucoup, loin de s'endormir dans une apathie stérile, se livraient avec ardeur à de laborieuses études, et se préparaient noblement pour l'avenir; que plusieurs même étaient enflammés d'une passion précoce pour les choses politiques, « manquant la » classe, a-t-on dit, le jour où l'on chassait Manuel, » amoureux indifféremment de Napoléon et de la » République, de Mᵐᵉ de Staël et de Mᵐᵉ Roland, » fous de René et des lettres de Mirabeau à Sophie, » emportant sous le bras Diderot à la classe de » rhétorique et Béranger à la classe de philosophie? » Sans doute; mais ces faits ne contredisent pas ceux qui précèdent.

Le mal était du reste, ici encore, mêlé de quelque affectation. Cette désillusion profonde, ce dédain amer, ce désespoir superbe, cet orgueilleux ennui, cette audace de négation que montrait la jeunesse, n'étaient-ils pas imités de Chateaubriand, de Senancour, de Gœthe et surtout de Byron? « Les » livres vous ont tout appris, » disait Ballanche; et en effet, les sentiments dont je viens de parler étaient trop précoces et trop outrés pour être parfaitement sincères. Nous allons les examiner de plus près, dans quelques personnalités remarquables.

Un mot d'abord d'un homme qui plus tard est

devenu un grand publiciste, qui ne s'est jamais complètement guéri d'un certain fonds de tristesse et d'inquiétude, mais qui alors était particulièrement atteint de ce qu'on a appelé le mal de la jeunesse. M. de Tocqueville écrivait, le 16 septembre 1823, à un ami, M. Eugène Stoffels : « Mon cher ami, tâche
» de t'occuper fortement, chasse, danse, remue-toi ;
» enfin substitue, autant que possible, l'activité du
» corps à celle de l'âme. La première peut fatiguer la
» machine, mais ne l'use jamais ; la seconde, à notre
» âge surtout, ne peut pas être en action sans se
» retourner sur elle-même, et produire des maux
» qui, quoique sans cause réelle, n'en sont pas moins
» bien vifs. J'en sais, malheureusement, quelque
» chose pour ma part. »

J'arrive à d'autres noms qui ont eu aussi, avec plus ou moins d'éclat, leur célébrité.

En 1818, il y avait à Paris un petit cénacle d'amis, liés entre eux par des études analogues et par des goûts semblables. Ils sortaient du collège, et ils entraient à peine dans le monde. Le premier d'entre eux était Jean-Jacques Ampère. Autour de lui se groupaient Jules Bastide, Albert Stapfer, Alexis de Jussieu, Franck-Carré, et quelques autres encore. Les circonstances ayant séparé ces fidèles amis, ils avaient suppléé à l'absence par les lettres. La correspondance d'Ampère nous dévoile le cœur de ces jeunes gens.

Ampère, éloigné de son ami Bastide, lui écrit en janvier 1820 : « Ah ! il y a des moments où il me semble,
» comme à Werther, que Dieu a détourné sa face
» de l'homme et l'a livré au malheur, sans secours,
» sans appui. L'homme est ici-bas pour s'ennuyer et
» souffrir. » Le 20 mai 1820, la note est encore plus sombre. « Mon cher Jules, la semaine dernière, le
» sentiment de malédiction a été sur moi, autour de
» moi, en moi. Je dois cela à Lord Byron ; j'ai lu deux
» fois de suite le Manfred anglais. Jamais, jamais de
» ma vie, lecture ne m'écrasa comme celle-là. J'en
» suis malade. Dimanche, j'ai été voir coucher le
» soleil sur la place de l'esplanade : il était menaçant
» comme les feux de l'enfer. Je suis entré dans
» l'église, où les fidèles en paix chantaient l'alleluia
» de la résurrection. Appuyé contre une colonne, je
» les ai regardés avec dédain et envie. J'ai compris
» pourquoi la malédiction de Lord Byron finissait par
» ces mots :

» L'univers tout entier sur ton cœur a passé :
» Que ce cœur désormais soit aride et glacé.

» Le soir j'ai dîné chez Edmond ; il a fallu parler avec
» M<sup>me</sup> Morel de papiers peints et d'appartements. A
» neuf heures, je n'en pouvais plus ; j'étais dans un
» désespoir amer et violent, les yeux fermés, la tête
» penchée en arrière, me dévorant moi-même. Je lais-

» sai tomber quelques mots de douleur et d'ironie aux
» consolations de la douce Lydia. » Un autre jour, il
s'en prend à la philosophie et il veut rompre avec la
société : « Que je maudis, que j'exècre la philosophie !
» C'est elle qui m'a amené au dégoût de toutes choses ;
» je crois que je donnerai ma démission de la société...
» Oui, il faut que je parte, je ne sais ce qui m'ar-
» rête ; mais où aller ? » Dans cette même lettre du
1ᵉʳ juin 1820, il avoue qu'il cède encore à la tentation
des choses du monde, mais il s'en accuse aussitôt :
« Croirais-tu que ces jours-ci j'ai eu des ambitions
» de gloire, des rêves poétiques ! Pauvre fou !... J'ai
» même fait quelques vers ; j'en ferai quelques autres
» dans ma vie, mais je ne sais pas si je pourrai rien
» finir. Que m'importe ! » Deux jours après, il raconte
à son ami qu'il vient de subir une nouvelle crise :
« Mon cher Jules, lundi je t'avais écrit une lettre
» satanique, mais je la déchire ; cet accès de rage
» contre le destin a fait place à un dédain profond
» de toute chose, de l'avenir et de moi-même. Je
» veux partir. » Il part, en effet. De Vevay, il écrit
le 10 août : « Je relis *Werther*, au fond duquel
» je n'avais jamais pénétré, et deux volumes de
» Lamennais ; dans le second, il y a des passages
» absolument faits pour nous. Dieu, que cet homme
» a le sentiment de la ruine ! » Enfin, dans une lettre
de Berne, du 20 septembre 1820, il écrit ces lignes :
» Mon ami, aie soin de toi. *Obermann* nous crie :

» Serrez-vous, hommes simples qui avez le senti-
» ment de la beauté des choses naturelles. Nous tous
» qui souffrons, aidons-nous. »

Celui à qui s'adressaient ces confidences et ces exhortations était fait pour comprendre les unes et avait besoin des autres. Il souffrait comme Ampère. Il lui écrivait que la solitude n'était pas bonne dans leur commune situation ; il n'attendait, d'ailleurs, de consolation d'aucun côté ; atteint dans sa santé, il envisageait la mort sans les espérances sublimes qui l'adoucissent et qu'il eut cependant désiré posséder. Il faisait entendre des lamentations d'un caractère plus philosophique que celles de son ami, mais d'une philosophie tourmentée. « Que les jours et les nuits
» sont tristes ! écrivait-il... Ah ! pourquoi suis-je loin
» de vous ? Seul, les fantômes m'assiègent... Ah ! si
» après la mort nous devions nous retrouver un jour,
» combien je serais tranquille ! Mais non, toute affec-
» tion sera brisée, il faut se contenter de cette misé-
» rable vie de la terre où l'on voit des rochers, des
» nuages ;... non, je ne comprendrai jamais que mon
» âme qui possède l'Infini, puisse s'anéantir. Je me
» perds dans ces mystères terribles ! » (19 août 1820).

Les autres membres du groupe d'Ampère n'étaient pas moins blessés. Après avoir dit à Bastide tu souffres autant que moi, Ampère ajoutait : « Et Franck ! et Stapfer ! » Ce dernier, traducteur des œuvres dramatiques de Gœthe, prononçait des paroles amères que

son ami nous a rapportées : « Albert me disait l'autre
» soir : il y aura toujours quelque chose de sombre,
» de désenchanté au fond de notre existence » (Lettres
de 1820 et 1821). Enfin, un autre jeune homme qui
n'apparaît dans ce cercle qu'en 1822, mais qui appartenait comme Ampère à une famille de savants et que
cette circonstance devait rapprocher de lui, s'y rattachait encore par des affinités de sentiments et de
caractère. C'était Alexis de Jussieu. Il écrivait à Ampère, en juin 1822 : « J'ai l'esprit calme et reposé par
» quelques heures de tristesse. J'ai travaillé tout le
» jour à mon état, car j'ai un état dans le monde. —
» Je suis très mélancolique ; encore deux ans à peine,
» et je n'aurai même plus la présomption de la jeunesse
» pour me faire rêver une petite renommée. Cette idée
» me décourage. » Et l'année suivante, le 25 octobre,
après avoir fait à son ami le récit d'une passion
malheureuse, il ajoutait, non sans éloquence :
« L'irréparable, le passé, l'impossible, tout est
» négation dans le monde. La vie n'est qu'un long
» refus du bonheur, et nous autres, vils mendiants
» que nous sommes, nous le demandons toujours. »

Ces jeunes hommes, expression choisie du tempé-
rament moral alors si répandu, ressemblent assez,
on le voit, aux portraits que j'ai cités plus haut. Ils
se présentent seulement avec des traits moins contractés, un sourire moins amer, un air plus aimable.

Avec plus de naturel ? Je ne le prétends pas, et n'a-

t-on pas déjà reconnu les influences avouées auxquelles obéissaient ces jeunes esprits ? C'était Werther, avec ses déclamations contre la société ; c'étaient les créations de Byron avec leur sombre ironie, leur froid dédain et leurs prétentions sataniques ; mais c'était surtout Obermann, avec ses habitudes rêveuses, son goût de la nature, ses vaines aspirations et ses efforts vite découragés. Tous ét avec eux un autre ami encore, nommé Sautelet, avaient conçu, paraît-il, pour Senancour « une admiration mystérieuse et concentrée, qui
» ressemblait d'autant plus à un culte, dit Sainte-
» Beuve, qu'elle était le secret de quelques-uns. « Ce culte, d'ailleurs, ne s'exerçait pas sans opposition. M. Cousin, à qui ces jeunes gens étaient également dévoués, ne les approuvait pas, et ne leur cachait pas sa façon de penser. Mais la chose est racontée de façon différente par Sainte-Beuve et par Ampère lui-même, et il faut entendre les deux versions. « M. Cousin, dit Sainte-Beuve, impatient peut-être
» de ce partage, et pour couper court à ce qui lui
» semblait un engouement, leur avait dit un jour que
» l'auteur d'*Obermann* avec sa mélancolie stérile ne
» pouvait être qu'un mauvais cœur. Ce mot d'un
» maître et qui lui était échappé un peu à l'aventure
» étonna et troubla profondément les adeptes, mais
» sans toutefois les désenchanter. » Voici le récit d'Ampère : « Nous avons quitté Cousin à Lyon, il
» paraît qu'Albert (Stapfer) a eu avec lui en route une

» prise violente touchant Senancour, Byron, Lamen-
» nais, qu'il appelle des polissons, des degrés du
» néant, des gens qui ramassent de la boue et en
» font des petits tas, et autres gentillesses philoso-
» phiques, dont il m'avait déjà répété une partie;
» mais je n'ai pu m'empêcher de lui rire au nez quand
» il m'a dit à moi : « M. Senancour, c'est une bête.»
Je crois plus volontiers à l'authenticité de ce dernier
mot, qui nous est rapporté par un témoin direct et
qui est bien conforme à la verve impétueuse de celui
auquel il est attribué. Au surplus, si l'un de ces jugements était dur pour le caractère de M. de Senancour,
l'autre n'était pas flatteur pour son esprit, et tous
deux devaient froisser grandement ses admirateurs.
Mais les deux narrations sont d'accord pour dire que
leurs convictions n'en furent nullement ébranlées.

Cependant le mal chez ces jeunes gens ne devait
pas avoir une longue durée. Sa guérison prochaine
se devine dans la correspondance d'Ampère. On peut
noter le moment où, fatigué de son rôle de désespéré,
il laisse percer la pensée qu'il ne refusera pas de se
laisser consoler. A propos de ce que disait son ami
Albert, de ce quelque chose de sombre et de désenchanté qu'on trouve au fond de notre existence, il
répondait (10 novembre 1821) : « Je commence à croire
» que toutes les joies n'en seront pas bannies... je
» pleurerai l'idéal impossible, sans méconnaître les
» biens réels; » et l'année suivante (juin 1822), il écrit

de Vanteuil à Mᵐᵉ Récamier : « Je ne me plais pas » dans la sécheresse ; je ne demande pas mieux que » d'être heureux. » Bientôt après, il reprend sur lui assez d'empire pour composer, du souvenir de ses exaltations juvéniles mêlé à des tableaux Teutoniques et Scandinaves, une nouvelle, intitulée *Christian* ou *l'Année romaine*. Chacun sait, du reste, qu'il a pleinement réussi à dompter ses découragements imaginaires, et que, dans le cours d'une existence trop bornée mais bien remplie, il a prodigué des trésors d'ardeur curieuse, de laborieuse activité et d'affection passionnée, qui ont attesté en lui, même après l'âge normal, cette jeunesse d'esprit et de cœur qu'il se défendait d'avoir en sa vraie saison.

La plupart de ses amis ont donné à leur tour le spectacle d'une transformation non moins profonde. J'ignore ce que sont devenus Stapfer et Sautelet, mais Bastide, Franck-Carré et Jussieu sont entrés dans la vie pratique. La Révolution de 1830 leur a ouvert diverses voies, et ils n'ont plus parlé de leurs souffrances. J'imagine que plus d'un de leurs semblables moins connus a suivi la même marche, et n'a pas tardé à dépouiller sa première forme. Aussi serait-on tenté de dire après tout : douce tristesse encore que celle de ces jeunes gens ; mélancolie d'imagination qui semble une sorte de coquetterie à l'adresse du bonheur qui les attendait, mais qui le plus souvent ne les a pas empêchés à une certaine heure de jouir de la vie, et qui n'a servi peut-être qu'à en rehausser le prix à leurs yeux.

Quoi qu'il en soit, et tout au moins en apparence, la jeunesse ne faisait pas exception à l'état maladif très commun parmi nous pendant la Restauration et qu'on va retrouver encore hors de la France.

## VIII

## Les Étrangers.

ITALIE. — ALLEMAGNE. — ANGLETERRE. — RUSSIE.

En effet, le mouvement que nous avons suivi déjà à l'étranger jusqu'en 1815 ne s'était pas ralenti après cette date. Il présentait même cette particularité remarquable qu'il se faisait surtout sentir chez une nation, l'Italie, peu disposée, par son caractère national à s'y prêter, et chez laquelle nous n'en avons encore rencontré qu'un seul exemple.

C'est une figure importante au point de vue où nous nous plaçons que celle de Leopardi. On s'accorde à voir en lui le créateur du pessimisme dans sa forme moderne. C'est lui qui a inauguré la théorie, devenue depuis célèbre, des trois stades de l'illusion, l'illusion du bonheur parfait, l'illusion de l'éternité bienheureuse, l'illusion de la transformation du monde par le progrès de la science. Il n'aurait cependant pas des titres suffisants à notre attention dans une étude qui n'a pas pour objet direct le pessimisme philosophique, s'il n'avait fait qu'exposer la théorie de *l'Infelicità*. Mais on voit si bien qu'il ne fait qu'un avec son système, et qu'il n'a pas su se faire, comme d'autres, une réserve secrète de bonheur, qu'on ne doit pas hésiter à le ranger non seulement parmi les pessimistes, mais aussi parmi les mélancoliques. Et pouvait-il ne pas l'être ? En vain, lui-même affirme que ce n'est pas dans des chagrins intimes qu'il a puisé ses idées désespérées ; il n'est pas possible que le sentiment de sa disgrâce physique, le délabrement de sa santé ruinée de bonne heure par un travail excessif, les douleurs de son patriotisme blessé par l'oppression de l'Italie, les peines d'un amour malheureux, n'aient pas contribué à assombrir sa pensée. Mais supposons, je le veux bien, cette disposition innée en lui.

En tout cas, quel sentiment d'amertume réellement éprouvée dans ces lignes du dialogue de Tristan et de son ami : « Je me garde bien de rire des desseins et
» des espoirs des hommes de mon temps ; je leur
» désire, de toute mon âme, le meilleur succès
» possible ; mais je ne les envie ni eux, ni nos descen-
» dants, ni ceux qui ont à vivre longuement. En
» d'autres temps, j'ai envié les fous et les sots, et
» ceux qui ont une grande opinion d'eux-mêmes, et

» j'aurais volontiers changé avec n'importe qui d'entre
» eux ; aujourd'hui, je n'aime plus ni les fous, ni les
» sages, ni les grands, ni les petits, ni les faibles, ni
» les puissants : j'envie les morts, et ce n'est qu'avec
» les morts que je changerais ! » La suprême espérance
de Leopardi est le néant. Bien des écrivains ont parlé
de l'ennui d'exister, de la fatigue de vivre ; lui, il a
trouvé un mot qui les dépasse : *la Gentilezza del morir*.
En maint endroit, sa correspondance révèle les angoisses de sa pensée. Il en est de même de sa poésie.
On a surtout retenu de lui une pièce qui a pour titre
*l'Amour et la Mort*. On y lit ces vers que je cite dans
la traduction qu'en a donnée Sainte-Beuve :

> Et toi, qu'enfant déjà j'honorais si présente,
> Belle mort, ici-bas seule compatissante
> A mes tristes ennuis, si jamais je tentai
> Aux vulgaires efforts d'arracher ta beauté
> Et de venger l'éclat de ta pâleur divine,
> Ne tarde plus, descends, et que ton front s'incline
> En faveur de ces vœux trop inaccoutumés.
> Je souffre et je suis las ; endors mes yeux calmés,
> Souveraine du temps.

De telles inspirations justifient le surnom de « sombre
amant de la mort » que Musset décerna plus tard au
« pauvre Leopardi » et les vers qu'il lui a consacrés.

Comme philosophe Leopardi avait, à son insu, en
Allemagne, un disciple qui, ainsi qu'il arrive parfois,

devait dépasser son maître. Schopenhauer connaissait les poésies de Leopardi quand il composa son *Traité du monde comme volonté et comme représentation*. Les vues de Leopardi sur le monde sont le point de départ de celles de Schopenhauer ; mais celui-ci leur donne une forme savante et établit l'impossibilité du bonheur par des raisonnements. Tout, dit-il, dans l'homme aboutit à la volonté ; le désir lui-même est une volonté ; or le désir est une souffrance ; mais la satisfaction du désir est la fin de la volonté, et la fin de la volonté, c'est la mort ; donc le bonheur n'est pas réalisable ; à la différence de la douleur qui est positive, le bonheur est négatif, et le non-être est préférable à l'être, ce qu'il fallait démontrer. Mais si Schopenhauer a donné à la doctrine de Leopardi des développements inattendus, il est resté bien au-dessous de lui dans l'expression de la tristesse. Il n'a pas mis dans son œuvre l'accent personnel et convaincu qu'on observe dans celle du grand poète italien, et sa biographie nous apprend qu'il était loin de porter dans la vie les sombres idées auxquelles aboutit sa doctrine. Il n'appartient donc qu'indirectement à la maladie du siècle.

Du reste, à l'époque de sa publication, son livre produisit peu d'effet, même sur ses compatriotes. L'heure du pessimisme abstrait n'avait pas encore sonné pour eux. Ils s'en tenaient au pessimisme individuel. Ils restaient voués au culte de Gœthe et

*Werther* poursuivait parmi eux ses ravages. Au nombre des suicides les plus retentissants inspirés alors par cette œuvre funeste, il faut placer celui de Charlotte Stieglitz. Femme d'un poète doué de plus d'amour-propre que de talent, et voyant l'imagination poétique languir en lui, cette malheureuse chercha à la ranimer par un grand coup, et ne trouva rien de mieux que de se donner la mort, sacrifice qui serait héroïque s'il n'était criminel, et qui découvre bien la profondeur du mal dont souffrait ce monde de gens de lettres, vaniteux, épuisé, livré à des besoins artificiels, et dépourvu de règle et de principes!

De son côté, l'Angleterre continuait à suivre les mêmes errements. Le désespoir de Byron y était toujours un objet d'émulation et d'envie. Certaines gens ne se lassaient pas de mettre leur gloire à paraître profondément tristes. Chateaubriand qui a pu observer, pendant qu'il représentait la France en Angleterre, cette singulière manie, nous en a laissé le tableau suivant: « En 1822, dit-il, le fashionable devait offrir au
» premier coup d'œil un homme malheureux et malade;
» il devait avoir quelque chose de négligé dans sa per-
» sonne, les ongles longs, la barbe non pas entière,
» non pas rasée, mais grandie un moment par sur-
» prise, par oubli, par les préoccupations du déses-
» poir; mèche de cheveux au vent, regard profond,
» sublime, égaré et fatal; lèvres contractées en dédain
» de l'espèce humaine; cœur ennuyé, byronien, noyé

» da ns le dégoût et le mystère de l'être. » L'auteur de *René* avait-il bien le droit de railler ainsi les disciples de Byron? N'était-il pas lui-même le père d'une famille de jeunes désespérés, et le fashionable de 1822 ne rappelle-t-il pas un portrait célèbre qui nous montre précisément le vicomte de Chateaubriand la main sur la poitrine, l'œil sombre, le front soucieux et les cheveux jetés au vent? Il est vrai que, d'un côté, il y avait le génie et l'originalité, de l'autre, seulement l'imitation puérile. Toujours est-il que l'Anglais mélancolique dont nous parle Chateaubriand est peint d'après nature et porte bien sa date.

En même temps, une nouvelle puissance entrait dans ce qu'on pouvait appeler la confédération européenne de la mélancolie. La Russie, en y prenant rang, agissait d'abord, en quelque sorte, comme alliée de la France. Sans aller, comme l'a fait le comte Labinski, sous le nom de Jean Polonius, dans des poésies, d'ailleurs assez dépourvues de caractère, jusqu'à lui emprunter son idiome même, le comte Kamorinski s'inspirait de son génie nouveau, surtout des méditations de Lamartine. Cette importance donnée aux œuvres intellectuelles de notre pays mérite d'autant plus d'être remarquée que, jusqu'à présent, j'ai eu à signaler bien plutôt l'influence de l'étranger sur la France. Notons donc un fait qui peut être flatteur pour notre orgueil national.

Toutefois, d'autres encore que nous pouvaient revendiquer un honneur semblable. L'Angleterre et, dans une certaine mesure, l'Allemagne ont eu à ce moment sur la Russie leur part d'influence. Pouchkine a été appelé le Byron russe. Marlinski avait aussi du Byron dans le sang. Les deux poëtes russes que je viens de nommer ont exercé sur la jeunesse de leur temps une action profonde, le dernier surtout. « Les héros à la Marlinski, a dit
» M. Tourguéneff, se rencontraient à chaque pas,
» surtout en province, et en particulier dans l'armée
» et dans l'artillerie ; ils parlaient et correspon-
» daient dans sa langue ; ils gardaient dans le monde
» un air sombre, renfermé, l'orage dans l'âme et le
» feu dans le sang, comme le lieutenant Belozor de
» la frégate Nadèdja. Ils dévoraient les cœurs des
» femmes ; c'est à eux que s'adressait la dénomina-
» tion de fatal. » Ce type s'est conservé longtemps, et il est reproduit dans un roman de Lermontoff. « Que de choses, dit encore M. Tourguéneff, ne
» trouve-t-on pas dans ce type ? le byronisme,
» le romantisme, les souvenirs de la Révolution
» française, des décembristes, et l'adoration de
» Napoléon ; la foi au destin, à une étoile, à la force
» du caractère, de la pose et de la phrase ; et
» l'angoisse du vide, les inquiétantes fluctuations
» d'un étroit amour-propre, en même temps que
» l'audace et la force agissante, etc... »

En passant à la Pologne, et ce n'est pas hélas ! sortir de la Russie, nous rencontrons encore un poète, qu'on a nommé le Byron polonais. Mais cette qualification est trop exclusive, car, dans son poëme des *Dziady* (ancêtres), Mickiewicz procède autant de Faust que de Manfred. Enfin, allant toujours plus loin et remontant jusqu'aux régions glacées de l'Islande, nous y trouvons encore quelque trace du mouvement romantique dans ce qu'il avait de favorable aux tendances mélancoliques. Un poète très apprécié dans son pays, M. Thorarensen, rappelle par ses tendances nos poètes de la Restauration, et l'on a défini sa poésie « la voix d'une âme rêveuse et aimante, qui a souvent » caressé maint prestige et pleuré mainte déception. »

Du reste, ses œuvres sont, dans la littérature étrangère, le dernier des documents que j'avais à mentionner ici, entre 1815 et 1830, et nous pouvons maintenant jeter un regard sur l'ensemble de l'époque comprise entre ces deux dates, soit en France, soit au dehors.

## IX

### Caractère et causes du mal du siècle de 1815 à 1830.

De 1789 à 1815, le mal que j'étudie avait souvent présenté une intensité profonde, une sorte de fougue et de véhémence; il éclatait en amères explosions, en violentes manifestations; il n'acceptait guère le remède des consolations religieuses, et ne reculait pas devant la pensée du suicide.

Pendant l'époque suivante, la mélancolie perd quelque peu son aspect farouche; sans cesser de faire entendre une voix plaintive, elle prend d'ordinaire un accent plus attendri et plus doux; rarement elle a recours aux actes de désespoir; elle s'empreint assez facilement d'un sentiment religieux sans doute bien flottant, sujet à beaucoup de défaillances et d'angoisses, mais cependant réel. Cet état différait donc par son caractère de celui qui l'avait précédé, il en différait aussi par ses causes.

Nous avons vu que, dans notre pays, pendant le cours de la Révolution et de l'Empire, et en faisant abstraction de certains cas particuliers, la mélancolie provenait, en partie, de l'influence de Jean-Jacques Rousseau et de Gœthe, mais surtout des impressions douloureuses résultant des événements publics, de la dispersion de la société française, et des conséquences de l'exil sur l'esprit et l'éducation littéraire de beaucoup de membres de cette société. Et nous avons pu constater que, pendant la durée de ces deux régimes, les mélancoliques avaient été presque tous hostiles aux gouvernements que la France avait subis.

Sous la Restauration, les circonstances ont changé. L'influence de Jean-Jacques Rousseau s'est affaiblie chez nous en s'éloignant. Celle de Gœthe a subi le même sort ; le culte de Werther s'est trouvé relégué au fond de l'âme de quelques fidèles discrets. La société avait cessé d'être battue par les orages ; elle s'était reconstituée sous les auspices d'un gouvernement réparateur, et elle jouissait de cette ère nouvelle de sécurité.

Toutefois, les anciennes causes de tristesse n'avaient pas entièrement disparu. L'esprit de doute que le XVIII° siècle avait déchaîné n'était pas assoupi : Jouffroy et d'autres en sont témoins. Puis, le contre-coup des calamités qui avaient, aux débuts de ce siècle,

désolé notre patrie, s'y faisait encore sentir. M^me de Rémusat et M^me de Duras en portèrent toujours le cruel souvenir ; quant aux plus jeunes, ils en avaient reçu l'impression indirecte et en quelque sorte inconsciente de ceux dont ils tenaient le jour. On a lu plus haut à ce sujet l'opinion de Lamartine qui attribue à cette communication intime et mystérieuse, la tristesse des hommes « dont la vie date de ces jours funestes. » Du reste, en pourrait-il être autrement ? M^me Le Brun rapporte dans ses *Souvenirs* que, pendant la Terreur, les femmes grosses qu'elle rencontrait lui faisaient peine, que la plupart « avaient la jaunisse » de frayeur ; et elle ajoute : « J'ai remarqué, au reste, que la génération née
» pendant la Révolution est, en général, beaucoup
» moins robuste que la précédente : que d'enfants,
» en effet, à cette triste époque, ont dû naître faibles
» et souffrants ! » Chateaubriand confirme ces appréciations quand il parle de cette jeunesse « sur laquelle
» des malheurs qu'elle n'a pas connus ont néanmoins
» répandu une ombre et quelque chose de grave. »
Ajoutons qu'à l'âge même où l'avenir se décide d'ordinaire, et dans les années les mieux faites pour l'activité, les événements ont pu imposer à plusieurs, comme il est arrivé pour Lamartine, une oisiveté dangereuse.

En outre, on l'a vu presque chez tous, la littérature étrangère n'avait pas perdu toute son influence en

France. Sans doute, les Français n'étaient plus conduits par l'émigration ou l'exil à chercher des inspirations au dehors. Mais, par un singulier renversement des choses, ce fut l'esprit étranger qui s'introduisit directement en France. A la chute de l'Empire, beaucoup de Français, en rentrant dans leur patrie, y rapportaient des souvenirs recueillis, des goûts contractés chez les nations qui leur avaient donné asile. Chose plus triste, et qui pourrait l'oublier ? l'étranger lui-même envahit alors le sol français. A la suite des armées, un grand nombre d'Allemands et d'Anglais distingués dans leur pays par l'intelligence, accoururent vers ce pays que la guerre leur avait si longtemps fermé, et qui était resté après la défaite l'objet de leur admiration curieuse. Les salons de Paris, toujours prêts à se rouvrir, les recevaient à leur tour avec empressement. Dans ce rapprochement inattendu, l'esprit français, par quelques côtés, devenait anglais et allemand. Cette action était facilitée par des souvenirs vivaces de haine contre l'Empire. Quelque jugement qu'il faille porter sur ce fait au nom du patriotisme, il n'est pas douteux qu'alors le génie étranger put s'introduire en France, non seulement sans résistance vive, mais avec faveur. M<sup>me</sup> de Staël s'en était fait déjà le propagateur puissant par son livre *De l'Allemagne*, qui traduisait pour le grand nombre et qui popularisait des richesses encore presque ignorées. Mais le pilon du duc de Rovigo avait longtemps privé les lecteurs français de la connaissance de ce bel ouvrage, et il avait fallu pour nous le rendre la Charte et la liberté de la presse. L'Angleterre était restée plus longtemps encore peu connue. Byron avait été à peine abordé : « On rôdait en quelque sorte, dit M. Sainte-Beuve, » autour de son œuvre de mystère, sans bien savoir. » Cette œuvre, elle s'est révélée pendant la Restauration, et c'est alors que Byron a commencé à devenir à nos yeux, comme Gœthe l'avait été naguère, le poète idéal, le modèle souverain.

Mais pour marcher du même pas que la littérature étrangère, la nôtre n'avait pas besoin de l'imiter, elle n'avait qu'à suivre ses propres exemples. Les écrivains français du commencement de ce siècle dont j'ai rappelé les ouvrages et qui eux-mêmes avaient dû beaucoup à leurs devanciers, étaient à leur tour devenus pour nous des maîtres ; M<sup>me</sup> de Staël, Chateaubriand et Senancour avaient laissé des disciples que j'ai cités, et qui perpétuaient, bien qu'avec moins de vigueur, les enseignements de leur école.

C'en est assez pour expliquer que le mal du siècle se soit maintenu, quoiqu'affaibli, chez nous pendant la Restauration. Alfred de Musset en donne encore une autre raison, à savoir, le prétendu abaissement d'un gouvernement, incapable, selon lui, de satisfaire un grand peuple partagé entre les regrets de sa gloire évanouie et les espérances d'une liberté sans cesse ajournée. Quoique ces critiques soient généralement tenues pour injustes aujourd'hui, il est vrai que les préjugés avaient soulevé contre la Restauration des passions implacables, et que plusieurs de ceux que nous avons nommés dans cette partie de notre étude voyaient ce régime avec aversion. Tel fut le cas de Joseph Delorme, de Farcy, et un peu des amis d'Ampère. Mais encore une fois, les principales causes du mal étaient ailleurs. Elles étaient dans des impressions du berceau ou des souvenirs de l'adolescence ; dans l'action du génie étranger sur le génie français, enfin dans la fidélité du génie français lui-même à ses anciennes traditions. De ces trois causes, auxquelles se mêlèrent çà et là certaines circonstances particulières, quelquefois peu honorables, que j'ai indiquées quand elles se présentaient, la première fut la plus puissante, et c'est celle dont on doit tenir le plus de compte, quand on veut apprécier l'époque que nous venons de parcourir.

Mais ces considérations ne s'appliquent qu'à notre pays. Il est plus difficile de déterminer les causes du mal hors de la France, et de ramener à des lois générales des phénomènes répartis sur des points du globe fort différents.

Cependant, on peut croire que le fait dont j'ai déjà parlé plus haut et dont a vu certains effets sur la France, n'a pas été sans exercer aussi son influence sur une partie de l'Europe. Tandis qu'à la suite de l'invasion de notre sol par les armées alliées nous étions conduits à prendre aux étrangers des manières de sentir et des formes pour les exprimer, les étrangers à leur tour devaient nous faire les mêmes emprunts. Enfin, rapprochés les uns des autres, comme ils l'étaient de nous, par cet événement, ils devaient être par là même portés à s'imiter mutuellement, besoin qui, d'ailleurs, est toujours naturel à l'esprit humain. Ainsi la mélancolie de quelques-uns tendait à devenir l'attribut de tous, et il ne faut plus s'étonner de voir que divers peuples de l'Europe tantôt suivent nos traces, tantôt se copient réciproquement, et que, si Kamorinski et Thorarensen s'inspirent de Lamartine, Schopenhauer reproduise Leopardi, Pouchkine et Marlinski prennent Byron pour modèle, enfin Mickiewicz relève à la fois de Byron et de Goethe.

Tels étaient le caractère et les causes du mal du siècle pendant la période qui va de 1825 à 1830. Il nous reste à retracer ce qu'il fut dans la dernière phase de son existence.

# IV

1830-1848

## I

## M. Victor Hugo.

En parlant de la poésie sous la Restauration, j'ai indiqué les rapports qui unissaient le romantisme au mal du siècle. Cette alliance ne s'est pas rompue sous la monarchie de Juillet, et M. Victor Hugo en est une première preuve.

Si je n'ai point encore parlé de ce grand poète, bien que l'apparition de ses premières œuvres date de 1819, c'est que celles-ci n'avaient rien, ou presque rien, à démêler avec le sujet de ce travail. A peine peut-on noter dans les *Odes et Ballades* une méditation sur la solitude, un accès de mélancolie, une protestation contre la dureté de notre destin. En général, dans ses poésies écrites sous la Restauration, Victor Hugo recherche des sujets tout différents. Sa muse s'éprend de gloire, de liberté, de dévouement ; elle s'échauffe aux grands souvenirs de l'histoire, elle adore tout ce qui luit et tout ce qui retentit. Mais à partir de 1839, au débordement de la fougue juvénile succède une phase d'inspiration plus calme ; le poète se recueille davantage, et se consacre plus volontiers à la description des sentiments intimes de l'âme. Les titres de ses ouvrages : *Feuilles d'automne* (1831), *Chants du crépuscule* (1835), *Voix intérieures* (1837), *Rayons et ombres* (1840), *Contemplations* (1830-1855), ouvrage qu'on pourrait appeler, dit-il, « les *Mémoires d'une âme*, » éveillent l'idée d'impressions voilées par une teinte de tristesse, et plusieurs des pièces de vers qu'ils renferment répondent à cette donnée.

Et d'abord, on a déjà vu plus haut que l'école romantique avait mis en honneur les déshérités de la nature. M. Victor Hugo est fidèle à cette tradition. Il a des sympathies douloureuses pour l'araignée et l'ortie. Il les aime parce qu'on les hait, parce qu'elles sont maudites et chétives ; parce qu'elles sont vouées à un sort fatal, toutes deux « victimes de » la sombre nuit, » enfin, « parce qu'il n'est rien qui » n'ait sa mélancolie ; » et il pense que si l'on montrait à l'araignée et à l'ortie un peu plus de mansuétude, on entendrait « la vilaine bête et la mauvaise herbe » murmurer : Amour ! » Passons à des choses plus sérieuses.

Ici, il adresse à une jeune femme qu'il avait vue

pleurer en secret, une pièce, à laquelle il donne pour épigraphe le mot déjà cité : « *Flebile nescio quid,* » et dans laquelle on trouve un éloge des larmes, qui peut être comparé à celui que la musique de Schubert a rendu célèbre. Dans la pièce suivante, il se plaint des chagrins et des déceptions que nous garde la vie, et il s'écrie :

> Où donc est le bonheur ? disais-je. — Infortuné !
> Le bonheur, ô mon Dieu, vous me l'avez donné.

Ironique action de grâces envers la Providence ! Ce bonheur dont il la remercie, quel est-il ? Il ne se compose que de quelques impressions fugitives, et de souvenirs qui ne peuvent rendre la réalité disparue ! « Hélas ! ajoute-t-il,

> Hélas ! naître pour vivre en désirant la mort !
> Grandir, en regrettant l'enfance où le cœur dort,
> Vieillir, en regrettant la jeunesse ravie,
> Mourir, en regrettant la vieillesse et la vie !

Encore un soupir à ajouter à tous ceux que provoque, depuis le commencement du monde, le malheur de vivre ! Quelle triste vue aussi du monde, et de l'humanité dans la Contemplation qui a pour titre : *Melancholia,* dans laquelle il parcourt les misères de chaque état ! Femme abandonnée, poète méconnu, enfant orphelin, vieux soldat réduit à un labour dur et ingrat, tous excitent en lui une douloureuse pitié ; il n'est pas jusqu'à la bête de somme, mourant sous la charge et sous les coups, qui n'ait droit à sa commisération. Et, à côté de la faiblesse opprimée, il montre la force triomphante, le vice égoïste et la richesse impitoyable ; et résume sa pensée sur le mal social, par cette invocation :

> O forêts ! bois profonds ! solitudes ! asiles !

Si l'on quitte ces généralités et qu'on descende davantage dans la pensée personnelle du poète, on voit qu'elle était travaillée par de cruelles anxiétés. Il souffre du mal du doute et il le décrit avec un profond accent de vérité. Sous ce titre : *Que nous avons le doute en nous*, il s'écrie :

> Je vous dirai qu'en moi je porte un ennemi,
> Le doute !...
> Le doute ! mot funèbre !....

La poésie intitulée : *Pensar-Dudar*, dédiée comme la précédente à M<sup>lle</sup> Louise Bertin, n'est pas moins expressive à cet égard. Longtemps encore, cette angoisse obsédera son esprit, et, dans les *Contemplations*, on en trouvera plus d'une trace à une date éloignée de celle où nous nous plaçons en ce moment. Les *Pleurs dans la nuit* le montrent, en 1855 comme en 1830, absorbé dans la recherche inquiète de l'inconnu :

> Mon esprit qui du doute a senti la piqûre
> Habite, âpre songeur, la rêverie obscure
>     Aux flots plombés et bleus,
> Lac hideux où l'horreur tord ses bras, pâle nymphe,
> Et qui fait boire une eau morte comme la Symphe
>     Aux rochers scrofuleux.

Dans la même pièce, le doute est aussi pour lui « le fils bâtard de l'aïeule sagesse, » le « morne abri dans nos marches sans nombre » et le « mancenillier à l'ombre duquel l'homme s'endort. » Et c'est encore le même sujet qu'on retrouve dans quelques-unes des pièces suivantes : *Horror, Dolor, Spes*. Sans doute, à aucune époque de la vie de M. Hugo, le doute n'équivaut chez lui à la négation ; il éprouve, au contraire, le besoin de croire, et ce besoin s'affirme en lui par des élans religieux, et par de puissantes élévations vers le Créateur. Mais ces alternatives même constituent un des aspects du mal du siècle, et l'on peut ainsi affirmer que, sur plusieurs points, M. Victor Hugo n'a pas été étranger à ce mal.

Cependant, ce que nous savons de sa vie n'explique pas de sa part une disposition à la tristesse. A l'heure où il s'exprimait comme on l'a vu sur la destinée humaine, il n'avait pas encore éprouvé les grands malheurs de famille qui l'ont atteint depuis ; et il réunissait, ce semble, toutes les garanties de bonheur. Il faut donc penser qu'il subissait une influence secrète qui dominait les conditions même de son existence. Pour son scepticisme intermittent, la chose est certaine ; il l'a puisé dans l'air qu'il respirait. Si le doute qui le fatiguait n'est pas malheureusement une infirmité exceptionnelle dans l'intelligence humaine, il est surtout le lot des générations semblables à celle dont le poète faisait partie. Voyez comme il la représente : « Son berceau » risqué sur un abîme, vogue sur le flot noir des » révolutions ; » c'est une époque où « les ténèbres » partout se mêlent aux lueurs, » où « rien n'est dans » le grand jour et rien n'est dans la nuit ; » enfin, « une époque en travail, fossoyeur ou nourrice, qui » prépare une crèche ou qui creuse un tombeau. » M. Victor Hugo, il le reconnaît, n'a pas résisté aux fluctuations qui agitaient l'esprit de son temps. On voit donc en lui un nouvel exemple de l'action dissolvante du siècle sur la fermeté des croyances et sur la solidité des convictions.

Il n'entre pas dans mon intention de pousser plus loin l'application de cette remarque et de rechercher dans la longue carrière de M. Victor Hugo les faits qui la justifieraient encore. De tous les hommes illustres qui figurent dans ce travail, M. Victor Hugo est le seul survivant. Il a donc droit doublement à nos égards. Contentons-nous d'avoir rappelé ce qu'il était à un moment de son existence ondoyante, entre 1830 et 1848.

## II

## Poëtes divers.

DONDEY. — BOULAY-PATY. — TH. GAUTIER. — E. ROULLAND.
LES POËTES SUICIDES.

---

Au-dessous de lui, se range une cohorte innombrable de moindres écrivains, les *poëtæ minores* de l'époque. Tous ne sont pas cependant les disciples de M. Victor Hugo ; plusieurs sont plutôt élèves de Lamartine, beaucoup, de Gœthe et de Byron. Mais quelle que soit sa nuance, le romantisme atteint alors sa plus large extension, et il nous faut demander encore à cette phase de son histoire les nouveaux documents qui doivent servir à celle de la maladie du siècle.

Il n'est peut-être pas, dans l'histoire littéraire, de période plus féconde en productions poétiques que celle qui va de 1830 à 1848. La première moitié sur-

tout de cette période se distingue par l'abondance des volumes qu'elle a jetés sur le marché littéraire. De 1830 à 1840, sans parler des pièces de théâtre, on n'a pas compté, en moyenne, moins de 382 recueils de vers par an, et en 1830 ce chiffre s'était élevé à 498. Or, beaucoup de ces ouvrages, dont les auteurs ne valent même pas, on peut l'affirmer, « l'honneur d'être nommés, » appartenaient à l'école mélancolique. Leurs titres déjà sont bien significatifs. *Mélodies nocturnes; Chants de l'âme; Chants du cœur; Deuil; Souffrances; Soupirs; Désespoirs;* telles étaient les annonces attrayantes qui devaient séduire les acheteurs. La marchandise répondait à l'étiquette. « Le
» poète psychologue, dit M. Ch. Louandre, dans un
» article du mois de juin 1842, travaille de préférence
» sur les individualités souffrantes qui ont gagné au
» contact de Manfred quelque plaie incurable et pro-
» fonde. » S'agit-il de poëmes en dialogues ou de poëmes drames, forme assez fréquemment employée à cette époque, « les héros sont d'ordinaire des
» collatéraux de Werther et de Don Juan. Ils parti-
» cipent de la double nature de leurs aïeux, et, par
» nécessité d'origine, par tradition de famille, ils sont
» tout à la fois mystiques, blasés, rêveurs et mauvais
» sujets. Ils boivent l'orgie, broient les femmes,
» débitent de longues tirades au clair de lune et
» finissent ordinairement par le cloître ou le sui-
» cide. » Enfin on exploite la mort et ses terreurs,

on ouvre les tombeaux, on évoque les spectres, et tout un monde de démons, de gnômes, de farfadets vient remplacer le monde des vivants.

Pour bien faire, le poète devait ressembler à ses héros. « Il était de mode alors dans l'école » romantique » nous rapporte Th. Gautier, un romantique qui n'a pas laissé de se rendre compte des ridicules de son parti, « il était de mode d'être » pâle, livide, verdâtre, un peu cadavéreux, s'il était » possible. Cela donnait l'air fatal, byronien, giaour, » dévoré par les passions et les remords. » Je trouve deux autres descriptions des poètes d'alors et de leurs admirateurs, dans un livre qui vient du camp classique, et dont j'ai déjà parlé. A propos de Joseph Delorme, M. Jay a décrit une soirée romantique. L'escalier de la maison dans laquelle il nous fait pénétrer « est garni des deux côtés de cyprès et » d'épicéas en caisse et en pots, surmontés à la » dernière marche de deux saules pleureurs. Un » domestique en livrée rouge et noire nous in-» troduit dans un grand salon surnommé le salon » de la mélancolie. L'ameublement en est sombre » et sévère. Ce salon est orné de quelques ta-» bleaux de la nouvelle école, parmi lesquels on » distingue, le *Cauchemar*, une *Expédition de Vam-» pires*, le *Massacre de Scio*, l'*Apparition d'un Re-» venant*, une volée de *Chauves-Souris*, et la *Ronde du » Sabbat*. » Les personnages répondent au décor. La

maîtresse du lieu, en dépit d'un embonpoint un peu gênant, est vêtue d'une robe blanche garnie de roses noires, et sa chevelure est arrangée en forme de papillons de nuit; une jeune dame est habillée en Velléda. Plusieurs auteurs, quelques-uns encore inédits, nous sont présentés. « Je remarque, continue
» le narrateur, l'un d'eux que l'on a surnommé le
» Bel Obscur, parce qu'il ne s'exprime qu'à demi-
» mots, et ne se déride jamais; Jérôme, dit le Mélan-
» colique, parce que, bien que la nature l'ait doué
» d'une figure triviale et joyeuse, il excelle à décrire
» l'agonie des mourants; sa muse ne sort pas des
» ruines et des tombeaux; il a chanté le ver du cer-
» cueil; ses vers et sa prose sont pleins de ténèbres. »
Un jeune homme a été baptisé le Terrible; « en effet
» personne ne peint mieux que lui la décomposition
» des cadavres et les phénomènes de la putréfaction. »
— « Penché près de la baronne Médora, muse de
» la rue Bleue, qui agite, en guise d'éventail, une
» petite branche de cyprès, quel est cet homme qui
» cache en vain son âge sous des prétentions de jeu-
» nesse? c'est le comte de la Roche-noire, auteur de
» nombreux romans, et d'une ballade intitulée: *le*
» *Spectre*, monté sur un fantôme de cheval, qui va
» chercher sa fiancée, et la ramène au grand galop à
» son cercueil. » Telle est la réunion qui s'apprête à
fêter une grande solennité : la conversion d'un classique. Ajoutons que chacun, en attendant ce moment,

fait honneur à d'excellents rafraîchissements, ce qui prouve que « si le cachet de la nouvelle littérature
» est que les poètes doivent paraître toujours tristes,
» languissants, et prêts à mourir, cela n'est que
» pour la forme. Seulement les muses présentes
» lèvent les yeux au ciel en mangeant leurs gâteaux,
» et chaque verre de punch est accompagné d'un
» soupir. » Ces plaisanteries ne nous font-elles pas suffisamment connaître ce qu'était la société des poètes subalternes de l'école de 1830 ? Quittons cette multitude obscure et arrivons à des personnalités plus dignes d'intérêt.

J.-P. Veyrat qui, exilé de Chambéry en 1832, s'était établi à Paris précisément dans la maison habitée par Hégésippe Moreau, adressait à Byron des vers pleins d'admiration, et l'interpellait en ces termes : « O Job
» de la pensée, ô grand désespéré ! » Mais, plus heureux que Moreau, il trouva un remède à ses misères de toute nature en se retirant au milieu des Alpes, où, malgré quelques retours d'anciennes inquiétudes d'esprit, malgré des moments d'agitation pendant lesquels il se comparait à Manfred, secouant ses cheveux au vent des glaciers, il finit, consolé comme Obermann.

Aimé de Loy, un poète errant et inquiet, dans des recueils imprimés en 1827 et en 1840, le dernier sous le titre de *Feuilles au vent*, laissait échapper des plaintes fugitives sur la vie, et parlait de la consolation qu'il trouvait à cultiver au pied d'un coteau

> La fleur de Nodier, l'ancolie,
> Si chère à la mélancolie,
> Et la pervenche de Rousseau...

Mᵐᵉ Louise Colet publiait en 1836 les *Fleurs du midi*. Voyons comment ces fleurs étaient appréciées à leur apparition, et comment on jugeait, dans la *Revue des Deux Mondes*, l'auteur qui les présentait au public. « Ces vers, y disait-on, ne sont vêtus » de deuil que par pure coquetterie. Cette dame » se désespère indéfiniment, parce que ses jouis- » sances sont mêlées de tristesse, parce qu'elle » est destinée à souffrir et que le bonheur s'enfuit, » que sais-je encore ? parce que Dieu a pétri son » âme d'amour et de poésie et qu'elle doit lutter » avec ce double feu :

> Seule, sans rencontrer la source où l'on s'étanche,
> Seule, sans une autre âme où son âme s'épanche.

» Mᵐᵉ Louise Colet souhaiterait de ces malheurs » puissants qui éprouvent ici-bas le poète pour le » régénérer, mais elle est excédée des souffrances » vulgaires que le monde ne prend point en pitié ; elle » ne se résigne pas à voir pâlir son printemps » comme pâlit l'automne ; enfin sa grande douleur par- » dessus toutes les autres, c'est de vivre l'âme ardente » de foi, dans un siècle incrédule. » En 1840, sous le titre de *Penserosa*, elle donne de nouvelles poésies sur la mort de Gros, sur celle de Léopold Robert, sur l'Hamlet de Shakespeare, sur le Faust de Gœthe, sur une jeune femme triste au bal, selon la mode du temps. Et pourquoi donnait-elle à ces poésies le titre de Penserosa? C'est qu'un jour, la voyant elle-même dans une attitude méditative, qui rappelait le marbre de Michel-Ange, « ce symbole sacré de la » mélancolie » quelqu'un lui dit : « *Siete penserosa*;

> De ce marbre inspiré l'image se reflète
> Sur votre jeune front de femme et de poète,
> Vous avez son air triste et son regard penseur,
> Et Michel-Ange en vous eut reconnu sa sœur. »

Ce qu'on reconnaît plus sûrement ici chez l'auteur, c'est la prétention et la pose. Combien j'aime mieux l'attitude plus effacée d'une autre femme, M<sup>lle</sup> Louise Bertin qui, dans ses *Glanes* (1842), a décrit avec talent nos éternelles aspirations vers un idéal qui nous échappe sans cesse, et le sentiment de la fragilité et de l'imperfection des bonheurs humains. On remarque surtout une pièce adressée à *la Nuit* où l'auteur exprime d'une manière bien distinguée la lassitude secrète de son cœur et de son esprit.

On a vu plus haut que deux pièces de vers de M. Victor Hugo sur les tourments du doute étaient adressées à M<sup>lle</sup> Bertin. Ce n'était pas sans raison.

M¹¹ᵉ Bertin était agitée des mêmes préoccupations. Le grand problème de notre destinée inquiétait son intelligence, et si elle revenait d'ordinaire aux idées religieuses, ce n'était pas sans détour et sans angoisses :

> Il est aussi pour moi des heures où le doute
> Vient abaisser son voile à ma paupière en pleurs.

On le voit, cette femme si heureusement douée, n'était pas exempte d'une mélancolie, respectable parce qu'elle était pure et sincère.

Ici j'aperçois deux poètes que je puis placer sur le même rang. Ils ont écrit dans le même temps, dans des circonstances analogues; tous deux sous des pseudonymes, selon la mode romantique; avec un certain mérite tous deux; et tous deux néanmoins peu connus, bien qu'un savant distingué ait pris récemment le soin de nous restituer la physionomie complète de l'un d'eux, Théophile Dondey.

Celui-ci avait choisi le pseudonyme, ou si l'on veut l'anagramme de Philotée O'Neddy auquel il substituait quelquefois le nom de Vidame de Tyannes, autre anagramme tiré d'un nom que sa famille ajoutait à celui de Dondey. Le Vidame ou Philotée n'était qu'un modeste fonctionnaire attaché à un ingrat travail de bureau, et échappant par la rêverie aux ennuis de son labeur quotidien. En 1833, il publie un volume de poésies avec ce titre : « *Feu et flammes.* » On y remarque un tableau curieux des mœurs de la jeunesse du temps. C'était le bonheur de cette jeunesse, de ceux qu'on appelait alors la jeune France, de se réunir pour se livrer à des libations prolongées autour d'un punch flamboyant. Les discours prenaient une allure plus ou moins capricieuse, et on arrivait à une sorte de surexcitation désordonnée ; mais, pour obéir au goût prétentieux de l'époque, il fallait donner à ces parties de jeunesse un caractère solennel ; on les appelait des orgies, on y jouait la comédie de l'ironie et du désenchantement, et on se donnait des airs sataniques. Le *Pandæmonium* de Dondey nous fait assister à une de ces scènes, dans l'atelier de Jehan du Seigneur, encore un nom artistement modifié. Le punch traditionnel

>                          aux prismatiques flammes
> Semble un lac sulfureux qui fait houler les lames...
> Après quelque silence, un visage mauresque
> Leva tragiquement sa pâleur pittoresque
> Et faisant osciller son regard de maudit
> Sur le conventicule, avec douleur il dit...

L'orateur, qui n'est autre que Petrus Borel, que ses amis appelaient le Lycanthrope, s'abandonne alors à des divagations auxquelles d'autres amis répondent.

> Et jusques au matin les damnés Jeunes-France
> Nagèrent dans un flot d'indicibles démences.

Dans cette débauche, qui est surtout une débauche de paroles, l'affectation saute aux yeux. C'est entre tous ces jeunes gens une rivalité puérile, une lutte ridicule d'excès et de folies froidement calculées. Le poète est plus touchant quand il nous entretient de ses amours, où la volupté se tourne aisément en souffrance et en désespoir, ou quand il nous dépeint la tristesse et médite sur le suicide.

Dans ses poésies posthumes, publiées par M. Havet, celles qui sont datées de 1834 à 1846 doivent aussi attirer notre attention. Il y a bien exprimé cette manie de son temps, qui était aussi la sienne, et qui consiste à s'analyser sans cesse, à s'occuper constamment de sa personnalité et à en entretenir le public. C'est le sujet de la pièce intitulée : *Une fièvre de l'époque*.

> Il est depuis longtemps avéré que nous sommes
> Dans le siècle environ six mille jeunes hommes...
> Qui du fatal Byron copiant les allures
> De solennels manteaux drapons nos encolures.
> A l'excès pour ma part j'ai ce tempérament,
> Je prends mon moi pour thème avec emportement.

En effet, c'est son moi qu'il décrit dans ce recueil,

et surtout son moi amoureux ; mais c'est aussi, comme dans les sonnets de *Déclin précoce*, *Pathologie*, *Spleen*, son moi attristé et gémissant de la décadence du corps à côté de la vigueur persistante de l'âme. Après ces vers, il se fait dans la vie poétique de Dondey un grand intervalle de silence ; un profond chagrin, la perte d'une personne bien chère, en est la cause, et quand plus tard le poète retrouve la voix, il la consacre à des méditations philosophiques empreintes d'amertume. Rien ne prouve mieux combien il a souffert que la conclusion à laquelle il arrive : le néant envisagé comme sa meilleure espérance.

Comme lui, Boulay-Paty a chanté sa passion ; comme lui, il a vu la mort la briser ; il paraît seulement s'être relevé enfin de l'abattement où ce coup l'avait plongé. Il avait, d'ailleurs, été toujours plus en dehors, moins contenu que Dondey, différences qui n'excluent pas les ressemblances que j'ai signalées, et qui se retrouvent dans les œuvres comme dans la vie des deux poètes.

C'est en 1834 que Boulay-Paty publiait sous le nom d'*Élie Mariaker* un volume de poésies. L'édition était ornée d'une eau-forte représentant un jeune homme vêtu d'une longue redingote à la coupe de 1830, appuyé sur son coude, au sommet d'un pic dominant une ville sombre. Un démon grimaçait à ses côtés, tandis que lui regardait un ange monter vers la partie lumineuse du ciel. Ce détail, que j'ai voulu rapporter, malgré son apparente frivolité, confirme bien la faveur particulière dont les démons, on l'a vu plus haut, jouissaient dans l'école romantique. La mode du temps n'est pas moins manifeste dans le long morceau en prose consacré à la vie d'Élie Mariaker.

« Élie, y est-il dit, naquit en Bretagne... Son pre-
» mier âge se ressentit de cette nature grande et
» sauvage ; nul doute que cette étendue de flots et de
» ciel ne commençât déjà à faire dans son âme cette
» immensité que rien ne put remplir. » Il se sent entraîné vers la poésie, mais il est forcé de faire, dans l'étude d'un homme de loi, un rebutant apprentissage des affaires. Il aborde le monde avec des illusions bientôt déçues sur l'amitié des hommes et la tendresse des femmes. Mais chaque année pendant les vacances, il se retrempe dans la vie de famille. Là, il lit les poètes, *Ossian* surtout dont il porte toujours un volume. Il se plaît aussi à contempler à minuit, de sa fenêtre, le spectacle de la nature. Un premier amour trompé lui suggère la pensée du suicide, mais un vieux pistolet emprunté pour ce funeste usage trahit son dessein ; Élie rentre donc dans le monde ; mais il y rentre découragé. En même temps, il se jette dans l'étourdissement des plaisirs. « Il était dans le vague de la vie, il avait cette
» mélancolie noire, maladie de jeunesse, engendrée
» par la science précoce de notre civilisation avancée,

» espèce de folie causée au cerveau par les rayons
» brûlants d'une expérience trop hâtive. »

En ce temps-là, il se lie avec un jeune homme, Frédéric, « d'une imagination effrénée, un frère
» inconnu de Rousseau, d'Obermann, un grand
» poète à qui il ne manquait, en effet, que la voix
» des vers. » Avec lui, il s'adonnait à ces fêtes décrites dans le *Pandæmonium* de Dondey. « La
» poétique de l'orgie leur souriait, la flamme du
» punch leur semblait leur âme usée, prête à s'é-
» teindre sur leur vie brûlante. » Les deux amis prenaient alors les costumes les plus variés ; ils se justifiaient à eux-mêmes ces débordements par des autorités littéraires. Ainsi « il s'arracha violemment
» à la désillusion de ses rêves romanesques par les
» égarements, par les désordres ; il y usa son
» enthousiasme sans y puiser du repos. » Les effets de ses écarts ne se firent pas attendre. « Ennuis
» fades, irritants caprices, transports fous, fiévreuses
» déceptions, ironies amères, étranges espérances,
» doutes ténébreux, foudroyants désespoirs, voilà ce
» qu'il y avait en lui. »

Toutefois, au milieu même de ses erreurs, il n'avait cessé d'aspirer à un amour meilleur, d'attendre une femme inconnue qui devait le régénérer. Il la rencontra enfin, cette femme, à un bal que donnait sa mère. Leurs serments furent vite échangés. N'était-elle pas bien faite pour captiver un cœur triste comme le sien ? Elle était sérieuse, et Élie estimait que le rire dépare la plus noble figure humaine ; elle était pâle et « sans cela il n'aurait pu l'aimer » car il pensait que sur les visages frais et arrondis il n'y a rien, « parce que la mer s'étire et se ride quand il y a un orage. » Quels ont été les incidents de cette liaison ? Je n'ai pas ici à le dire. Qu'on sache seulement que sa courte durée est traversée par diverses épreuves, que pendant les absences auxquelles il doit se soumettre, Élie retrouve quelque peu sa mélancolie, et qu'enfin une catastrophe inattendue vient interrompre ses amours. D'abord fou de douleur, Élie, après une crise plus violente, se réveille guéri, et abandonnant nos tristes régions, privées de soleil, il va recommencer une nouvelle existence sous le ciel de l'Amérique.

Ce que la vie d'Élie Marlaker vient de nous révéler, ses poésies le reproduisent sous une autre forme. *Amour, absence, retour, désespoir, folie,* telles sont les divisions de la partie poétique du volume ; cette partie est traitée dans le même esprit que celle qui la précède. On y retrouve le même besoin de l'effet, le même désir de se rapprocher de certains modèles. D'abord les épigraphes qui, selon la mode du temps, décorent, non seulement chaque division de l'œuvre, mais chacune des pièces qui la composent, sont souvent empruntées à Byron, à Ossian, à Foscolo, à Gœthe. C'est ce dernier qui paraît avoir le plus attiré Boulay-Paty. Elle en est encore au culte de Werther :

> J'étais comme Werther et j'avais un frac bleu
> Qui m'était resté cher par-dessus toute chose.

Il imite aussi son devancier Joseph Delorme ; cependant il va plus loin que ses maîtres dans la voie lugubre. Ainsi par un singulier désordre d'imagination, il rêve l'amour avec un cadavre, l'intimité avec un squelette, et cette passion d'outre-tombe n'est troublée que par un souci, l'ennui d'avoir pour rivaux les vers qui rongent le corps de la femme aimée.

Cette sinistre conception, nous conduit à un autre poëte qui, lui aussi, est entré à un certain moment dans la même voie. On sait que Théophile Gautier a écrit une *Comédie de la mort*, avec ces deux sous-titres : *La Vie dans la Mort ; la Mort dans la Vie* (1838). Dans la première pièce, il suppose que tous les morts d'un cimetière sont vivants dans leurs cercueils, et il se complaît à décrire les noires pensées, les rêves effrayants de ces malheureux qui survivent à leur destruction. Dans la seconde, il parcourt toutes les douleurs, toutes les misères qui accablent les hommes et qui empoisonnent leur existence. Cette vie posthume et cette mort anticipée sont peintes avec les couleurs les plus sombres qui puissent s'offrir à une imagination affolée. La pensée de cette œuvre étrange paraît lui avoir été inspirée par les tableaux d'Holbein et d'Albert Durer; Théophile Gauthier a même consacré une pièce de vers à ce dernier; mais, aux traits prêtés par la peinture allemande, le poète a ajouté toutes les ressources que fournissait la mélancolie moderne.

On peut supposer qu'il n'y avait là qu'un jeu d'imagination bizarre, et, en effet, cette fantaisie satisfaite, Théophile Gauthier est rentré dans des habitudes bien différentes. Mais il ne manqua pas, dans le même temps, de poètes qui prissent au sérieux l'idée de la mort, soit en l'appelant de leurs vœux, soit même en allant au-devant d'elle.

Émile Roulland en est resté au premier de ces deux degrés. Il a laissé des *Poésies* (1838) dans lesquelles on peut remarquer une épître à Byron, et des fragments empreints de tristesse, par exemple celui-ci :

> Il est des fronts que l'infortune
> A ceints de son bandeau de fer, etc.

Porté à la rêverie, contemplateur assidu de la nature, admirateur passionné de Lamartine, il fut vite aigri par des échecs répétés dans la poursuite d'emplois dont il se croyait digne. Il était triste sous une apparence de gaieté, et comme l'a dit Boulay-

Paty qui s'est fait son éditeur : « le coin de marbre froid s'apercevait sous les fleurs. » Il était un de ces jeunes hommes qui promenaient dans le monde, et au milieu des fêtes, une mélancolie, dont on a pu souvent suspecter la sincérité. Il disait :

> Au souffle harmonieux du bal qui tourbillonne
> Comme la feuille au vent, mon âme s'abandonne.
> Femmes, n'en croyez pas mon visage trompeur,
> J'ai le rire à la bouche et la tristesse au cœur.

« Pris par moments, ajoute Boulay-Paty, de la
» funeste épidémie morale du siècle, du mal rongeur
» enfin, il ne levait le regard vers le ciel que pour
» douter de la bonté divine. »

Toutefois, ces égarements n'étaient pas de longue durée. Il revenait vite à des idées douces et religieuses, mais alors il s'abandonnait surtout à la pensée de la mort. La mort était pour lui l'asile suprême, le refuge assuré contre l'infortune. Ce refuge ne lui fut pas longtemps refusé. Il mourut le 12 février 1835, date qui coïncidait, nous le verrons plus loin, avec la représentation d'une œuvre dramatique, offrant avec cette mort, une douloureuse analogie.

Un peu plus d'un mois avant Roulland, s'éteignait la jeune Élisa Mercœur, dont on a publié, en 1843, les œuvres, peu originales et visiblement inspirées de la littérature de l'époque. Plus impatiente que Roulland, Élisa Mercœur n'avait pas attendu pour tenter de sortir du monde qu'elle y eut accompli sa tâche. Elle avait, mais vainement, essayé de s'asphyxier avec des fleurs. On s'étonne de la profondeur du mal qui s'était emparé des jeunes intelligences, quand on songe que cette enfant n'avait pas de griefs sérieux contre la vie, que ses débuts avaient été encouragés par le pouvoir, et que le seul motif de sa tentative désespérée fut, de son propre aveu, le désir d'immortaliser son nom par le suicide. Cette aberration était le fruit malsain de la publicité que les journaux du temps donnaient à l'envi aux actes de cette nature. Elle-même avait trouvé bon, dans un roman, auquel elle donna le titre de *Quatre amours*, de montrer une femme qui cherchait et trouvait la mort dans l'exhalaison de dangereux parfums. Comme pour mieux attester le péril inhérent à ces sortes d'œuvres, elle s'était prise à son propre piège et elle avait résolu de mourir de la même mort que son héroïne. Heureusement la tentative avait échoué, et, il faut le dire, elle en avait témoigné elle-même le regret et l'horreur.

Deux malheureux jeunes gens furent, hélas! vers le même temps, mieux servis dans leur désespoir. Victor Escousse et Auguste Lebras avaient ardemment embrassé les principes de l'école romantique. Ils avaient écrit des poésies fugitives; Escousse aval

fait représenter, avec des succès inégaux, deux œuvres dramatiques, et il avait composé, en collaboration avec Lebras, une tragédie que le public avait fort mal traitée. Ils ne voulurent pas survivre à la chute de leurs espérances, et prirent le parti de se donner ensemble la mort. Les préparatifs de cet acte furent accomplis avec un grand calme. Tous deux périrent asphyxiés par le charbon qu'ils avaient allumé (24 février 1832). Escousse avait dix-neuf ans, Lebras en avait seize ! Lebras avait conservé quelque souci de sa famille ; il s'était efforcé d'adoucir le coup qu'il lui portait ; Escousse, au contraire, en ce moment suprême n'eut qu'une préoccupation, le besoin d'un éclat posthume et d'une célébrité funèbre. Lisez cette sorte de testament à la fois passionné et sceptique : « Je désire que les journaux qui
» annonceront ma mort ajoutent cette déclaration
» à leur article : Escousse s'est tué parce qu'il ne se
» sentait pas à sa place ici, parce que la force lui
» manquait à chaque pas qu'il faisait en avant ou en
» arrière, parce que l'amour de la gloire ne dominait
» pas assez son âme, si âme il y a. Je désire que
» l'épitaphe de mon livre soit :

  Adieu trop inféconde terre,
  Fléaux humains, soleil glacé ;
  Comme un fantôme solitaire,
  Inaperçu j'aurai passé.
  Adieu, couronnes immortelles,

> Vrai songe d'une âme de feu ;
> L'air manquait ; j'ai formé mes ailes ;
> Adieu !

Béranger a consacré à ce double suicide quelques stances trop indulgentes. Il n'a pas vu qu'il n'était que le fait de la vanité blessée et de l'ambition impuissante, et qu'il n'avait pas droit aux honneurs d'une oraison funèbre.

Que si maintenant, rassemblant les traits épars dans les pages qui précèdent, nous cherchons à reconstituer la physionomie générale de la poésie que nous avons analysée, que trouvons-nous ? Peu d'originalité ; peu de sincérité ; des douleurs presque toujours sans cause précise ; des fantaisies lugubres plutôt qu'un sentiment profond de mélancolie ; enfin des aspirations vers la mort qui, grâce à Dieu, ont rarement passé dans le domaine des faits. Nous allons nous trouver en face d'une poésie plus haute et plus digne d'attention, en abordant Alfred de Musset, qui, d'ailleurs, n'est pas seulement poète, et qui nous touche aussi comme romancier.

## III

## Alfred de Musset.

---

Si, depuis le commencement de ce siècle, un homme, en entrant dans la vie, sembla devoir être affranchi du mal commun, ce fut, sans doute, Alfred de Musset. Tout lui souriait ; tout l'invitait à être heureux. Comme le Don Juan dont il nous a fait le portrait, « le voilà jeune et beau, sous le ciel de la France », le cœur plein d'espoir, aimant, aimé de tous ; et par-dessus tout cela la sainte poésie

> Retourne en souriant la coupe d'ambroisie
> Sur ces cheveux plus doux et plus blonds que le miel.

Aussi quel éclat dans ses débuts ! Comme ses premiers vers étincellent de verve et de jeunesse ! Quelle aimable folie ! Quel badinage éblouissant ! Ce n'est pas lui qui flatterait les mélancoliques à froid et par système; il ne ménage pas « les pleurards, les rêveurs à nacelles, les amants de la nuit, des lacs, des cascatelles. »

Et cependant quelques années plus tard il s'éteindra jeune encore, mais déjà épuisé, anéanti par le sentiment de sa misère intérieure; et dans les derniers vers tracés par sa main défaillante, il se représentera entendant de tous côtés l'heure de sa mort sonner à ses oreilles, souffrant dans sa lutte inutile contre « l'instinct du malheur », souffrant même dans son repos, et sentant son courage chanceler et s'abattre « comme un coursier brisé de fatigue! »

Entre ces deux termes extrêmes, que s'était-il passé qui pût expliquer un tel contraste? Quelles avaient été les étapes d'une route si fleurie au point de départ, si aride et si désolée au point d'arrivée? Ces étapes, personne ne les ignore. Musset, d'abord, avait fait l'apprentissage de la vie au milieu d'une société, déjà presque dépourvue de croyances, et dans laquelle une révolution nouvelle venait de jeter une perturbation plus profonde encore. Il avait bu avidement les sucs les plus pernicieux de la littérature. De plus, il n'avait pas su bien ordonner sa vie. Enfin une grande passion l'avait saisi, mais sans calmer son cœur incapable de repos, et cette liaison, condamnée à l'avance à une prompte rupture, ne lui avait laissé qu'un vide irréparable et un besoin nouveau de s'étourdir. Les torts de son époque, ses torts personnels étaient donc les deux principales causes d'une mélancolie dont on suit à travers ses œuvres les diverses vicissitudes.

Dès 1831, aussitôt après *les Contes d'Espagne et d'Italie*, après *la Ballade à la Lune* et *Mardoche*, on voit une pensée triste surgir au milieu de sa fougue fantaisiste. *Les Vœux stériles* renferment, avec de douloureuses réflexions sur la vocation du poète, des retours pénibles sur sa propre condition. « A moitié de sa route », il se sent « déjà las de marcher ». La vie médiocre, prosaïque et mercantile, telle que la fait la société moderne, lui répugne ; il lui faudrait « tout ou rien », et il se demande comment il ne s'est pas trouvé dans cette loterie un joueur assez abattu par le sort pour lui dire en sortant : « N'entrez pas, j'ai perdu ». Cependant, il veut aller jusqu'au bout, et faire rougir la destinée des maux qu'elle peut lui réserver encore.

Dans le poëme de *Rolla* (1833), Alfred de Musset, nous révèle ses tourments religieux. Il regrette la foi du passé. Le paganisme n'était-il pas heureux, lui qui avait des Dieux partout? Le moyen âge aussi n'était-il pas heureux ? « Tout venait de renaître sous la main du Christ. » Pour lui, « venu trop tard dans un monde trop vieux, » pour lui, « le moins crédule enfant de ce siècle sans foi, » il demande qu'il lui soit permis de baiser la poussière du crucifix brisé et de

» pleurer sur cette froide terre » déchue de ses espérances suprêmes. Il adresse à Voltaire d'amers reproches pour l'œuvre de destruction qu'il a accomplie ; il l'accuse de tous nos maux, de notre scepticisme, de notre égoïsme, et de ce vide du cœur, qui, à défaut des cloîtres dont le monde ne veut plus, ne nous laisse dans le malheur d'autre alternative que le suicide.

*Les Nuits* (1835-1837), sous un titre qui rappelle l'œuvre mélancolique de Young, contiennent bien des soupirs et bien des larmes. Dans la nuit de Mai, la muse qui l'a vu « triste et silencieux et qui descend » du ciel pour pleurer avec lui », cherche à l'arracher à « son ennui solitaire » et à réveiller son génie abattu par le chagrin. « Rien ne nous rend si grands, » lui dit-elle, qu'une grande douleur ; » et les chants « les plus désespérés sont les plus beaux ». Dans la nuit d'Août, la muse consolatrice s'écrie : « Hélas! » toujours un homme, hélas! toujours des larmes! » Dans la nuit d'Octobre, parlant au poète, dont l'âme déchirée frémit et palpite encore au souvenir d'un amour malheureux, elle lui conseille la résignation par des motifs tirés des vues de la Providence : elle lui démontre que « l'homme est un apprenti, et que » la douleur est son maître ; » et que « c'est une dure » loi, mais une loi inexorable, vieille comme le monde » et la fatalité, qu'il nous faut recevoir le baptême du » malheur ». Mais c'est surtout dans la nuit de

Décembre (1ᵉʳ décembre 1835), que le poète met à nu la misère de son âme. Il se plaint de son isolement au milieu du monde : écolier, dans sa salle d'étude ; adolescent, dans ses premières visites aux bois et aux collines ; jeune homme, pleurant son premier amour trahi ; portant un toast dans un festin joyeux, ou agenouillé au chevet du lit où vient de mourir son père ; toujours il retrouve un inconnu qui lui ressemble comme un frère, un mystérieux fantôme, qui n'est autre que celui de la solitude ; et dans un développement poétique qui contient une longue énumération de ses douleurs, il nous montre ce fantôme lui apparaissant partout où il a promené « son cœur saignant d'une éternelle plaie, sa fatigue, son ennui, sa soif d'un monde ignoré, » ses rêves et ses déceptions.

La *Lettre à Lamartine*, qui date de 1836, nous montre encore Musset sous le même jour. S'adressant à celui qu'il nomme « le Chantre de la souffrance », il lui rappelle qu'un jour Byron reçut des vers d'un jeune poète qui ne le connaissait que par ses douleurs, et que celui-ci accueillit avec un sourire triste ce témoignage d'un cœur inconnu. A son tour, Musset s'entretient avec Lamartine dont il ne connaissait alors que les vers émus, et lui raconte les chagrins de son cœur brisé. Il gémit de ce que la nature humaine,

Qui marche à pas comptés vers une fin certaine,

> Doive encore s'y traîner en portant une croix,
> Et qu'il faille ici-bas mourir plus d'une fois.

Il déplore le caractère passager de nos affections, leur incessante mobilité, et l'accumulation de ruines qui se fait dans notre âme jusqu'au dernier moment de notre existence. Cependant sa tristesse n'est pas du désespoir. L'exemple de Lamartine lui-même le relève ; comme lui, il veut espérer ; et sa lettre se termine par un *sursum corda*, et par un acte de foi dans l'immortalité de l'âme.

Mais ces élans étaient éphémères et Musset ne les éprouvait qu'au prix de longues anxiétés. *L'espoir en Dieu* qui suit la lettre à Lamartine nous permet d'assister à ces douloureux mouvements de son âme. Il aurait aimé, nous dit-il, à se laisser aller doucement au cours de la vie, à jouir des biens de la terre « à regarder le ciel sans s'en inquiéter. » Il ne le peut, « malgré lui, l'infini le tourmente ; il n'y saurait songer sans crainte et sans espoir. » Le doute ne lui paraît pas, comme à Montaigne, un oreiller commode pour une tête bien faite. Il croit que les indifférents sont de vrais athées, « qu'ils ne dormiraient pas s'ils doutaient un seul jour. » En dépit de sa volonté, sa raison l'entraîne à la recherche de la solution des plus graves problèmes. Il la demande d'abord à la religion ; mais elle lui semble au-dessus de ses forces. Et cependant il a besoin de connaître la vérité. « Si son cœur

» fatigué du rêve qui l'obsède » revient un instant à la réalité, il trouve « au fond des vains plaisirs un tel » dégoût qu'il se sent mourir. » Toutes les voluptés ne peuvent endormir sa souffrance :

« Malgré nous vers le ciel, il faut lever les yeux. »

Il interroge donc la philosophie ; il passe en revue, le manichéisme, le théisme, Aristote, Platon, Pythagore, Leibnitz, Descartes, Pyrrhon, Zénon, Voltaire, Spinosa, Locke et Kant ; mais il trouve toutes leurs théories creuses et vides; et alors se jetant à genoux, il prie ; il prie un peu au hasard, sans être certain « que quelqu'un l'entende », mais avec un profond désir d'être entendu et exaucé ; il chante le sentiment qu'il a de la divinité ; il la supplie de se dévoiler tout entière, pour que l'humanité sèche enfin ses larmes, qu'au bruit d'un concert de louanges s'élevant vers Dieu on voie s'enfuir « le doute et le blasphème, » et que « la mort elle-même y joigne ses derniers accents. »

Le même sentiment est présenté avec plus de concision et de force encore, dans le sonnet intitulé *Tristesse* (1840), où Musset fait un amer retour sur sa force, sa jeunesse, sa gaieté perdues, sur ses aspirations vers la vérité si vite trahies ; où il proclame cependant la nécessité de « répondre à Dieu qui nous parle » et trouve pour dernière consolation le souvenir des larmes qu'il a versées. Enfin nous retrouvons ces strophes navrantes, ces *novissima verba* que j'ai rappelés plus haut et qui marquent le dernier stade de son triste pèlerinage.

Telle qu'il s'est dépeint dans ces poésies, Musset était donc une nature inquiète, incapable de vivre ni dans le tourbillon des plaisirs, ni dans l'austérité de la philosophie, sensible à l'excès, étrangement mobile, s'élevant parfois d'un essor soudain vers les plus hautes sphères, mais retombant bientôt dans la région ingrate et nue des réalités, et avançant chaque jour vers le désespoir. Mais ce n'est pas toujours sous ses traits qu'il a fait le portrait de la mélancolie, et nous avons à rechercher comment il a traité ce sujet sous une forme plus indirecte.

Dans l'Épître à Lamartine on voit Musset consacrer au « grand Byron » des vers pleins d'un sentiment d'admiration pour l'homme qui devait « finir en » héros son immortel ennui » pour le « grand inspiré » de la mélancolie. » Ailleurs, sous ce titre : *Après une Lecture* (novembre 1842), il adresse une éloquente invocation, dont j'ai eu à parler plus haut, au malheureux Leopardi qu'il montre « l'âme désolée, mais tou- » jours calme et bon » s'avançant dans sa route solitaire jusqu'à ce que son heure dernière arrivât, et qu'il « goutât enfin le charme de la mort. »

Dans le conte spirituel et capricieux de *Namouna*, (1832), il prend plaisir à dessiner un portrait qui rappelle une des créations de Byron. Hassan, son héros, est un sceptique, un blasé. Il aime le plaisir, mais il ne croit pas à l'amour, c'est une sorte de Don Juan. A côté de lui, d'ailleurs, Musset en a esquissé un autre.

> Que personne n'a vu, que Mozart a rêvé,
> Qu'Hoffmann a vu passer au son de la musique,
> Et que de notre temps Shakspeare aurait trouvé.

Ce Don Juan là poursuit à travers mille amours un idéal insaisissable et meurt, sans avoir assouvi son immense besoin d'aimer.

Qui ne connaît *la Confession d'un enfant du siècle* (1836) ? La célébrité de ce roman me permet de n'en donner qu'une courte analyse.

*Octave* sort du collège ; il apporte dans le monde qui s'ouvre devant lui, un esprit atteint déjà par le souffle du sceptiscime. Mais il croit encore à l'amour. L'infidélité d'une première maîtresse lui enlève cette illusion, et, pour s'étourdir sur sa douleur, il se jette dans tous les excès. Ses dernières convictions morales sombrent bientôt dans cet abîme et, tout jeune encore, il éprouve un désenchantement que pourrait seule justifier une longue épreuve du malheur et de la méchanceté des hommes. Cependant, ce jeune homme blasé, fatigué d'avance de la vie, incapable d'illusions, retrouve un jour au fond de son cœur un sentiment qu'il croyait à jamais éteint en lui ; il se reprend à aimer et Brigitte Pierson répond à son affection. Mais cet amour poursuivi par les réminiscences du passé n'a ni calme ni sécurité; il se traîne péniblement à travers des méfiances et des secousses incessantes, jusqu'à ce qu'épuisé par ses vaines agitations, il s'éteigne en ne laissant que le vide après lui. *Octave*, n'est donc, à beaucoup d'égards, et sans parler de ses ressemblances sur certains points, qui sortent des limites de notre travail, avec l'*Amaury* de Volupté, qu'une nouvelle édition de l'*Adolphe* de Benjamin Constant. S'il est un peu plus amoureux que lui, il n'est pas moins hésitant, et surtout il n'est pas plus heureux.

Tout le monde sait, et Musset ne l'a jamais dissimulé, que le caractère inquiet et tourmenté qu'il nous a décrit dans *la Confession d'un enfant du siècle* était en grande partie le sien. Chez lui, comme chez Octave, ce caractère était-il surtout le fruit d'une jeunesse corrompue? La forme romanesque qu'il a choisie pour s'exprimer, laisse cette question dans un certain vague ; mais, à cet égard, il me semble suffisant de répéter ce que disait Mme Georges Sand avant la publication de la *Confession*, dans les *Lettres d'un Voyageur* (1834), et de dire, sans préciser davantage, que le souvenir des faiblesses dégradantes que le poëte avait « contemplées, » était venu empoisonner de doutes cruels et d'amères pensées, les pures jouissances de son âme hésitante et craintive.

Il me paraît également inutile de rouvrir la polémique regrettable qui s'est élevée sur sa tombe et dans laquelle on a vu l'ancienne amie, la Brigitte du roman, en réveillant imprudemment des feux encore mal éteints, s'attirer une réplique brûlante, dictée par une susceptibilité fraternelle vivement blessée. Entre *Elle et Lui*, d'une part, *Lui et Elle*, de l'autre, je n'ai pas à me prononcer. Encore moins ai-je à examiner d'autres œuvres secondaires sur le même sujet. Mais ce que je ne veux pas oublier, c'est le tableau que Musset a tracé dans la *Confession* des ravages exercés par la volupté sur les facultés de l'âme. Déjà dans le drame bizarre de *La Coupe et les Lèvres* (1832), sous la figure de Franck qui voit sa fiancée, la pure Deidamia, périr de la main de son ancienne maîtresse, la courtisane Belcolor, il avait présenté l'allégorie de l'âme punie de ses anciens vices par la ruine de tout amour élevé. C'est dans cette pièce qu'il a écrit ces deux vers terribles :

> Ah! malheur à celui qui laisse la débauche
> Planter le premier clou sous sa mamelle gauche !

Octave confirme hautement cette vérité par le spectacle de ses tristesses, de ses suspicions, de ses angoisses et de ses remords. De tous les genres de mélancolie, le plus douloureux, en effet, n'est-il pas celui qui résulte de nos propres torts? Aussi la leçon contenue dans les œuvres dont je parle mérite-t-elle d'être écoutée ; et, en supposant qu'on pût, comme excuse de certaines défaillances, invoquer l'exemple fâcheux d'un homme qui avait le prestige du plus beau talent, la logique exigerait qu'on se souvînt aussitôt des sévères enseignements de ce poëte, et ceux-ci devraient suffire pour détourner de celles-là.

On peut maintenant juger Musset. Sous beaucoup de rapports, il a sacrifié aux tendances mélancoliques ; il leur a donné place dans ses œuvres tantôt en son nom, tantôt sous des formes plus ou moins fantaisistes. Il a été bien complètement de son temps ; il a été l'enfant de son siècle. Doué d'une merveilleuse facilité d'assimilation, il s'en est approprié l'esprit troublé, sceptique, tantôt moqueur, et tantôt attendri. On trouve en lui, selon l'heureuse expression de M. Vitet, dans les paroles émues qu'il a prononcées sur sa tombe, « un mélange indéfinissable de chimère » et de raison, d'ironique sécheresse et d'émouvante » mélancolie, la grâce, la passion, l'élégant badinage. » Ces traits divers il les emprunte aussi bien à l'étranger qu'à sa patrie. Son âme, ouverte, à toutes les impressions, de quelque part qu'elles vinssent, s'est confondue avec l'âme de toute une génération.

Par là s'explique la faveur toute particulière dont il a joui parmi ses contemporains. Chaque époque se personnifie dans l'homme qui représente le plus complément ses qualités ou ses défauts. Dans l'ordre d'idées où se renferme cette étude, la République et l'Empire s'incarnent en Chateaubriand ; la Restauration s'identifie avec Lamartine ; Musset est le type suprême du gouvernement de Juillet. Il a réuni à leur plus haut degré les symptômes qui ont caractérisé le mal du siècle pendant cette période de notre histoire ; à son tour, cette époque ne lui a pas marchandé sa reconnaissance et s'est plu à se décerner à elle-même, en les posant sur la tête de son poète bien-aimé, les plus flatteuses couronnes.

Je ne l'imiterai pas sans quelque réserve ; certes je ne pousserai pas la sévérité, jusqu'où Musset l'a poussée lui-même, quand il a dit :

> Il n'existe qu'un être
> Que je puisse en entier et constamment connaître,
> Sur qui mon jugement puisse au moins faire foi,
> Un seul — je le méprise, — et cet être, c'est moi.

Mais comment s'empêcher de regretter qu'il ait souvent mal employé les dons éminents qui lui avaient été si largement départis et que des aspirations insuffisantes vers le bon et le vrai soient le seul monument respectable qui nous reste de son admirable talent.

# IV

## Maurice et Eugénie de Guérin.

Sur les confins de la poésie et de la prose, on rencontre un écrivain dont le nom a fait d'abord peu de bruit, et n'a conquis que dans ces derniers temps une réelle célébrité, mais qui doit trouver sa place ici. Poëte et prosateur, quelques-unes même de ses œuvres en prose ont reçu la qualification de poëmes, et peut-être, en effet, pour être des vers excellents, ne leur manque-t-il que la rime. L'un de ces poëmes doit attirer notre attention, ainsi que quelques productions plus intimes du même auteur. Je les comparerai ensuite à certains écrits d'une autre plume qui ne peuvent en être séparés. Je veux parler de Maurice de Guérin, et de sa sœur Eugénie.

Maurice était né dans une famille où la pauvreté et le malheur semblaient héréditaires. « Retiré à la

» campagne avec ma famille, a-t-il dit, mon enfance
» fut solitaire. Je ne connus jamais ces jeux ni cette
» joie qui accompagnent nos premières années. »
Ses plaisirs, il les trouvait dans la rêverie et la contemplation de la nature : il était atteint d'une tristesse secrète, sa santé d'ailleurs était débile, et il y avait en lui, a dit M. de Pontmartin, « une disposition
» maladive où les souffrances du corps réagissaient
» sur les résolutions de l'âme. »

A Paris, il tenta la carrière des lettres et celle de l'enseignement. Le succès ne vint pas. Il se maria, et parut un instant devoir être heureux, mais la phthisie qui le minait l'emporta à moins de vingt-neuf ans. Il mourut le 17 juillet 1839.

Son écrit le plus connu est un morceau de prose poétique auquel il a donné pour titre *le Centaure*. C'est le récit des impressions d'un de ces êtres fabuleux, depuis sa naissance dans la profondeur d'une caverne, jusqu'à sa vieillesse qui approche de son dernier terme. *Macarée* dépeint les progrès de son développement, la vigueur de sa jeunesse, ses courses enivrantes à travers les montagnes ou les vallées, les rochers ou les fleuves, soit sous les feux du jour, soit à la clarté des étoiles, « l'inconstance sauvage et
» aveugle qui dispose de ses pas, » son mépris pour cet être inférieur, l'homme, qu'il rencontre en parcourant la nature, les entretiens qu'il eut dans sa jeunesse avec le vieux centaure Chiron ; enfin il

annonce sa fin en ces mots : « Je reconnais que je
» me réduis et me perds rapidement comme une
» neige flottant sur les eaux, et que prochainement
» j'irai me mêler aux fleuves qui coulent dans le
» vaste sein de la terre. »

Sainte-Beuve n'a pas hésité à rattacher à l'école mélancolique cette œuvre originale et puissante dans sa brièveté. « Guérin, sous forme de *Centaure*, dit-il,
» a fait là son *René* et raconté sa propre histoire, sa
» source réelle d'impressions, en la projetant dans
» les horizons fabuleux. Il a fait son *René*, son
» *Werther*, sans y mêler d'égoïsme, et en se méta-
» morphosant tout entier dans une personnification
» qui reste idéale, même dans ce qu'elle a de mons-
» trueux : il n'a pris la croupe du Centaure que pour
» qu'elle pût le porter plus vite et plus loin. » Il y a en effet, dans ce personnage solitaire, dans ce sage adonné au culte de la nature, comme une allégorie discrète des sentiments et des goûts que nourrissait l'auteur de cette fiction.

Mais pour mieux connaître Maurice de Guérin, il faut le chercher dans les lettres où il se montrait tel qu'il était, sans étude et sans apprêt, et dans le journal où il s'épanchait dans toute la sincérité de son âme, enfin dans le souvenir de ceux qui l'aimaient. On y trouve à chaque pas un triste contraste : personne plus que Maurice n'a eu le désir d'être heureux, personne ne l'a moins été. On dirait qu'il cherche à s'assimiler tout ce qui dans l'univers peut contenir une jouissance. La vie et ses manifestations diverses sont « le Dieu de son imagination, le tyran » qui le fascine et l'attire. » Eh bien ! ce bonheur dont il se forme une si vive idée, il ne peut le trouver en lui-même, et sans cesse il se plaint de l'indigence de son esprit, de la misère de son cœur.

L'esprit, ai-je dit. De ce côté, il voit en lui, « un vice » organique, un délabrement irréparable » ; son élément « craintif, inquiet, analytique » ne le laisse jamais en repos. « J'avance bien lentement du côté » de l'intelligence ; j'ai le pressentiment de mille » choses, mais c'est plutôt un tourment qu'un » progrès (*Journal*, 13 mars 1833). » Ailleurs : — « je sais » bien que je suis une pauvre créature qui ai peu » d'esprit. — Oh ! que c'est bien dit, mon cher » Bernardin ! comme tu as bien rendu le sentiment » d'une âme qu'on s'efforce d'élever au-dessus de sa » sphère, et qui pénétrée de son impuissance s'écrie : » Je sais bien que je suis une pauvre créature ! » comme tu fais dire à Virginie. Il y a bien longtemps » que je me répète ces paroles. C'est le résumé de » tous mes travaux, de toute ma vie » (*Journal*, 23 juin 1834). L'année suivante, mêmes gémissements : « Je m'échappe à moi-même ; un trouble funeste » bouleverse ma tête ; elle bat la campagne à travers » je ne sais quelles imaginations. » (*Journal*, 27 mars 1835). Enfin, encore une année après, on

peut constater la marche ininterrompue du mal dont il se plaint : « Le mal-être d'abord assez
» resserré a gagné rapidement ; ma tête se dessèche.
» Comme un arbre qui se couronne, je sens, lorsque
» le vent souffle, qu'il passe dans mon faîte à
» travers bien des branches dépéries. » Ainsi son intelligence est pour lui la source de tourments qui se renouvellent et se diversifient à l'infini, tourments vagues, souvent indéfinissables, mais à coup sûr, cruels. Il en est de même de son cœur.

Par une funeste infirmité, déjà souvent observée dans le cours de ce travail, il ne sait pas saisir le bonheur qui s'offre à lui, il ne jouit que par l'imagination. « La présence du bonheur me trouble et je
» souffre même d'un certain froid que je ressens ;
» mais je n'ai pas fait deux pas au dehors que l'ima-
» gination me prend ; un regret infini, une ivresse
» de souvenir, des récapitulations qui exaltent tout
» le passé, et qui sont plus riches que la présence
» même du bonheur ; enfin ce qui est, à ce qu'il
» semble, une loi de ma nature, toutes choses mieux
» ressenties que senties.

La vie de son cœur ne s'accuse que par des souffrances sans cause apparente. Il est atteint d'un » ennui profond. » Il écrit le 1er Mai 1833 : « Je suis
» plus triste qu'en hiver. Par ces jours-là, se révèle
» au fond de mon âme, dans la partie la plus intime,
» la plus profonde de la substance, une sorte de

» désespoir, tout à fait étrange ; c'est comme le dé-
» laissement et les ténèbres hors de Dieu ».

Quelques semaines après, il paraît devenu étranger aux influences du dehors, mais son bonheur n'y a rien gagné ; il consigne cette note, le 17 juillet :
« J'écris sur le déclin d'une belle journée.... mais ce
» beau soleil, qui me fait ordinairement tant de bien,
» a passé sur moi comme sur un astre éteint ; il m'a
» laissé comme il m'a trouvé, froid, glacé, insensible
» à toute impression extérieure, et souffrant, dans le
» peu de moi qui vit encore, des épreuves stériles et
» misérables. Ma vie intérieure dépérit chaque jour,
» je m'enfonce je ne sais dans quel abîme, et je dois
» être arrivé déjà à une grande profondeur, car la
» lumière ne m'arrive presque plus et je sens le
» froid qui me gagne. » Il y a çà et là, dans son manuscrit, des mots qui pénètrent d'effroi et de pitié pour cette nature malheureuse : « 18 mai 1834. Ma
» misère intérieure gagne, je n'ose plus regarder
» au dedans de moi. » — « 26 août. Je deviens comme
» un homme infirme et perclus de tous ses sens,
» solitaire et excommunié de la nature. » Je citerai encore les lignes qu'il traçait, le 22 juin 1835, et qui décrivaient bien son obscur martyre : « Ce qui me
» fait, dans des moments, désespérer de moi, c'est
» l'intensité de mes souffrances pour de petits sujets,
» et l'emploi toujours malentendu et aveugle de mes
» forces morales. J'use quelquefois à rouler des grains

» de sable, une énergie propre à pousser un rocher
» jusqu'au sommet des montagnes. Je supporterais
» mieux des fardeaux énormes que cette poussière
» légère et presque impalpable, qui s'attache à moi. Je
» péris chaque jour secrètement ; ma vie s'échappe par
» des piqûres invisibles. » Après cette date, le manuscrit s'arrête, mais l'angoisse continue. En avril 1839,
sa femme écrit : « Maurice est triste, il a un fond de
» tristesse que je cherche à dissiper ; je la lis dans
» ses yeux. » Et sa sœur ajoute ce commentaire
navrant : « Mon pauvre ami, qu'as-tu donc, si ce
» n'est pas la fièvre qui t'accable ? Il me semble voir
» en toi je ne sais quoi qui t'empoisonne, te maigrit,
» te tuera, si Dieu ne t'en délivre. J'ai de tristes
» pressentiments. » Ces pressentiments n'étaient
point trompeurs. L'heure suprême avait sonné ;
heure des larmes pour la famille, pour le patient
heure de la délivrance.

Dans un article de la *Revue des deux Mondes* du
15 mai 1840, M^me Sand, qui a été la première à
rendre justice au jeune talent qui venait de s'éteindre,
ignoré du public et de lui-même, définissait ainsi
Maurice de Guérin : « C'était une de ces âmes
» froissées par la réalité commune, tendrement
» éprises du beau et du vrai, douloureusement
» indignées contre leur propre insuffisance à la
» découvrir, vouées, en un mot, à ces mystérieuses
» souffrances dont René, Obermann et Verther, offrent

» sous des faces différentes, le résumé poétique.
» Les quinze lettres de M. de Guérin que nous avons
» entre les mains (on ne connaissait pas alors la
» plus grande partie de ses écrits intimes), sont une
» monodie non moins touchante et non moins belle,
» que les plus beaux poëmes psychologiques destinés
» et livrés à la publicité. » Il est certain, en effet,
que par son besoin de s'analyser sans cesse, par sa
facilité à gémir sur lui-même, Guérin présente une
analogie frappante avec les grands mélancoliques
dont on vient de rappeler les noms, par-dessus tout
avec Obermann. Comme Obermann, il se défie de ses
propres forces, il éprouve un secret ennui, et il
s'épuise dans des efforts inutiles pour vaincre son
imagination, et pour arriver à vivre d'une vie pleine
et vraie. M$^{me}$ Sand a bien indiqué ce caractère de
l'écrivain qu'elle étudiait, mais son jugement est
plus contestable, quand elle revendique Guérin,
comme l'un des partisans des dangereuses doctrines
dont la maladie du siècle est souvent complice ;
quand elle le représente comme un sceptique, comme
un poète Byronien. La sœur de Maurice a protesté
contre cette partie du portrait ; et l'on doit reconnaître que Guérin, par la moralité élevée de son
œuvre, mérite d'être distingué de l'école dont il est
à d'autres égards le disciple. Ce n'est pas le scepticisme que je lis dans ses écrits intimes, c'est plutôt
le mysticisme ; il pousse le désir de la perfection

jusqu'au scrupule. Il était chrétien ; il est resté tel, malgré quelques défaillances provenant du trouble jeté dans son esprit par la défection de Lamennais, dont il avait été l'élève ; seulement sa religion était inquiète et tourmentée. Nous connaissons Maurice de Guérin. C'est déjà connaître sa sœur Eugénie.

Ne serait-ce qu'à cause de l'affection qu'elle avait vouée à son frère, on pourrait dire que M¹¹ᵉ Eugénie de Guérin ne formait avec lui qu'une seule âme. C'est pour son frère qu'elle écrit son journal, elle veut qu'à son retour, en lisant ce manuscrit, il puisse reconstituer la douce vie de famille écoulée sans lui. Je ne pense pas qu'on puisse imaginer une union de sentiments plus parfaite ; mais aussi, rarement a-t-on vu plus d'affinités morales qu'entre ce frère et cette sœur.

Eugénie de Guérin avait passé comme Maurice dans la maison paternelle une enfance solitaire ; comme Maurice, elle aspire à un idéal élevé, accuse la prétendue pauvreté de son esprit, le vide de sa vie intérieure, l'ennui qui l'atteint ; enfin n'est soutenue que par le sentiment religieux. En maint endroit, on pourrait rapprocher le *Journal* d'Eugénie de celui de Maurice ; on trouverait dans l'un et l'autre les mêmes impressions intimes, et on les trouverait presque aux mêmes dates.

Je ne vais pas jusqu'à prétendre que les deux

manuscrits pourraient être confondus, et indifféremment attribués à la sœur ou au frère ; la femme ici ne perd pas son caractère propre. Au milieu de sa mélancolie, elle conserve son charme et sa grâce. D'un autre côté, je ne dois pas omettre de remarquer que chez elle la religion est plus nette, plus pratique que chez Maurice de Guérin, que par ce côté encore, sa tristesse est moins pesante. Mais, répétons-le, cette âme traverse les mêmes angoisses, se plaint des mêmes sécheresses et s'use dans les mêmes souffrances que nous venons d'étudier. On en suit l'histoire jour par jour :

« 13 avril 1835 : Il y a de ces moments de défail-
» lance où l'âme se retire de toutes ses affections, et
» se replie sur elle-même comme bien fatiguée. Cette
» fatigue sans travail, qu'est-ce autre chose que
» faiblesse. Il la faut surmonter ». — « 22 mai 1835 :
» L'ennui est le fond et le centre de mon âme aujour-
» d'hui... » — 19 juin 1835 : Ma tête est vide à présent ;
» il y a de ces moments où je me trouve à sec, où
» mon esprit tarit comme une source, puis il recoule. »
— « 1837 : (sans autre date) : Je souffrais, je souffre
» encore, mais ce n'est qu'un reste, un malaise qui
» va finir ; même je ne sais pas ce que c'est ni ce que
» j'ai de malade : ce n'est ni tête, ni estomac, ni poi-
» trine, rien du corps ; c'est dans l'âme, pauvre âme
» malade ! » — « 1er février 1838 : jour nébuleux, som-
» bre, triste, au dehors et au dedans. » — « 27 mai 1838 :

» Ce n'est pas facile de bien faire, d'atteindre le beau,
» si haut, si loin de notre pauvre esprit; on sent que
» c'est fait pour nous, que nous avons été là, que
» cette grandeur était la nôtre et que nous ne sommes
» plus que les nains de l'intelligence ; chute, chute
» qui se retrouve partout ! ».

Pour calmer ces agitations de son esprit, Eugénie de Guérin cherche à s'endormir dans des habitudes régulières, monotones même s'il le faut. Elle écrit le 13 mai 1830: « Si je pouvais croire au bonheur, a dit
» M. de Chateaubriand, je le chercherais dans l'ha-
» bitude, l'uniforme habitude qui lie le jour au jour, et
» rend presque insensible la transition d'une heure à
» l'autre, d'une chose à une autre chose; il y a repos
» dans cette vie mesurée, dans cet arrangement que
» s'imposent les religieux... Il n'attendent pas, ou ils
» savent ce qu'ils attendent ces hommes d'habitude ;
» et voilà l'inquiétude, l'agitation, le chercher de moins
» pour ces âmes. J'en conclus qu'il est bon de savoir ce
» que l'on veut faire... » Ici jetons un regard en arrière. Nous l'avons vu, non seulement Chateaubriand, mais encore Jean-Jacques Rousseau et Senancour, ont vanté le pouvoir salutaire de l'habitude, les ressources qu'on y trouve contre les tourments de l'âme; et voilà qu'à trente ans d'intervalle une jeune femme solitaire vient ajouter à ces autorités son témoignage modeste mais précieux !

Mais, quand elle écrivait ces lignes, le mal dont souffrait Eugénie de Guérin n'était déjà plus guérissable. La mort de son frère ne tarda pas à venir lui porter le dernier coup, et elle disait, le 2 mai 1840 : « Je n'ai » plus d'intérêt à rien raconter, ni moi ni autre chose. » Tout meurt ; je meurs à tout. Je meurs d'une lente » agonie morale, état d'indicible souffrance. »

L'agonie de l'âme, plus cruelle que celle du corps, tel est l'état qu'ont éprouvé Maurice et Eugénie de Guérin. Intelligences d'élite, nobles cœurs, ils n'ont goûté dans leur plénitude aucune jouissance. Une tristesse secrète s'étendait comme un voile funèbre sur toute leur existence. On eût dit qu'en eux avait été brisé de bonne heure le ressort qui met en mouvement toutes les forces de l'âme, et que ces organisations délicates manquaient du principe même de la vie.

A voir se reproduire, chez deux êtres, issus de la même source, un phénomène identique, on ne peut s'empêcher de penser que ce phénomène a précisément pour cause leur commune origine. Les influences transmises avec le sang sont peut-être, en effet, la meilleure explication des troubles dont ils ont souffert tous deux. Ajoutons-y les impressions d'une enfance austère, et nous aurons toutes les raisons d'une tristesse qui présente un caractère respectable. Il faut remonter assez loin dans cette étude, pour trouver d'aussi parfaits exemples de détachement et de modestie. Ces douces images reposent de tant de figures dans lesquelles se dissimulent mal l'amour-propre et la préoccupation de l'effet, mais il est temps de nous en séparer afin de reprendre et d'achever, quelles qu'en puissent être les fâcheuses rencontres, la série de documents que nous avons encore à parcourir.

# V

## Georges Sand.

---

Quittons le domaine mixte où la poésie s'associe avec la prose ; le roman seul doit nous occuper en ce moment, et nous devons l'envisager tout d'abord dans son plus glorieux représentant. Je n'entends pas faire ici de Mme Georges Sand une étude complète. Parler de toutes les phases que son existence a parcourues, de toutes les influences que son esprit a subies, de toutes les transformations qui se sont accomplies dans son être moral, c'est une tâche considérable et qui dépasse beaucoup les bornes de ce travail. Je dois me renfermer dans la période de sa vie où elle a suivi le mouvement imprimé par l'école mélancolique. Cette période atteint, vers 1833, son point culminant ; c'est là surtout que je l'observerai. Mais il est nécessaire de remonter tout d'abord à son point de départ.

Dans un ouvrage sur le roman contemporain, M. Nettement a dit avec esprit, en rappelant que Georges Sand appartenait à une famille romanesque, qu'au milieu de ces romans qui s'agitaient autour d'elle, elle était le plus chimérique et le plus passionné de tous. Placée dans un couvent à Paris, de 1817 à 1820, son premier rêve fut de se croire appelée à la vie monastique; et elle se trouva plus tard une vocation pour l'existence pastorale et solitaire. A Nohant, elle lut, outre Byron et Shakespeare, dont elle devint dès lors l'admiratrice, deux écrivains qui exercèrent sur elle une influence plus profonde encore, Chateaubriand et Jean-Jacques Rousseau. Tout le monde sait que par le style elle procède de ces deux grands modèles; le second surtout lui a inspiré un culte qu'elle n'a jamais cherché à nier; et bien longtemps après la date à laquelle je me place en ce moment, elle a déclaré qu'elle lui était restée fidèle, « fidèle, ajoutait-elle, comme » au père qui m'a engendré, car s'il ne m'a pas légué » son génie, il m'a transmis, comme à tous les » artistes de mon temps, l'amour de la nature » l'enthousiasme du vrai, le mépris de la vie factice, » et le dégoût des vanités du monde. » M<sup>me</sup> Sand, ou plutôt Aurore Dupin, était dès lors préoccupée des plus hautes questions. « Ce qui m'absorbait à » Nohant, comme au couvent, a-t-elle dit, c'était la » recherche anxieuse ou mélancolique, mais assidue,

» des rapports qui doivent exister entre l'âme
» individuelle et cette âme universelle que nous
» appelons Dieu. » Recherche mélancolique ou même anxieuse, dit M^me Sand, et, en effet, cette recherche avait ses chances et ses fortunes diverses, car entre des phases de satisfaction et de sérénité pour la raison, il y avait « des intervalles de doute dé-
» sespéré. » D'un autre côté, le milieu dans lequel vivait M^me Sand lui semblait si peu gai, la sévérité dont elle se sentait entourée de la part des bourgeois de la Châtre, et qu'elle bravait d'ailleurs, était si dure, « son existence domestique était si morne et si
» endolorie, son corps si irrité par une lutte conti-
» nuelle contre l'accablement », qu'elle en arriva à être fatiguée de la vie et tentée de s'en débarrasser.

L'*Histoire de sa vie* dont nous tirons ces détails nous apprend que, pour réaliser ce sombre dessein, c'était l'eau surtout qui l'attirait. Elle se promenait au bord de la rivière, jusqu'à ce qu'elle eût trouvé un endroit à sa convenance. Là, elle se demandait si le moment était venu de disparaître. Un jour, traversant un gué, elle lança son cheval vers la partie la plus profonde et la plus dangereuse. Heureusement l'animal la ramena vers la rive, et la jeune fille en qui cet incident réveilla l'instinct de la conservation se trouva guérie de ses velléités de suicide.

Tels furent les débuts de cet esprit bizarre. Passion de la solitude et de la rêverie, tendances à la fois mystiques et sceptiques, attrait momentané vers la mort volontaire, presque tous les principaux traits de la maladie du siècle se reconnaissent alors en elle. Son mariage en 1822, la nouvelle vie qui en résulte pour elle jusqu'en 1831, son arrivée à Paris à ce moment, ses efforts pour se créer par sa plume l'indépendance, toutes ces circonstances qui changeaient profondément son existence et la mettaient en contact journalier avec le monde, ont-elles modifié ses premiers sentiments ? On trouve la preuve du contraire dans quelques-unes de ses plus anciennes créations.

Qu'est-ce, en effet, qu'*Indiana* (1832) ? Une femme qui aspire, dans une attente fiévreuse, ennuyée et désespérée, à l'amour qui doit ranimer sa vie. Georges Sand a nié qu'*Indiana* fût son portrait; elle a, d'ailleurs, prétendu qu'elle ne s'était jamais mise en scène sous des traits féminins. Mais j'ai peine à croire que l'idée des soucis d'Indiana n'ait pas été suggérée à l'écrivain par une disposition quelque peu analogue qu'il trouvait en lui-même. Au surplus, si M<sup>me</sup> Sand ne s'est jamais peinte dans le costume de son sexe, il faut la chercher, dans ses œuvres comme dans sa vie réelle, sous des vêtements virils; et alors n'est-ce pas elle que, dans le roman de *Valentine* (1832), on doit voir sous les traits d'un jeune étudiant, né ennuyé, rempli d'aspirations vagues, de désirs d'indépendance, de haine et de mépris pour les conventions sociales et les situations vulgaires? Mais un ouvrage plus éclatant vient jeter une pleine lumière sur ce qu'était Mᵐᵉ Sand en 1833. Je veux parler du roman de *Lélia* qui parut en cette année. Quoi qu'elle ait pu dire, ici il est impossible de ne pas la reconnaître.

Quel est, tout d'abord, le sujet de *Lélia?* Dans l'intention de Mᵐᵉ Sand les personnages de ce roman « représentent chacun une fraction de l'intelligen-
» ce philosophique du xvıııᵉ siècle : Pulchérie,
» l'épicuréisme, héritier des sophismes du siècle
» dernier; Sténio, l'enthousiasme et la faiblesse d'un
» temps où l'intelligence monte très haut, entraînée
» par l'imagination, et tombe très bas, écrasée par une
» réalité sans poésie et sans grandeur; Magnus, les
» débris d'un clergé corrompu et abruti, et ainsi des
» autres. Quant à Lélia, je dois avouer, dit-elle, que
» cette figure m'est apparue au travers d'une fiction
» plus saisissante que celles qui l'entourent. Je me
» souviens de m'être complu à en faire la personnifi-
» cation encore plus que l'avocat du spiritualisme
» de ces temps-ci; spiritualisme qui n'est plus chez
» l'homme à l'état de vertu, puisqu'il a cessé de
» croire au dogme qui le lui prescrivait, mais qui
» reste et restera à jamais, chez les nations éclai-
» rées, à l'état de besoin et d'aspiration sublimes,
» puisqu'il est l'essence même des intelligences
» élevées. » Et elle ajoute, que ces aspirations sont

accompagnées de souffrance, et, après avoir parcouru les œuvres, « sceptiquement religieuses ou religieuse-
» ment sceptiques, expression puissante et sublime
» de l'effroi, de l'ennui, et de la douleur dont cette
» génération est frappée » elle s'écrie : « combien
» sommes-nous qui avons pris la plume pour dire les
» profondes blessures dont nos âmes sont atteintes,
» et pour reprocher à l'humanité contemporaine de
» ne nous avoir pas bâti une arche où nous puissions
» nous réfugier dans la tempête! — Nous étions tant
» qu'on ne pouvait pas nous compter. Le doute et le
» désespoir sont de grandes maladies que la race
» humaine doit subir pour accomplir ses progrès
» religieux. Acceptons donc comme une grande
» leçon les pages sublimes où René, Werther,
» Obermann, Conrad, Manfred, exhalent leur
» profonde amertume avec le sang de leur cœur ;
» elles ont été trempées de leurs larmes brûlantes ;
» elles appartiennent plus encore à l'histoire philoso-
» phique du genre humain qu'à ces annales poé-
» tiques. »

Ainsi le type qui donne à la pensée de l'auteur sa véritable expression, comme il donne son nom à l'ouvrage, est celui de *Lélia*, et *Lélia* signifie l'angoisse philosophique, les tourments de la recherche de la vérité, ou plus simplement le doute ; non pas le doute raisonnant qui avait été une arme de combat pour le XVIII<sup>e</sup> siècle, mais le doute inquiet et maladif. M. G. Planche, dans une étude sur M^me Sand, a traduit *Lélia* par cette formule : « l'incrédulité du » cœur née de l'amour trompé. » Il me semble qu'il a négligé le côté dominant de la physionomie de *Lélia* pour s'attacher à un détail secondaire. Le grand mal de *Lélia* c'est l'incrédulité de l'esprit, l'impuissance de la raison, et la disproportion cruelle qui dans la recherche de la vérité existe entre la violence de nos efforts et la pauvreté de leurs résultats.

Pour exprimer cette infirmité, M^me Sand trouve d'éloquents accents et des formes remarquablement variées. Par exemple, à Sténio qui lui demande l'explication de son attitude à la fois hautaine et pieuse dans une église, elle répond : « Que t'importe » cela, jeune poète ? pourquoi veux-tu savoir qui je » suis et d'où je viens ? je suis née comme toi, dans » la vallée des larmes, et tous les malheureux qui » rampent sur la terre sont mes frères..... tous deux » condamnés à souffrir, tous deux faibles, incom- » plets, blessés par toutes nos jouissances, toujours » inquiets, avides d'un bonheur sans nom toujours » hors de nous, voilà notre destinée commune. »

Une autre fois, comme Sténio cherche à la consoler : « Eh bien ! s'écrie-t-elle, je souffre mortellement » à l'heure qu'il est ; la colère fermente dans mon » sein. Voulez-vous blasphémer pour moi ? cela me » soulagera peut-être ? Voulez-vous, jeune homme pur » et pieux, vous plonger dans le scepticisme jusqu'au

» cou et rouler dans l'abîme où j'expire? Je souffre
» et je n'ai pas de force pour crier. Allons, blasphé-
» mez pour moi ! Eh bien ! vous pleurez ! vous pouvez
» pleurer vous ! heureux ! heureux cent fois ceux qui
» pleurent ! mes yeux sont plus secs que les déserts
» de sable où la rosée ne tombe jamais, et mon cœur
» est plus sec que mes yeux. »

Du reste, si elle souffre surtout par l'intelligence, elle n'est guère, j'en conviens, plus heureuse par le cœur. Elle ne trouve pas de ce côté la pleine vie qui lui manque de l'autre. Les créatures lui paraissent trop chétives pour son immense besoin d'amour; elle ne veut pas s'exposer à d'amères désillusions. Cependant elle regrette de sentir « son cœur moins ardent que son cerveau, ses espérances plus faibles que ses rêves, et comme elle a dit : « heureux ceux qui pleu-
» rent, » elle s'écrie aussi : « heureux ceux qui peu-
» vent aimer ! »

Sans m'étendre sur les évènements un peu incohérents que renferme le roman, je dois rappeler deux phases de la vie de Lélia, qui, sous deux formes différentes, la montrent aux prises avec la solitude. Nous avons maintes fois remarqué le rôle important que la solitude joue dans la maladie du siècle. Pour ne citer, à cet égard, que le plus mémorable exemple qui se soit produit depuis Jean-Jacques Rousseau, on sait que son Senancour a pratiqué la vie du solitaire et l'a décrite dans deux ouvrages. Le moins considérable des deux, le roman d'*Isabelle*, offre même ce caractère spécial de ressemblance avec celui de *Lélia*, que dans l'un et l'autre il s'agit de femmes, de jeunes femmes, se vouant à la solitude par un sentiment étranger à la vocation religieuse. Les deux romans ayant paru dans la même année, je ne saurais dire si l'un d'eux a eu cependant assez d'avance sur l'autre, pour que la première publication ait pu inspirer la seconde. A défaut d'indice contraire, j'incline à penser que Senancour, qui avait déjà profité de *René* en donnant *Obermann*, a tiré aussi, dans la création d'*Isabelle*, quelque parti de *Lélia*. Quoiqu'il en soit, le roman d'Isabelle, comme les différents ouvrages sur le même sujet que nous avons rencontrés, tendent à démontrer le danger de la solitude, surtout pour les imaginations portées à la tristesse et à la rêverie. La même leçon résulte encore de certains développements de Lélia.

Dans une première retraite, Lélia perd le sommeil; elle n'a de repos que dans des rêveries qui épuisent son imagination, et qui lui font prendre en dégoût la réalité. Seule en présence de la pensée de Dieu, elle se trouble et faiblit. « Dieu, rien que Dieu, dit-elle, c'est » trop ou trop peu ! Dans l'isolement c'est une pensée » trop immense. » Néanmoins, après un retour momentané dans le monde, elle rend sa solitude plus complète encore, en se réfugiant dans un monastère abandonné et y faisant un vœu temporaire de claustration. Le calme suit d'abord cette grande résolution; mais bientôt le doute l'assiège de nouveau. A peine si la contemplation de la nature lui donne parfois quelques courtes joies. Tantôt redoutant l'avenir qui l'attend quand elle rentrera parmi les hommes, tantôt supportant mal d'être éloignée de ses semblables, sa force se consume dans ces alternatives. Après des nuits de douleur aiguë, elle a des jours de morne stupeur, rarement des éclaircies de tranquillité et de raison. Pendant le second hiver de sa séquestration, « sa résignation dégénère en apathie, l'activité des » pensées devient le dérèglement; » et elle résume ainsi son état : « Je me débattais alternativement » contre l'appréhension de l'idiotisme et celle de la » folie. » Sans doute elle aurait trouvé la mort dans les ruines qu'elle habitait, si elle n'en avait été arrachée malgré elle.

Sa seconde retraite est moins sévère. Elle s'enferme dans un couvent au sein d'une communauté entière. Elle a pensé que ce genre de vie avait les avantages sans les inconvénients de l'isolement; et cette opinion est juste sans doute, appliquée à des personnes que la foi soutient dans leur épreuve; mais Lélia qui, à ce moment de sa vie, déclare qu'elle croit en Dieu, et « qu'elle l'aime d'un amour insensé, » n'a cependant pas de lui des notions constantes et sûres. Le Dieu qu'elle aime est un Dieu bien abstrait; c'est tout ce qui n'est pas la réalité visible. Pour devenir religieuse et bientôt abbesse, singulière transformation que ne faisait pas prévoir le début du roman, elle a prononcé des vœux équivoques, et esquivé une véritable profession de foi. Elle a embrassé la religion catholique faute de mieux, et ainsi qu'elle prend soin de le dire, « c'est le cloître et non pas l'Église qui l'a adopté. » Eh bien! dans ce cloître qu'elle a voulu, que devient cette abbesse invraisemblable? elle y pleure ce qu'elle a volontairement sacrifié. « Sachez-le bien, dit-elle, » ma vie est un martyre, car s' les grandes résolutions » enchaînent nos instincts, elles ne les détruisent pas. » J'ai résolu de ne pas vivre; je ne cède pas au désir » de la vie, mais mon cœur n'en vit pas moins, éter- » nellement jeune, puissant, plein du besoin d'aimer » et de l'ardeur de la vie. J'aime, mais je n'aime per- » sonne, car l'homme que je pourrais aimer n'est pas » né, et il ne naîtra peut-être que plusieurs siècles » après ma mort! » Je ne sache pas que les effets de l'isolement sur l'âme, l'exaltation ou la dépression qu'il imprime à ses puissances, les ravages de toutes sortes qu'il y exerce, aient jamais été décrits avec plus d'amertume et de vigueur. L'autorité de Lélia s'ajoute donc à celle des solitaires dont j'ai déjà rappelé la vie et les écrits.

En somme, cette femme extraordinaire finit comme elle a vécu. Chassée du cloître par l'Inquisition, qui avait trouvé en elle, il faut le dire, une victime assez naturelle, elle promène au hasard sa tristesse dans

la montagne, et meurt en exhalant avec la vie cette délirante imprécation : « Oh! oui! oui, hélas! le dé-
» sespoir règne, et la souffrance et la plainte émanent
» de tous les pores de la création.... Il y a un être
» malheureux, maudit, un être immense, terrible, et
» tel que ce monde où nous vivons ne peut le contenir.
» Cet être invisible est dans tout, et sa voix remplit
» l'espace d'un éternel sanglot. Quel est-il? d'où
» vient-il?.... Les hommes t'ont donné mille noms
» symboliques, moi je t'appelle Désir, moi, Sibylle,
» mais Sibylle désolée; depuis dix mille ans j'ai crié
» dans l'infini : Vérité! vérité! depuis dix mille ans
» l'infini me répond : Désir! désir! O Sibylle désolée!
» ô muette Pythie, brise donc ta tête aux rochers de
» ton antre, et mêle ton sang fumant de rage à l'écume
» de la mer; car tu crois avoir possédé le Verbe tout-
» puissant, et depuis dix mille ans tu le cherches en
» vain ! »

Tel est le dernier cri de la femme qui, dans la pensée de l'auteur, personnifie « l'excès de douleur » produit par l'abus de la pensée. » D'après l'écrivain, Lélia n'a été « que le type commun de la » souffrance de toute une génération maladive et » faible. » Il y a du vrai, en même temps que de l'exagération dans cette parole, mais c'est surtout en elle-même que M$^{me}$ Sand a pris l'idée principale de cette composition; c'est surtout en elle qu'elle trouvait et le goût de la rêverie et de la solitude, et cette préoccupation ardente et passionnée des plus graves problèmes.

Dans une lettre écrite de Nohant, le 15 janvier 1854, elle a écrit qu'elle avait composé *Lélia* « sous le
» poids d'une souffrance intérieure quasi-mortelle,
» souffrance toute morale et qui lui créait des
» angoisses, inexplicables pour les gens qui vivent
» sans chercher la cause et le but de la vie. » Et elle ajoutait : « Ceux qui liront plus tard l'histoire de ma
» vie intellectuelle ne s'étonneront plus que le doute
» ait été pour moi une chose si sérieuse et une
» crise si terrible. » Et n'était-ce pas aussi d'après ses souvenirs que Mme Sand décrivait une faiblesse qu'elle attribue, non plus à Lélia, mais à un des personnages secondaires du roman, à Sténio ?

En effet, Sténio, le poète d'abord pur, plus tard corrompu par les voluptés, Sténio prêche ouvertement le suicide. Il médite longuement le sien, il le justifie par des sophismes : « J'ai accompli ma tâche
» d'homme, dit-il à Dieu ; si tu es un maître vindi-
» catif et colère, la mort ne me sera pas un refuge et
» je n'échapperai pas, quoi que je fasse, aux expia-
» tions de l'autre vie ; si tu es juste et bon, tu
» m'accueilleras dans ton sein et tu me guériras
» des maux que j'ai soufferts ; si tu n'es pas, oh !
» alors je suis moi-même mon dieu et mon maître, et
» je peux briser le temple et l'idole. » Il oublie, au milieu de ces différentes hypothèses, que la sévérité

de Dieu peut être désarmée par le repentir de l'homme, et que sa bonté peut être découragée par une faute suprême et irréparable de la créature ; et sur la foi de son raisonnement imparfait, il se jette dans les eaux d'un lac, au fond duquel il va rencontrer peut-être une terrible réfutation de son système. On le voit, il est permis de penser que pour cet incident de son roman, Mme Sand s'est reportée aux impressions de sa première jeunesse, à cette tentative de suicide que je viens de rappeler et aux raisons qui l'y avaient poussée.

Faut-il toutefois dans les tristesses de *Lélia* ou de *Sténio*, voir l'expression absolument fidèle et nullement forcée de l'état d'âme de Mme Sand vers 1833? C'est ce qu'un de ses amis, M. Sainte-Beuve lui-même, avait cru naïvement ; mais elle ne voulut pas le laisser sous l'empire de cette illusion. « Après
» avoir écouté *Lélia*, lui écrit-elle en mars 1833, vous
» m'avez dit une chose qui m'a fait de la peine, vous
» m'avez dit que vous aviez peur de moi. Chassez
» cette idée-là, je vous en prie, et ne confondez pas
» trop l'homme avec la souffrance. C'est la souffrance
» que vous avez entendue, mais vous savez bien
» comme, en réalité, l'homme se trouve souvent au-
» dessous, et par conséquent moins poétique, moins
» méchant et moins damné que son démon. » Voilà la vérité réduite à ses simples proportions, et je le regrette, du moins pour la considération de Georges Sand.

En grossissant son mal aux yeux d'autrui, en forçant sa plainte pour augmenter la pitié, elle a imité ces supercheries de la mendicité qui, pour émouvoir plus sûrement la charité du public, étale devant lui des infirmités simulées, ou invoque des catastrophes imaginaires. C'est un jeu dangereux et cruel, une triste spéculation sur la crédulité et la sympathie de trop faciles lecteurs.

Il est fâcheux aussi d'avoir à reconnaître que ces violents épanchements de verve amère, si funestes d'ordinaire pour autrui, ont souvent pour l'écrivain qui s'y livre d'heureux effets d'apaisement, et qu'au paroxysme de l'exaltation, ils font succéder une période de calme. C'est ce que nous avons vu pour *Gœthe* après *Werther*; c'est ce qui s'est produit pour M<sup>me</sup> Sand après *Lélia*. Sa pensée, soulagée par cette création, est entrée dans une sphère plus sereine. Mais là encore, elle n'a pas été exempte de nombreuses fluctuations.

C'est ainsi qu'au milieu d'une série de charmantes compositions, inspirées par son séjour en Italie, elle donne, en 1834, son roman de *Jacques*, où apparaît de nouveau la théorie et la justification du suicide, dont elle va jusqu'à faire, comme l'a dit M. Poitou dans un livre sur le roman contemporain, un acte sublime et un sacrifice héroïque. C'est ainsi qu'à la même époque, elle nous montre, dans *Sylvia*, une femme orgueilleuse, qui ne croyant personne digne de son

amour, se renferme dans une indifférence universelle. Faut-il rapporter à la même inspiration un roman écrit bien plus tard, à une époque qui dépasse la première moitié de ce siècle (1861), et au cours d'une veine nouvelle et abondante de belles et graves productions, le roman de *Valvèdre ?* Sans doute, dans ce livre, il y a un personnage, Francis Obernay, qui n'est autre chose qu'un revenant de 1830 ; et, de plus, M^me de Valvèdre qu'il aime a bien des réminiscences de cette époque. L'un est un poète, et il se décrit ainsi : « J'avais déjà beaucoup lu, et bien que je n'eusse
» aucune expérience de la vie, j'étais un peu atteint
» de ce que l'on a nommé la maladie du siècle, l'ennui,
» le doute, l'orgueil. » L'autre est une femme ennuyée, rêvant un idéal que le monde entier ne lui fournit pas, qu'elle aurait pu, peut-être, en cherchant mieux, trouver tout simplement dans son mari, et qu'elle croit rencontrer en Francis. Entre ces deux êtres, unis par des tendances communes, éclatent des scènes dont la violence rappelle certains traits d'*Adolphe*, d'*Amaury* ou d'*Octave*, ou des explications désolantes, dans lesquelles leur scepticisme commun, leur mutuelle désillusion, leur égoïsme à deux, leur apparaît sous un jour effrayant. Ces scènes ne les séparent point cependant, et ces deux forçats reprennent une chaîne qui ne sera rompue que par la mort de M^me de Valvèdre. On voit combien ces caractères se rapprochent des types qui nous sont si connus. Mais,

remarquons-le, Francis n'est pas le vrai sujet du livre ; il est bien inférieur au mari qu'il supplante dans le cœur de sa femme ; et rien ne semble plus misérable que cet amant sans autorité sur celle-là même qu'il a entraînée dans sa vie inutile, surtout quand on le compare à Valvèdre, au mari délaissé, mais grand dans son isolement, au savant, à l'homme ferme et digne, à la fois pratique et généreux, que M^me Sand représente comme le modèle achevé de la génération virile et intelligente qui doit diriger notre époque éclairée et industrieuse. C'est dans cette figure, plutôt que dans le caractère usé de Francis, qu'il faut chercher la pensée et les prédilections de M^me Sand dans sa dernière phase.

En matière religieuse surtout M^me Sand arrive dans cette suprême période à une réelle pacification. Quelles qu'aient été les variations de son esprit sur certains points, sur certains systèmes, quoiqu'elle ait embrassé tour à tour des théories bien diverses, non seulement en politique, mais en philosophie, elle s'est attachée de plus en plus à une croyance consolante, qui est devenue le fond solide de sa pensée. « Les » formes du passé se sont évanouies pour moi, a-t-elle » dit alors, à la lumière de l'étude et de la réflexion ; » mais la doctrine éternelle des croyants, le Dieu » bon, l'âme immortelle et les espérances de l'autre » vie, voilà ce qui en moi a résisté à tout examen, à » toute discussion, et même à des intervalles de doute

» désespéré. » — « J'ai besoin d'un Dieu, » disait-elle souvent. Et peu de temps avant sa mort, elle écrivait : « Je sens Dieu, j'aime, je crois. »

Mais ce dernier état de son âme se rapporte à une époque que nous n'avons pas à étudier ici ; redisons seulement qu'en 1833, ainsi que dans les années voisines de cette date, M^me Sand, a fait dans le roman, une large place à la maladie du siècle, qu'elle a même eu le tort de l'exagérer ; et qu'elle semble avoir pris un dangereux plaisir à raviver, en les retraçant, des douleurs auxquelles on ne doit toucher que si l'on a l'espérance de les adoucir.

» brusques éclats de joie enfantine, mais ils sont
» courts, Marie lit trop, je l'ai dit, elle est pleine de
» ces livres du temps où l'on ne parlait jamais
» d'amour sans parler de croyance et sans faire inter-
» venir l'humanité. » Marie n'est donc pas un personnage de pure fantaisie, mais ce personnage n'aurait jamais peut-être existé sans Lélia.

A côté de la figure féminine esquissée par Gavarni on peut placer un portrait d'homme du monde du même temps, que nous devons à Ulric Guttinguer.

Les débuts d'Ulric Guttinguer datent de la Restauration et même de l'Empire, mais les œuvres qu'il a publiées à cette époque, plutôt tendres que maladives, n'ont rien à démêler avec le mal du siècle. L'ouvrage par lequel il nous appartient vraiment est le roman d'*Arthur*, publié seulement en 1836.

D'abord partisan des classiques, Guttinguer s'était hautement rallié au romantisme. Il s'était pris d'affection pour ses plus mélancoliques représentants. De leur côté, ceux-ci lui rendaient avec usure sa sympathie. Ils admiraient en lui cette auréole qui brille, aux yeux des jeunes gens, sur le front des hommes qui ont déjà traversé les orages de la passion ; ils s'inclinaient devant le prestige d'une tristesse dont on se répétait mystérieusement l'origine.

Alfred de Musset lui a adressé des vers où il le peint comme un ange tombé du ciel, s'en allant triste et courbé et portant dans son cœur un abîme de douleurs dont nul œil n'a pénétré les ondes. Sainte-Beuve a parlé de lui dans des termes analogues (décembre 1836). Il avait reçu ses confidences, et en avait gardé une impression si profonde qu'il avait rêvé « avec lui, près de lui, sous ces ombrages » qu'Arthur (c'est-à-dire Guttinguer) sait si bien » décrire, un grand roman poétique, et qui était déjà » commencé, quand *Juillet* est venu pour toujours » l'interrompre, et dont le héros n'était autre » qu'Arthur lui-même. » Sainte-Beuve cite même un fragment de ce roman ébauché, qui dépeint l'invasion de la satiété dans un cœur fatigué d'avoir trop aimé. Cet essai n'a pas été achevé. Mais nous pouvons y suppléer en partie, car nous en avons un aperçu dans le roman même de *Volupté*. Sainte-Beuve nous apprend, en effet, à travers quelques détours, que « si l'auteur de *Volupté* avait connu l'auteur » d'*Arthur* (et il l'avait en effet connu), il semblerait » avoir songé expressément à lui dans le portrait de » l'ami de Normandie, » c'est-à-dire d'un homme qui s'est longtemps adonné à de frivoles amours, qui cherche à rompre ses liens sans y parvenir, et se décourage de la vanité de ses tentatives. Ces indications font déjà connaître la nature aussi tendre que mélancolique de Guttinguer. Cette nature se montre mieux encore dans *Arthur*.

Ce roman est divisé en deux parties, l'une intitulée *Mémoires*, l'autre *Religion et Solitude*. La première

contient le récit des folies du héros, la seconde, celui
de sa conversion. Aux incidents des diverses passions qui ont agité son cœur, on voit succéder de
pieuses effusions et des méditations religieuses. De
même, *si parva licet*, saint Augustin a réuni dans ses
confessions, d'une part l'aveu de ses erreurs, et de
l'autre des dissertations sur les plus hautes questions
religieuses. Du reste, le romancier de 1836 ne se propose pas un but moins édifiant que le grand évêque
du quatrième siècle. Il ambitionne pour son héros
une place qui n'était pas prise, selon lui, dans la
littérature contemporaine. « *Werther*, *Saint-Preux*,
» *René*, *Obermann*, dit-il, sont des types sublimes
» mais dangereux de l'homme sensible. Leur exemple
» a fait du mal, tout en intéressant vivement et noble-
» ment les cœurs. Quand nous avons eu admiré,
» applaudi, nous avons gémi, et voilà tout. *Werther*,
» c'est le suicide; *Saint-Preux*, c'est la philosophie;
» *René*, le vague, l'abandon; *Obermann*, le découra-
» gement; *Arthur* voudrait être la religion. » Cette
prétention peu modeste, je n'ai point à rechercher si
elle est justifiée par l'œuvre de Guttinguer. Ce qui
me touche, c'est l'état qui précède la conversion
d'Arthur. Jusque-là, en effet, il est bien, lui aussi,
un fils du siècle. Il a quelque chose du vague de
René, du découragement d'Obermann; il a de plus,
l'impuissance de cœur que Benjamin Constant nous a
fait voir dans *Adolphe*, et Alfred de Musset dans

*la Confession.* Arthur recueille comme eux le fruit d'une jeunesse mal gouvernée, et Guttinguer entend montrer par son exemple que, « même avant l'âge de la
» caducité, la fatigue de l'esprit, la perte de la
» jeunesse, enfin toute la misère des amours éteints
» et des séductions évanouies peut vous apparaître. »

Cependant Arthur conserve quelques traits de caractère qui le distinguent de ses aînés. Au physique, comment est-il représenté ? « Il n'a plus de jeunesse,
» dit de lui une femme dont il s'occupe, et n'a rien
» de l'âge mur. Ses traits sont pâles et flétris, et sa
» physionomie vive et par moment trop animée,
» contraste avec la fatigue de cet être courbé sous
» les ravages des émotions passées.. C'est un
» mélange du gymnase, de Corinne et de la comédie
» française; le Werther s'y montre par instants,
» mais avec une certaine pudeur. » C'est un élégant, c'est un beau. Au contraire, Octave et Adolphe étaient plus poètes qu'hommes du monde. Au moral, Arthur est moins agité qu'eux, moins fiévreux, moins violent; mais à voir le fond des choses, il est tout aussi épuisé. Quoiqu'il cherche d'abord à lutter contre l'envahissement de la lassitude, et qu'il veuille à tout prix rester debout, le mal gagne sourdement. Il lui monte au cœur comme des dégoûts de sa position « d'homme
» sentimental dont les chagrins ont affaibli et découragé les facultés, troublé la conscience,

» flétri le cœur. » Il sent en lui « l'ennemi cruel
» et implacable :

Le cœur aimant qui ne peut plus aimer. »

Ce dégoût croissant, il l'analyse avec profondeur.
On a beaucoup vanté, au temps de la publication
d'*Arthur*, une scène, remarquable en effet, le départ
d'Arthur en automne par un temps triste, sur une
route boueuse, ces misères du cantonnier qui casse
son caillou du matin au soir, ce jurement et ces coups
de fouet du roulier, ce réveil hideux d'une diligence
qu'on rencontre, « toute cette nausée du mal dont est
» saisi l'oisif et le voluptueux, lui-même dévoré dans
» son cœur. » Citons la conclusion de ce triste
tableau, le cri qu'il arrache à la poitrine d'Arthur :
« O solitude, solitude, éloignement, séparation des
» hommes ! comment n'êtes-vous pas recherchés avec
» avidité par ceux qui pouvaient marcher dans vos
» délices et dans votre indépendance ? Jouissance
» divine de l'isolement, quand donc me viendra tout
» à fait votre amour céleste ? Mais il n'y a qu'à vos
» prédestinés que vous en accordez le goût et le
» besoin ! » Ce mouvement éloquent, M. Victor Hugo
n'a-t-il pas voulu l'imiter, quand deux ans après
*Arthur*, dans la pièce qui a pour titre : *Melancholia*,
à la suite d'une énumération de toutes les misères du
monde, il s'écriait en forme de conclusion : « O forêts,

» bois profonds, solitudes, asiles ! » Enfin, au prix de longs efforts, Arthur triomphe de lui-même ; il se retire dans cette solitude appelée de tous ses désirs; à tant de vide, de trouble, d'ennui, succède pour lui une période de repos. Il s'abandonne à de pieux épanchements, « au milieu du silence des bois, en face » des magnifiques spectacles de l'Océan. » Tantôt, il consacre de longues heures à la lecture de quelques livres pieux, auxquels il se permet d'ajouter les œuvres de Lamartine, « et les *Consola-* » *tions* de M. Sainte-Beuve. » Tantôt, comme un Obermann chrétien, il emploie son temps à des travaux rustiques. Mais, à partir de ce moment, il est guéri et ne doit plus nous occuper.

Jusqu'à présent, je n'ai parlé, en dehors de l'œuvre de Georges Sand, que de romans exempts de déclamations et de théories funestes. Mais ce genre littéraire n'a pas toujours été aussi inoffensif. Il est tombé dans bien des excès, auxquels il nous faut venir.

Frédéric Soulié, qu'on nous représente comme une nature mélancolique et rêveuse, a, comme chacun sait, déversé son humeur sombre dans de longues et lugubres histoires. Il n'y aurait cependant pas lieu de mentionner ici ses œuvres, s'il n'avait écrit que *Les deux Cadavres* et les *Mémoires du Diable*, où l'on trouve accumulé tout ce que l'imagination peut concevoir d'horreurs physiques et morales. Mais il a fait plus ; lui aussi, il a préconisé le suicide. Dans le *Conseiller d'État* (1835), il le déclare bon pour certaines circonstances. Il en réserve bien le bénéfice aux indigents ou aux coupables : « Le suicide, dit-il, n'est » que le droit du crime, ou celui de la misère ; il » n'y a que le remords et la pauvreté qui soient » insupportables. » Cependant, pour être restreint dans son usage, le suicide comporte encore, chez l'auteur, une large application, et, chose grave, dans ces limites, il est consacré comme un droit. Sans doute, les héros du roman dont je parle, M<sup>me</sup> de Lubois et Maurice, après avoir successivement conçu le projet de se donner la mort, et en avoir préparé l'exécution, l'abandonnent pour se réunir l'un à l'autre, et remplacent le suicide par l'adultère ; mais la théorie n'en est pas moins posée, et c'est le cas de dire, en rappelant un mot bien connu, qu'il faut haïr les mauvaises maximes, plus encore peut-être que les mauvaises actions.

A cet égard, Eugène Sue n'est pas plus irréprochable que Frédéric Soulié. Il a même encouru un blâme plus sévère.

Je dois cependant commencer par excepter de ce jugement une œuvre d'Eugène Sue, qui me paraît devoir être appréciée avec une certaine indulgence : *Arthur, journal d'un inconnu* (1838). Arthur, — est-ce le roman de Guttinguer qui avait donné à Eugène Sue l'idée de ce nom ? — est la

personnification de la méfiance de soi-même, unie à des qualités qui devraient éloigner ce sentiment. Pourquoi cette infirmité chez Arthur ? « Parce
» qu'ayant, nous dit l'auteur, conscience de sa
» misère et de son égoïsme, et que, jugeant les
» autres d'après lui, il se défie de tout ; parce qu'il
» doute de son propre cœur ; que doué pourtant de
» penchants généreux et élevés, auxquels il se laisse
» parfois entraîner, bientôt il les refoule impitoyable-
» ment en lui de crainte d'en être dupe ; parce qu'il
» juge ainsi le monde, qu'il les croit sinon ridicules,
» du moins funestes à celui qui s'y livre. » Ajoutez à cette disposition « des instincts charmants de ten-
» dresse, de confiance, d'amour et de dévouement,
» sans cesse contrariés par cette défiance incurable,
» ou flétris dans leur germe par une connaissance fatale
» et précoce des plaies morales de l'espèce humaine ;
» un esprit souvent accablé, inquiet, chagrin, analy-
» tique, mais d'autres fois vif, ironique et brillant ;
» une fierté ou plutôt une sensibilité, à la fois si
» irritable, si ombrageuse et si délicate, qu'elle
» s'exalte jusqu'à une froide et implacable méchan-
» ceté, si elle se croit blessée, ou qu'elle s'éplore en
» regrets touchants et désespérés, lorsqu'elle a
» reconnu l'injustice de ses soupçons. » Vous avez ici tout *Arthur*, et vous embrassez d'un seul coup d'œil tous les incidents du roman, qu'on peut définir, comme le héros le fait lui-même : « Une lutte perpé-

» tuelle entre son cœur qui lui disait : crois, aime,
» espère ; et son esprit qui lui disait : doute,
» méprise, crains. » Ajoutons qu'Arthur ne guérit
pas, et que, s'il paraît à la fin du roman avoir trouvé
le repos et le bonheur, c'est que le temps seul lui
manque pour retomber dans ses agitations passées,
et qu'un brusque et sanglant dénouement vient
mettre fin pour toujours à ses souffrances. On le voit,
un tel caractère appartient bien à la maladie du
siècle ; il en présente les principaux symptômes.
Sainte-Beuve a dit que « c'était du La Rochefoucauld
» développé et senti, du Machiavel domestique. » Il
me semble que c'est aussi, et surtout, de l'homme du
XIXe siècle, de cet être compliqué, divers, contradictoire, souffrant de sentiments qui s'entre-détruisent,
et incapable de réaliser cette unité morale, sans
laquelle il n'est point de paix ni de félicité. Quelques
pages du livre rappellent, d'ailleurs, des passages de
*René*, d'*Adolphe*, ou de la *Confession d'un enfant du
siècle*, et on peut mentionner, à ce titre, le chapitre
intitulé : *Le Deuil*, qui raconte les entretiens
d'Arthur avec un père sceptique, son séjour dans une
terre de famille, au sein de la solitude, et dans le silence
des immenses allées de charmille qui enveloppent le
château. Ce roman fait donc bien partie de la littérature mélancolique, mais non pas, il faut le reconnaître,
de la plus malsaine. Malheureusement, on ne peut en
dire autant de plusieurs autres œuvres d'Eugène Sue.

« Vivant, a dit un de ses biographes, au milieu
» d'une société spirituelle, ambitieuse, incrédule et
» blasée, dont le don Juan de Byron était l'idéal,
» il montra chez ses héros le dédain aristocratique
» et le vice élégant unis à la misanthropie, au
» scepticisme à outrance, au désillusionnement systé-
» matique. Szaffie, Vaudrey, l'abbé de Cilly, Falmouth,
» tous ces personnages, dont la persistante ironie nous
» irrite, étaient alors à la mode, et Eugène Sue leur
» dut son succès. » Sainte-Beuve exprime la même
pensée en disant que le type de prédilection d'Eugène
Sue est une sorte de « don Juan positif, » un
caractère composé « de désillusionnement systéma-
» tique, de pessimisme absolu, » se traduisant par
» un jargon de rouerie, de socialisme et de religio-
» sité, » par des prétentions au genre Régence, par
des orgies à froid, ou une révoltante brutalité.

Les différentes éditions de ce type dépravé se
ressemblent trop pour qu'il soit utile d'en reproduire
la série complète. J'insisterai seulement sur les
captieuses théories, que l'auteur prête trop souvent
à ses personnages en matière de suicide, et sur la
fréquente et déplorable application qu'il en fait.

Szaffie, qui, dans *la Salamandre* (1832), est dépeint
comme un être satanique, dégoûté de tout à trente
ans, s'exprime ainsi : « Le suicide, et après ? après,
» le néant,... que ma destinée de mal s'achève
» d'abord ! et après ?..... Eh bien, après, l'enfer...

« s'il y en a….. mais non, il n'y en a pas !…. » et il entraîne dans l'abîme un jeune homme, Paul, dont il a ruiné les convictions morales. Dans le *Juif errant* (1844-45), le suicide rencontre sa réhabilitation aussi bien parmi les classes élevées de la société, que dans les rangs les plus humbles. D'un côté, nous entendons Céphise s'adresser à la Mayeux, en ces termes, avec une sorte de tranquillité naïve : « Franchement, » sœur, entre une affreuse misère, l'infamie ou la » mort, le choix peut-il être douteux ? » Et la Mayeux elle-même avait dit quelque temps auparavant : « Qu'est-ce que cela fait maintenant que j'aille » me reposer ? Je suis si lasse ! » Le comte de Saint-Remy force son fils à se tuer pour échapper à la honte d'une poursuite criminelle ; et Mlle de Cardoville, qui a déjà encouragé son amant à se détruire pour un vain motif, se donne elle-même la mort entre ses bras. On le voit, depuis le *Conseiller d'État* de Frédéric Soulié, la théorie a fait du chemin. Le suicide, qui n'était dans cet ouvrage que le privilège exclusif du remords ou de la misère, est devenu l'expédient commode de toutes les situations difficiles, ou le préservatif suprême de l'ennui et des déceptions vulgaires. Cela montre bien avec quelle rapidité les erreurs se développent et se propagent dans les esprits, et combien il devient difficile de leur barrer le passage, quand la porte leur a été une fois entr'ouverte !

De telles doctrines sont toujours pernicieuses. Mais elles le sont plus encore quand elles se présentent sous un voile hypocrite. Cette précaution se rencontre dans un autre roman d'Eugène Sue, *Thérèse Dunoyer* (1842). Là, l'auteur a abordé par voie détournée la question du suicide ; pour rendre ce crime moins odieux, il l'a déguisé. Il a inventé le suicide indirect. Le même roman nous en fournit deux espèces : le marquis de Beauregard se livre dans un duel à une mort certaine et volontairement cherchée ; Éven et Thérèse s'embarquent sur une nacelle qui doit forcément sombrer en pleine mer ; et dans un entretien paisible, et en apparence entièrement inoffensif, ces deux étranges époux, si l'on peut leur donner ce titre, dissertent sur la légitimité de l'action qu'ils préparent, et se la pardonnent entre eux à l'avance. Aux sophismes qu'ils débitent, sur la prétendue innocuité de leur suicide, il ne faut pas se lasser d'opposer ces belles paroles de Jean-Jacques Rousseau : « Philosophe d'un jour, ignores-tu que tu ne saurais » faire un pas sur la terre, sans trouver quelque » devoir à remplir, et que tout homme est utile à » l'humanité par cela seul qu'il existe ? » Il faut aussi redire bien haut qu'aucun faux-fuyant ne saurait justifier une chose mauvaise en soi, et que le mal doit être combattu avec d'autant plus de vigueur qu'il n'a pas le courage de se démasquer.

Eugène Sue nous apprend que l'une des deux

victimes du genre de suicide équivoque qu'il expose dans *Thérèse Dunoyer*, avait été, pendant ses premières années, une femme digne de tous les éloges, mais qu'elle avait été perdue par la lecture des romans contemporains, appartenant à l'école de *René*. Il proclame ainsi la détestable influence de cette littérature ; mais lui-même que fait-il, si ce n'est y ajouter une nouvelle page, et des plus perfides, et apporter sa pierre à l'œuvre de démoralisation dont il constate les tristes effets ? Il a beau se lamenter, quelque part dans une préface, sur la perte des croyances, et l'abus de ce qu'il appelle le philosophisme ; ce n'était pas par des peintures, comme celles que nous venons de rappeler, qu'il pouvait travailler à restaurer la foi. Heureux s'il n'a pas contribué à grossir le nombre des désespérés imaginaires et des suicides réels !

Quoiqu'au fond parfaitement sceptique, Balzac ne présente pas au public des tableaux aussi malfaisants. Sans doute, lui aussi, en général, comme Frédéric Soulié, comme Eugène Sue, professe dans ses romans un pessimisme outré, et chez lui, ainsi que l'a dit avec justesse M. Poitou, « le » monde apparaît comme livré au vice ; le devoir » semble un mot, le dévouement une folie, l'abné- » gation une sottise ; la loi est complice de toutes » les infamies et sert à couvrir tous les crimes. »

Mais cette vue misanthropique du monde n'altère pas sa satisfaction intime et, je puis dire, sa robuste bonne humeur. Il a bien aussi, dans son roman de *Séraphita*, dessiné un certain Wilfrid qui rappelle les figures de Manfred et de Childe Harold. Mais ce personnage effacé n'est qu'un prétexte à un ambitieux étalage de rêveries philosophiques. Il est une question qui a le don de le passionner bien plus vivement que les creuses imaginations de l'école romantique, c'est la question d'argent. « Son
» génie, a dit M. Théophile Gautier, lui faisait
» pressentir le rôle immense que devait jouer dans
» l'art, ce héros métallique plus intéressant pour
» la société moderne, que les Grandisson, les Des
» Grieux, les Oswald, les Werther, les Malek-Adhel,
» les René, les Lara, les Wawerley, les Quentin-
» Durward, etc... » C'est à ce héros, ou plutôt à ce Dieu qu'il a sacrifié. Le positif, plus ou moins délicat, a pris chez lui la place de l'idéal, plus ou moins faux. Par là, il est moins l'homme de la première moitié du siècle, que le précurseur de la seconde. Ce fut, non pas, sans doute, son mérite, mais son originalité. Je n'ai donc à m'arrêter ici, ni à sa personne, ni à ses nombreuses productions. Encore moins ai-je à parler de toute cette famille de romanciers, de 1830 à 1848, qui se complut dans l'horreur et dans la terreur, et qui poussa le goût du sombre et du laid, au moral et au physique, jusqu'à un point

qu'on n'aurait pas cru susceptible d'être dépassé, si quelques romans récents n'étaient venus démontrer que la chose était possible. De telles œuvres sont étrangères à l'histoire de la mélancolie, car elles avaient pour but de produire, chez le lecteur, des émotions grossières et superficielles, et non de peindre un état, qui même alors qu'il est peu sérieux, touche aux points les plus délicats et les plus profonds de l'âme. Mais si le roman n'a plus rien à nous apprendre sur ce sujet, nous consulterons encore avec fruit, sur la même question, une autre forme de l'art.

## VII

## Les auteurs dramatiques.

ALEXANDRE DUMAS. — ALFRED DE VIGNY.

———

L'école romantique ne pouvait négliger un genre littéraire, qui pour le retentissement et la popularité est supérieur à tous les autres. Elle fit du drame sa chose propre et, plus d'une fois, elle l'employa à l'exaltation de théories et à la représentation de tableaux, qui rentrent dans notre domaine. Ici deux noms célèbres, deux œuvres brillantes sollicitent notre attention : Alexandre Dumas et son *Antony* (1830), Alfred de Vigny et son *Chatterton* (1835).

Peu de personnes aujourd'hui connaissent le drame d'*Antony*. Le plan en est peu compliqué. Un jeune homme sans famille et sans nom, retrouve un jour, mariée, une jeune fille qu'il aimait. Il est assez heureux pour la sauver au moment où elle est entraînée par des chevaux emportés ; mais, dans cet acte de dévouement, lui-même est blessé. Transporté chez Adèle, en l'absence de son mari, le colonel d'Hervey, il reçoit de M^{me} d'Hervey les soins d'une sœur. L'impossibilité d'unir sa vie à la sienne, la pensée que l'inégalité de leur condition sociale s'oppose à son bonheur, dévorent le malheureux Antony, qu'aucune conviction religieuse ne soutient. Tantôt, il jure qu'il triomphera de ces obstacles, même par le crime ; dans d'autres instants, il veut en finir avec ses tourments par sa propre mort. Après plusieurs de ces alternatives cruelles, entremêlées de quelques éclaircies heureuses, Antony veut enlever Adèle hésitante, mais le colonel est de retour ; il approche, il va paraître : Antony embrasse Adèle et la tue. Puis il jette son poignard au pied du colonel, en prononçant, pour sauver l'honneur de son amie, ce mot si souvent répété : « Elle me résistait, je l'ai assassinée ! »

De cette simple donnée Alexandre Dumas a largement tiré parti, pour le développement des idées si chères à la poésie et au roman contemporains, le doute et la glorification du suicide. « Douter, dit Antony, voilà le malheur, mais lorsqu'on n'a
» plus rien à espérer ou à craindre de la vie, que
» notre jugement est prononcé ici-bas comme celui
» d'un damné, le cœur cesse de saigner, il s'en-

» gourdit dans sa douleur. Et le désespoir a aussi son
» calme qui, vu par les gens heureux, ressemble au
» bonheur. Il est probable que j'arriverais comme les
» autres, après un certain nombre de pas, au terme d'un
» voyage dont j'ignore le but, sans avoir deviné
» si la vie est une plaisanterie bouffonne ou une
» création sublime... » Quant au suicide, Antony y
est conduit par sa disposition naturelle à souffrir
profondément des épreuves de la vie, à voir partout
dans la société une sorte de fatalité inéluctable.
Il manque absolument de patience. A tout propos,
il s'irrite contre les traverses que rencontre son
amour, avec une violence qui dépasse toute raison.
Un importun vient-il interrompre un entretien :
« Malheur, s'écrie-t-il sur le monde qui vient me
« chercher jusqu'ici ! » Une porte se referme-t-elle
trop tôt sur ses pas, il profère cette exclamation :
« Mille démons ! » Enfin il adresse à Adèle d'Hervey
ce propos peu séducteur : « Tu es à moi, comme
« l'homme est au malheur ! » Dans cet état, il
se dit que pour sortir de l'enfer de cette vie il ne lui
faudrait que la résolution d'un moment. Pourquoi
donc, ajoute-t-il, ne le voudrais-je pas ? Et se faisant
lui-même juge dans une question où il est intéressé,
il déclare que sa souffrance dépasse la somme de
douleur qui revient à chaque individu, et que Dieu
lui-même doit avoir prévu qu'il succomberait sous
ce fardeau. Ainsi, toujours la même erreur, consis-

tant à soutenir que le suicide est légitime dès que la vie paraît intolérable, au lieu de reconnaître que la vie doit être tolérable, puisque la mort ne vient pas d'elle-même nous en délivrer ! Toujours la même prétention à mettre de son côté la puissance divine, dans le moment où l'on transgresse le plus gravement ses lois !

Cependant Antony ne se tue pas. Il fait pis: il tue Adèle. Pour sauver sa réputation ? soit ! Mais il n'en supprime pas moins une existence humaine, il n'est pas suicide, mais homicide, et ce dénouement nous fait faire un grand pas en dehors de notre terrain habituel. Il ne s'agit plus seulement, d'une de ces défaillances qui portent surtout préjudice à celui en qui elles se produisent ; mais bien d'un attentat contre autrui. Il y aurait peut-être une comparaison intéressante à faire entre Antony et un criminel trop connu, qui, cinq ans après l'apparition de ce drame, de la même main qui avait versé tant de sang, et à la veille d'expier ses forfaits, essayait de les justifier par de vains arguments, exprimait sous une forme prétentieuse l'incertitude de ses idées sur « Dieu, le néant, notre âme, la nature » et terminait par ce vers insouciant : « C'est un secret, je le saurai demain... » Il ne serait pas sans utilité, de chercher quels rapports existent entre certains criminels et certaines productions littéraires. Mais ce rapprochement nous mènerait trop loin. Je me contenterai de déterminer les conséquences plus directes et plus visibles de l'œuvre d'Alexandre Dumas.

Dès la première représentation de cette pièce, l'effet en fut irrésistible. « C'était, raconte Théophile
» Gautier, qui a en été témoin, une agitation, un
» tumulte, une effervescence dont on se ferait diffici-
» lement une idée aujourd'hui. Il y avait là des mines
» étranges et farouches, des moustaches en croc, des
» royales pointues, des cheveux mérovingiens ou
» taillés en brosse, des pourpoints extravagants.
» Les jeunes femmes adoraient Antony, les jeunes
» hommes se seraient brûlé la cervelle pour Adèle
» d'Hervey. » Le jeu des acteurs attisait puissamment l'enthousiasme. Bocage, qui jouait Antony, réalisait bien le caractère de ce personnage pour lequel « il
» fallait une certaine fierté dédaigneuse, un mystère
» à la façon de Lara et du Giaour, en un mot, une
» fatalité byronienne. » L'admiration alla jusqu'au délire ; et des partisans trop fanatiques de l'auteur déchirèrent un certain habit vert qu'il portait, afin de conserver une relique du grand homme.

Ces impressions persistèrent, et elles étaient encore assez vives en 1835, pour que Frédéric Soulié, dans son roman du *Conseiller d'État*, et bien que lui-même ne fût pas le plus innocent des écrivains, trouvât encore de l'à-propos à railler les admirateurs trop serviles d'Antony. Il faisait ainsi le portrait de l'un deux : « Un tout jeune homme de vingt ans, d'un

» beau visage de femme; de longs cheveux noirs à
» la moyen âge; l'air souffrant; parfaitement busqué
» et élégamment habillé, tout noir de satin. » Cet
adolescent converse au bal avec une femme charmante qui ne peut tirer de lui que des phrases amères et de pâles sourires. Il lui confie enfin le secret de sa tristesse « d'une voix sombre et en fata-
» lisant son regard : — Hélas ! madame, dit-il, je
» m'appelle Antony ! » — Tout est là : ce nom le prédestine au malheur. Et pendant qu'il s'éloigne, la femme à laquelle il parlait explique à son amie ce qu'il est : « M. Antony Leroux, dit-elle, est frappé
» d'*Antoninisme*. Il est jeune, il est beau, il a un
» poignard dans sa poche; il a un regard fatal, un
» amour qui tue, et par-dessus tout il s'appelle
» Antony. La seule chose qui le gêne dans la
» fatalité de son existence, c'est d'être si cruellement
» apparenté; c'est d'avoir père, mère, frères, sœurs,
» tantes, oncles, cousins, cousines, de ne pas marcher
» seul enfin dans le désert du monde avec son âme
» isolée, et son nom à qui ne répond aucune voix
» amie. » La conduite de ce jeune homme est conforme à son extérieur, et, dans la suite du roman, il débite à M^me de Lubois, qui rit de lui, des réminiscences évidentes du cinquième acte d'*Antony*. Donc, à une certaine époque, l'Antoninisme a été une variété nouvelle de la maladie du siècle, et, s'il n'en fut pas la plus redoutable, il en fut l'une des plus curieuses.

Peut-être, l'auteur d'*Antony*, en écrivant cet ouvrage, ne pensait-il pas faire une œuvre nuisible. Personnellement éloigné de toute mélancolie, il avait cru pouvoir s'emparer d'un sujet qui répondait à l'état d'esprit de ses contemporains, et après y avoir appliqué son talent, il était revenu à ces créations plus riantes, dans lesquelles son inépuisable imagination aimait à se jouer. Mais, en flattant le goût du public, il l'avait encore irrité, et l'avait façonné à l'image de ses pensées d'un jour. Alexandre Dumas ne songeait plus, sans doute, à son œuvre, quand l'affection bizarre qui en avait été la suite était encore sensible. Au reste, elle-même devait se trouver bientôt absorbée par une affection similaire. A côté « du mal d'*Antony*, » il faut parler « du mal de *Chatterton*. »

Avant d'écrire le drame qui porte ce nom, Alfred de Vigny s'était déjà fait connaître par d'autres ouvrages, ses poésies d'abord. On a dit que son *Moïse* (1822), était « l'expression par laquelle s'exhalaient » les angoisses du génie, et la solitude du cœur du » poète. » Cependant le sentiment de sa personnalité est si effacé dans ces vers, qu'Alfred de Vigny ne m'a pas paru devoir figurer dans le groupe des poètes de la Restauration voués à la mélancolie. Ce ne fut que bien plus tard que sa poésie (*Les Destinées*, 1840-1862) laissa voir ouvertement le scepticisme, le découragement de son âme, et cette idée de fatalité qui lui semblait alors être le mot de l'énigme du monde. Toutefois, dès 1832, dans une œuvre en prose, il avait posé le problème que soulève le drame de *Chatterton*. Dans son *Stello*, il avait réuni à la mort volontaire de Chatterton, la mort qui s'était imposée, sous des formes différentes, à Gilbert et André Chénier. Dans sa pensée, cette trilogie de martyrs n'avait qu'un but, faire peser sur la société la responsabilité de ces tristes événements. L'auteur reprit cette thèse avec plus de force, en donnant son *Chatterton* au Théâtre Français, le 12 février 1835.

Il y montrait un jeune homme doué d'un talent précoce, mais méconnu par un monde distrait ou intéressé ; un jeune homme aimant, mais honteux de sa misère qui, croyait-il, le dégradait aux yeux de la femme aimée ; désirant être aimé d'elle, mais malheureux d'apprendre qu'il l'était en effet, déchiré par ces sentiments contraires, enfin succombant sous le poids d'une dernière avanie que lui infligeait la charité blessante d'un grand seigneur, et cherchant dans le poison un remède à ses maux.

Rien de plus amer, de plus désespéré, que le langage de cet infortuné. Il n'a pas de termes assez forts pour maudire la société. De croyances propres à le retenir sur le bord de l'abîme, il ne lui en reste aucune ; et sa voix ne prend quelque douceur que quand il s'adresse à la mort, « l'ange de la » délivrance, » qu'il l'invoque et qu'il la salue. Le fâcheux effet de ce rôle était encore accru par les déclarations contenues dans la préface du drame. L'auteur y exposait que le poète, répudié par la société, condamné à une vie de privations, et en quelque sorte à « mourir en détail », n'a plus qu'à mourir d'un seul coup. « Oui, disait-il, le suicide est un crime » religieux et social, mais le désespoir est plus fort » que la raison, et, s'il l'emporte, est-ce le poète ou » la société qui est coupable ? Eh ! n'entendez-vous » pas le bruit des pistolets solitaires ? leur explosion » est bien plus éloquente que ma faible voix. N'en- » tendez-vous pas ces jeunes désespérés qui demandent » le pain quotidien et dont personne ne paie le tra- » vail ? » Il était cependant, selon lui, bien facile de les satisfaire : il ne leur fallait que deux choses, « le pain et le temps. »

Ces théories, cette mise en scène ne pouvaient frapper impunément l'esprit d'un auditoire ardent, sceptique et dévoré de la soif de la gloire. Ce qu'elles y produisirent, on le sait. Une foule de malheureux écrivains se reconnut en Chatterton, « l'homme à » l'aspect amer, romantique et fatal. » Ils crurent avoir son talent, parce qu'ils avaient sa misère ; un d'eux avait même résolu de se tuer au théâtre, à l'instant même où le héros de la pièce s'empoisonne. On écrivait au ministre de l'Intérieur : « Des secours, » ou je me tue ! » M. Thiers, c'était lui qui remplissait alors ces fonctions, disait qu'il lui faudrait renvoyer toutes ces pétitions à M. de Vigny. Le mot était plus que spirituel, il était juste.

Alfred de Vigny n'en voulut pas convenir. Il croyait, dit-on, n'avoir fait qu'une œuvre d'art inoffensive ; il parut étonné et protesta vivement, quand on lui dit que, malgré leur forme élégante et leur réserve délicate, de pareils plaidoyers ne tendaient à rien moins qu'à autoriser chez des gens, trop portés à se croire victimes, toutes sortes de représailles, depuis la révolte jusqu'au suicide. M. de Pontmartin, qui nous rapporte ce fait, affirme que cet étonnement était vrai, et ces protestations sincères. Mais alors, comment l'auteur n'a-t-il pas prévu que l'étincelle qu'il laissait tomber au milieu d'âmes chargées de haines sourdes et d'ambitions refoulées, devait y provoquer d'inévitables explosions ? et qu'il suffisait d'un exemple poétique et séduisant pour déterminer, dans une société ainsi préparée, une véritable épidémie de suicide ? D'ailleurs, pour faire de Chatterton un objet d'admiration, il avait dû altérer la vérité historique. Le Chatterton anglais n'avait pas la candeur du Chatterton français. Poète précoce, mais surtout habile imitateur des vieux poètes, il n'avait pas hésité à tromper, par des procédés qui seraient aujourd'hui sévèrement jugés, la bonne foi de ses concitoyens. Plus tard, dans les luttes de la presse politique, il estimait que c'était être un pauvre écrivain de ne pouvoir écrire pour deux partis opposés. Porté à la misanthropie, au sarcasme, il parlait, au moindre mécompte, de quitter la vie. Un travail excessif, une grande irritabilité nerveuse, une disposition splénétique, ont été les raisons de son suicide. On voit qu'entre ce personnage et celui d'Alfred de Vigny la différence est sensible. Le soin que l'auteur a pris d'embellir cette figure ajoutait donc encore au danger que recélait sa thèse.

Tous, sans doute, n'ont pas subi le prestige de cette œuvre. Comme *Antony*, qu'il rappelle par tant de points, *Chatterton* a rencontré ses critiques. L'un d'eux, Théophile de Ferrière, un romantique cependant, imagina d'enlever à Chatterton une partie de l'intérêt dont il était entouré, en démontrant qu'il avait parfaitement survécu à l'opium absorbé par lui. Mais ces résistances étaient rares, et le gros du public se laissait entraîner dans une voie funeste. La principale faute en revient à l'écrivain, qui a fait de ses belles facultés un usage téméraire.

Alexandre Dumas et Alfred de Vigny, en ne prévoyant pas les suites naturelles de leurs conceptions, ont certainement commis une imprudence, d'autant moins excusable que leur pensée empruntait une forme plus saisissante.

## VIII

### Les artistes.

—

Les poètes, les romanciers, les dramaturges, ne nous ont pas tout dit sur le mal du siècle, pendant sa dernière période. Nous avons encore à considérer le monde artistique de cette époque, et à rechercher quel était son état moral.

C'en est un indice qu'une femme dont il a déjà été question plus haut, et qui avait plus d'un talent, puisqu'elle étai à la fois poète, peintre et musicienne, M<sup>lle</sup> Bertin, ait pris le *Faust* de Gœthe pour le sujet d'un opéra, représenté le 10 mars 1831. Mais c'était surtout Berlioz qui personnifiait alors, dans l'ordre musical, les idées, les sentiments qui nous occupent. « On trouvait dans ses œuvres, dit un

» critique compétent, la profondeur shakespearienne
» des passions, les rêveries amoureuses et mélan-
» coliques, les nostalgies et les passions de l'âme, les
» sentiments indéfinis et mystérieux que la parole
» ne peut rendre, et ce quelque chose de plus que tout,
» qui échappe aux mots et que font deviner les notes. »
Il traduisait Gœthe dans ses mélodies, le *Retour à la vie*, *la Ballade du pêcheur*. L'un des morceaux les plus goûtés de son *Benvenuto Cellini*, est l'air de *la Mélancolie*. Enfin, dans sa belle symphonie de la *Damnation de Faust* (1846), on a pu voir, sans trop de complaisance, « la profondeur sinistre et mystérieuse, l'ombre
» où scintille vaguement l'étoile du microcosme, l'ac-
» cablement du savoir humain en face de l'inconnu,
» l'ironie diabolique de la négation et la fatigue de
» l'esprit s'élançant vers la matière. »

Je ne puis parler du rôle de la musique à cette époque, sans consacrer une mention funèbre non plus à l'un des maîtres de cet art, mais à l'un de ses interprètes. Le 8 mai 1839, un habile chanteur se tuait en se précipitant d'une fenêtre. Le dérangement de son esprit explique cet acte de désespoir; mais ce désordre lui-même ne se rattachait-il pas à la perturbation qui s'était alors introduite dans tant d'âmes, et qui en avait troublé l'équilibre?

La réflexion qu'inspire la mort volontaire qui, en 1839, attrista la musique, peut s'appliquer au double suicide qui, quelque temps auparavant, était venu désoler la peinture. Ce que Géricault avait médité de faire, deux autres grands peintres l'avaient exécuté, en 1835, à trois mois d'intervalle. Le 20 mars, Léopold Robert s'était coupé la gorge, à Venise ; le 25 juin, on retrouvait, à Meudon, le cadavre de Gros, qui s'était jeté dans la Seine.

Le caractère de Léopold Robert, pouvait faire présager sa fin sinistre. Il était naturellement empreint de mélancolie ; une passion malheureuse avait achevé de l'égarer et il n'est pas difficile d'apercevoir dans son dernier tableau, le *Départ des pêcheurs*, composé sous l'empire de ces sentiments, une profonde impression de tristesse.

Gros n'avait guère donné de signes d'une si sombre disposition. Cependant on pourrait citer en ce sens, la *Sapho* qu'il exposa en 1802, et qui est un type de gracieuse mélancolie. C'était, d'ailleurs, une de ces natures qui ne se suffisent pas à elles-mêmes, qui ont besoin d'appui au dehors et, dans sa jeunesse, il avait eu des accès de découragement. Devant les difficultés réelles ou imaginaires de la vie, devant les inévitables déceptions qu'elle renferme, il devait vite s'affaisser et fléchir. Quand vint l'heure des luttes ardentes, des critiques acerbes, il n'eut pas la force de les supporter, et se croyant déchu dans l'opinion, il se tua « pour ne pas se survivre. » Cette faiblesse chez un homme que ses goûts artistiques et les tendances classiques de son talent paraissaient rendre moins accessible que tout autre aux suggestions maladives de son époque, nous éclaire, mieux encore que l'exemple des autres artistes que j'ai nommés tout à l'heure, sur le mal qui minait alors notre pays.

## IX

**Les Jeunes Gens.**

---

Comme dans les périodes précédentes, ce mal atteignait particulièrement la jeunesse. On l'a vu déjà par les débuts de la plupart des écrivains ou artistes cités plus haut; on va le voir par des faits plus nombreux encore.

On trouve, dans une pièce de vers de M. Victor Hugo, le récit du suicide d'un jeune homme de la génération de 1830. Le poète définit ainsi ce désespéré qui n'avait pas vingt ans : il avait abusé de tout ; il ne croyait à rien ; il s'ennuyait ; il n'avait que de l'ironie pour les plus grandes choses ; son égoïsme ramenait tout à lui ; enfin, énervé, blasé, un soir qu'un pistolet se trouvait sous sa main, il s'était tué. Le dégoût d'une vie rassasiée de plaisir, le mépris de tout ce qui fait battre le cœur de l'homme, l'orgueil, l'égoïsme, l'ennui implacable, tels étaient les sentiments qui poussaient ce malheureux, je dirais presque cet enfant, au suicide.

Mais sans descendre dans ces abîmes, ne trouve-t-on pas alors, dans bien des jeunes âmes, de curieux signes du temps? A propos d'un magistrat regrettable, prématurément enlevé par la mort, un de ses anciens et éminents confrères du barreau, qui est en même temps un écrivain distingué, M. Rousse, a tracé un spirituel portrait de la jeunesse qui sortait des bancs du collège en 1830. Il a peint son enthousiasme pour les productions de l'école romantique, le genre bizarre de compositions « que forgeait en » ce temps-là, dit-il, cette adolescence naïve, mélange » d'imitations puériles et d'inventions démesurées, » extravagantes rêveries poussées à la dérive par la » brise perfide du *Lac*, orages de *Manfred* débordant » en enjambements désespérés dans des stances » fatales. » Il ajoute ce mot important à recueillir : « La maladie de René nous tenait presque tous. »

« Les jeunes gens mêmes, a dit aussi M. Saint-Marc » Girardin, visaient à la misanthropie et se hâtaient » de perdre l'illusion, sans prendre le temps d'avoir » de l'expérience. C'est ce travers des générations, » filles de la Révolution française, que raillait avec » une bonhomie charmante M. Lacretelle, quand » peignant dans ses vers ces Timons de vingt ans,

» qui, au bal même, prenaient des airs de pénitents
» noirs, et dansaient avec une sorte de componction
» sentimentale, il s'écriait gaiement :

« Cédez-moi vos vingt ans, si vous n'en faites rien. »

Cette affectation de mélancolie se traduisait par certaines allures et par une tenue particulière ; elle s'est incarnée dans le type des « Dévastés », dont M. About nous a tracé le spirituel portrait.

Mais la mélancolie de la jeunesse n'était pas toujours coupable ou ridicule ; elle pouvait avoir parfois son côté respectable, et j'en trouve la preuve chez un jeune homme qui depuis a conquis une juste célébrité, chez Frédéric Ozanam. Ce nom nous indique qu'il ne s'agit pas ici d'un de ces caractères faibles qui se prêtent à toutes les modes, à toutes les influences. Ozanam luttait contre le mal, et la résistance même qu'il y opposait en montre bien la réalité. « Sommes-
» nous donc, écrit-il le 5 janvier 1833, sommes-nous
» donc irrévocablement condamnés à ces inquiétudes
» qui nous dévorent, à ces tourments qui nous
» assiégent, et n'est-il aucun moyen de rendre à notre
» cœur un peu de paix et de consolation ? » Pour lui, il y a un remède, la présence de la pensée catholique. Il blâme, d'ailleurs, la tristesse habituelle. A ses yeux, elle se confond souvent avec la paresse, et même il fait la remarque qu'elle occupe la place de

cette dernière dans les anciennes énumérations des péchés capitaux. A l'appui de son dire, il cite un passage de saint Grégoire de Naziance, qu'on me pardonnera sans doute de reproduire, dans une étude où la tristesse joue un si grand rôle. « *Initium omnis peccati superbia. Primæ autem ejus soboles, septem nimirum principalia vitia, ex hâc virulentâ radice proferuntur, scilicet tristitia.... De tristitiâ rancor, pusillanimitas, desperatio, torpor circa præcepta, vagatio mentis circa illicita nascitur.* » Malgré ses efforts, Ozanam ne réussit pas toujours à chasser le démon de la tristesse, et dans une lettre qu'il écrivait à son frère Charles, le 3 septembre 1850, il disait encore : « cette mélancolie qui te tourmente est une maladie » que je connais trop pour ne pas la plaindre, pour » ne pas t'aider à la combattre. »

La correspondance dans laquelle je puise ces indications nous montre que, dans le milieu auquel il appartenait, Ozanam n'était pas le seul dont l'esprit fût inquiet et attristé. On vient de voir que son frère avait besoin de ses consolations. Il en était de même d'un ami qui lui était bien cher, qu'il désigne seulement sous l'initiale L., mais dont on connaît le vrai nom. C'est à lui qu'est adressée la citation de saint Grégoire de Naziance ; c'est à lui encore qu'étaient destinées, d'après une autre lettre du 5 novembre 1836, « de longues considérations, dans lesquelles Ozanam » blâmait en même temps qu'il la plaignait sa mélan-

» colle, » et qui furent rendues inutiles, par un retour soudain de son ami à des pensées plus sereines.

Ainsi, en 1830 comme en 1820, comme en 1800, on constate parmi la jeunesse un certain malaise, qui se rattache au mal général du temps. Du reste, cette fois encore, le malaise va diminuer en proportion de l'activité déployée dans la vie. Ozanam deviendra le professeur éminent que l'on sait ; son frère, un habile médecin, et M. L , un magistrat d'une haute autorité. Dans une nouvelle et utile existence, chacun d'eux oubliera ses anciennes inquiétudes, et trouvera le calme d'esprit qui lui manquait. On conclura peut-être de cette guérison, que la plaie n'était pas très profonde ; qu'on y voie plutôt l'efficacité d'un remède, qui pourrait s'appliquer à plus d'une blessure réputée incurable.

# X

## Les étrangers.

ALLEMAGNE. — BELGIQUE. — RUSSIE. — FINLANDE. — ESPAGNE.

---

On a vu jusqu'à présent le mal du siècle régner non seulement en France, mais encore dans la plupart des régions de l'Europe. Il convient d'examiner si cette loi s'est continuée de 1830 à 1848.

Pendant cet espace de temps, l'Angleterre n'a rien produit qui mérite d'être relevé à ce titre. L'Allemagne a fait davantage, mais bien peu. Henri Heine, qui fut très apprécié parmi nous, et qui est presque aussi français qu'allemand n'est qu'à demi mélancolique. Il mourait, a-t-il dit, des secrètes angoisses et des affreuses jouissances de notre époque, et pour lui notre époque, « grande période morbide de l'humanité, » commence à la croix du Calvaire. Ses poésies, son *Romancero* surtout, unissent avec charme une piquante raillerie à une vague sensibilité. Mais il me semble qu'en lui le côté moqueur l'emporte sur le côté tendre, et que l'esprit gaulois, l'esprit Voltairien, étouffe le plus souvent l'esprit romantique, l'esprit de Jean-Jacques Rousseau ou de Lamartine.

Un autre peuple plus voisin de nous, mais dont je n'ai pas encore eu à parler, la Belgique, fournit, à son tour, un document à l'histoire de la mélancolie ; elle donne naissance à un ouvrage qui a précisément pour titre : *Le mal du siècle*. Dans ce roman de M. Henri Conscience, on apprend que la jeunesse flamande, les jeunes-Flandre, si l'on me permet cette expression, suivaient de leur mieux les jeunes-France, qu'ils avaient la même fureur d'imiter les héros de Byron et de Gœthe, et le même goût pour ces « orgies » dont on se faisait parmi nous tant d'honneur vers 1830. Seulement, à en juger par la description du romancier, cette mode en passant la frontière, était loin d'avoir gagné en délicatesse et en élégance. D'ailleurs, le Daniel du roman, si satanique qu'il veuille paraître, tourne vite au bon jeune homme, et se convertit définitivement au bien. En somme, il n'est qu'une puérile et maladroite contrefaçon de modèles trop connus.

La Russie qui, durant la Restauration, avait trouvé une veine de littérature mélancolique n'a pas entièrement cessé de l'exploiter dans les années suivantes. C'est de là encore que le prince Motcherski a tiré quelques-unes de ses poésies; mais ces œuvres avaient peu de relief ou de couleur.

En pénétrant jusqu'en Finlande, on y trouve à la même époque, un poète plus original, M. Runeberg. Il ne faut pas s'étonner de sa tristesse, dit M. Marmier: « Ce qui n'est souvent dans d'autres pays que l'ex-
» pression d'une pensée éphémère, quelquefois un
» rêve et quelquefois une erreur, est malheureusement
» ici une réalité. Ses poésies sont vraies par cela
» même qu'elles sont tristes. Il semble que ce jeune
» écrivain ait été saisi de bonne heure par la mélan-
» colie de ses bois de sapins, de ses lacs solitaires, de
» son ciel brumeux. Et puis, l'auteur de ces poésies a
» aimé, il a perdu celle qu'il aimait, et parfois il
» exprime ses regrets dans des élégies plus exaltées
» que celles d'Young, plus douloureuses que celles
» de Kirke White; puis après ce cri de désolation
» le voilà qui revient sur lui-même, qui tâche de se
» maîtriser, et s'impose le douloureux repos de la
» résignation. » Sans doute, il y avait là une émotion sincèrement mélancolique, mais ce sentiment, en dépit des circonstances qui semblent le favoriser dans la patrie de M. Runeberg, en dépit aussi de la théorie déjà critiquée de M<sup>me</sup> de Staël, ne semble pas avoir été général et nous n'en rencontrons pas d'autre vestige dans ces régions.

Enfin parlerai-je d'un pays bien différent et, comme la Belgique, nouveau dans cette étude, de l'Espagne ? Nommerai-je le poète Larra, qui était poursuivi par une amère tristesse, qui disait que c'était dans ses moments de mélancolie qu'il travaillait pour l'amusement du public, et qui poussé par une exaspération maladive, qu'aggravait le chagrin d'une rupture avec une femme aimée, se donna la la mort en 1837 ? Dirai-je que sous l'influence d'un autre poète, Zorrilla, disciple de Chateaubriand et de Lamartine, la poésie Espagnole prit à cette époque la teinte du génie Français, qu'on y retrouvait avec les procédés de notre école romantique les sujets mélancoliques qu'elle aimait à traiter, des poésies ayant par titres : *Méditation*, *Soir d'automne*, *Nuit d'hiver*, *Indécision*, *Dernier jour* ? Ces faits ne sont pas sans importance, mais ils paraissent constituer ou des phénomènes isolés ou des manifestations plutôt littéraires que morales.

En somme, ce qui précède n'autorise pas à affirmer que le mal du siècle ait conservé, après 1830, au même degré qu'avant cette date, un caractère international.

# XI

## Caractère et causes du mal du siècle de 1830 à 1848.

---

Cependant on ne saurait dire que, pendant cette dernière période, ce mal étrange ait cessé d'exister hors de la France, et, tout au moins, chez nous, il présentait des proportions considérables. Tous les documents que j'ai groupés ici, sur les écrivains, les artistes, les jeunes gens, montrent quel était alors, dans notre pays, l'état de bien des âmes. Mais combien la funeste épidémie n'a-t-elle pas compté de victimes qui ne rentrent dans aucune de ces divisions ! M. Saint-Marc Girardin, dans sa belle étude sur Jean-Jacques Rousseau, a dit très justement que les faux désespoirs de cette époque avaient fait invasion, non seulement dans la littérature, mais « aussi dans la société. » De son côté, dans une

pièce des *Pensées d'août*, qui datent de 1837, M. Sainte-Beuve fait allusion à plusieurs hommes de ce temps, restés entièrement inconnus, et qu'il nous montre vivant, ou plutôt végétant dans des sortes de limbes, incapables de vouloir, d'agir, de faire emploi de leurs facultés distinguées, et condamnés à voir avorter tous leurs projets et toutes leurs espérances. M. Montégut a publié aussi (*Revue des Deux-Mondes*, 15 août 1849), sous ce titre : *De la Maladie morale au* XIX° *siècle*, une étude intéressante, dans laquelle il retrace la vie morale d'un de ses contemporains, atteint de cette maladie. Cet homme a tout essayé, puis tout abandonné ; après avoir poursuivi un idéal insaisissable, il tombe dans un réalisme où les notions même du bien et du mal s'obscurcissent à ses yeux. « Il s'étend sous l'ombre opaque des choses
» terrestres ; » mais il ne peut s'y endormir. Alors il se jette dans le culte, dans l'adoration de l'esprit et du talent. Mais, comme il ne croit plus à rien, « l'intelli-
» gence ne lui sert qu'à lui montrer les ombres, les
» profondeurs et les abîmes de la nuit et du néant. De
» plus en plus, la solitude se fait dans son âme ; son
» cœur devient un désert ; sa volonté ne fait plus
» entendre aucun mouvement ; toute action disparaît,
» et toute puissance s'éteint. C'était, ajoute M. Mon-
» tégut, un type symbolique de toutes les idées, de
» tous les mécomptes, de toutes les illusions, de
» toutes les poursuites de notre temps. » Enfin, il est

un fait qui démontre, avec plus d'éloquence que tous les discours, la profondeur du mal qui sévissait sur cette génération ; c'est l'accroissement des suicides. De 1830 à 1850, leur nombre s'est élevé par une proportion continue jusqu'au double de celui qu'il atteignait en 1830. Aucun commentaire n'ajouterait rien à la force de cette statistique.

Ainsi le mal qui, sous la République et sous l'Empire, avait présenté un si haut degré d'acuité, qui avait paru sous la Restauration se relâcher un peu de sa violence, s'est réveillé sous le gouvernement de Juillet avec une recrudescence imprévue. Jamais les tourments du doute n'avaient été plus amers, ni le suicide plus célébré et plus pratiqué. Assurément, cette époque ne doit pas être tout entière jugée avec sévérité. Comme dans les périodes précédentes, la mélancolie n'y a pas toujours été malsaine ou coupable. Maurice et Eugénie de Guérin, par exemple, ne doivent pas être mis sur la même ligne que Musset ou Georges Sand. Mais, envisagé dans son ensemble, le mal offre dans cette dernière phase un aspect plus pernicieux que dans la phase précédente ; de plus, il a recours pour s'exprimer à une forme nouvelle et dangereuse, le drame. On peut donc dire que ses deux points extrêmes, son commencement et sa fin, se rapprochent par la violence qui les caractérise également.

Le dernier état des choses avait-il donc les mêmes

raisons d'être que le premier? En avait-il que n'avait point rencontrées l'état intermédiaire? A cette question la réponse est facile.

Pour les étrangers, qui, du reste, ont été alors moins éprouvés que nous, on ne voit dans l'état général de l'Europe après 1830 aucun fait de nature à expliquer un malaise universel, et il semble que cette disposition n'ait plus été chez eux qu'un reste d'habitude, en même temps que l'effet d'un besoin d'imitation.

Quant à notre pays, vainement alléguerait-on, comme on avait pu le faire vers 1800, pour justifier son mal, l'influence philosophique ou littéraire du XVIII° siècle, influence bien affaiblie en général; ou le souvenir de nos grandes calamités publiques, dont il ne restait plus depuis longtemps de victimes. On s'est donc trompé quand, dans un roman dont Alfred de Musset est le sujet, on a écrit qu'il ne fallait pas s'étonner de l'impossibilité des amours vrais, et du divorce incessant des cœurs, chez les « rejetons tourmentés d'une société orageuse et » corrompue, et après tant de discordes publiques et » de sanglantes exécutions. » Si, comme le dit M$^{me}$ Louise Colet, « le souffle de la Révolution a » atteint jusqu'à l'amour, » ce souffle funeste n'a pas conservé indéfiniment sa puissance; il n'a pas pu flétrir successivement le cœur de toutes les générations de ce siècle.

Pour comprendre la cause de notre état depuis 1830, il faut regarder ailleurs et considérer deux choses. En premier lieu, la France trouvait, dans l'héritage de la République et de l'Empire, grossi des monuments nombreux eux-mêmes légués par la Restauration, un fonds d'impressions et d'émotions qui la mettait en goût d'émotions et d'impressions semblables, et dont elle ne devait se déprendre qu'après en avoir usé jusqu'à la satiété. Dans plusieurs des personnages que j'ai nommés plus haut, surtout parmi les poètes et les artistes, et aussi chez M<sup>me</sup> Sand, on aperçoit bien cet entraînement. En outre, les circonstances politiques n'étaient-elles pas faites pour jeter dans les esprits une certaine perturbation ? La monarchie de Juillet n'a-t-elle pas assisté, au grand déplaisir, assurément, des sages et éminents esprits qui la dirigeaient, à de déplorables excès intellectuels? N'a-t-on pas vu surgir, à cette époque, dans le pays, un esprit de critique et de destruction qui, aujourd'hui, sans doute, peut paraître bien modéré, mais qui était déjà singulièrement hardi ? De tous côtés, le principe d'autorité était sapé. En religion, en philosophie, en économie politique, en histoire, les théories les plus audacieuses s'emparaient de la faveur du public. Parfois même, elles s'affirmaient dans le domaine des faits par quelque terrible explosion qui venait éclairer d'une lueur sinistre les bases vacillantes de l'édifice politique. C'est là, c'est dans cette profonde agitation de la société, que se trouve la cause la plus palpable et la plus fréquente des défaillances que j'ai rappelées. M. V. Hugo e Alfred de Musset n'ont pas hésité à en convenir en ce qui les concernait ; mais l'influence du temps où ils ont vécu n'était pas moins réelle sur ceux qui ne l'avouaient pas ; elle apparaît bien, et chez les romanciers, et chez Dumas, et chez Vigny.

Toutefois, ces deux considérations peuvent bien expliquer les torts des uns et des autres ; mais elles ne suffisent pas, même la seconde, pour les excuser. Je sais bien que c'était l'usage des mécontents et des déclassés de 1830 d'accuser la société de tous leurs maux, de lui demander compte de leurs propres excès. Mais il serait trop commode de rejeter sur un être abstrait et collectif ses fautes personnelles. Les vices publics ne justifient pas les vices individuels, et la dépravation générale n'est que la somme des désordres particuliers. D'ailleurs, si l'on pouvait, de quelque côté, admettre le bénéfice de l'irresponsabilité, ce serait plutôt au profit de la foule banale qui compose la société, qu'en faveur des hommes supérieurs dont le devoir est de l'éclairer et de la conduire. Mais une immunité de cette sorte n'existe pour personne. A chacun selon son œuvre, tel a été le principe que j'ai essayé d'appliquer dans le cours de cette étude ; tel est le principe que je reproduis en la terminant.

# CONCLUSION

# CONCLUSION

Me voici en effet, arrivé, avec les derniers moments du règne de Louis-Philippe, à la fin même du mal dont j'ai tenté de raconter l'histoire, et par conséquent au terme de cette trop longue nosographie.

Est-ce à dire que l'affection qui en a fait l'objet ait tout à coup disparu au point de ne laisser aucune trace ? La vie intellectuelle ou morale des nations ne connaît guère d'aussi brusques accidents. En général, les modifications qu'elle subit, préparées par quelques signes précurseurs, sont suivies par des manifestations tardives qui renaissent quelque temps encore, à des intervalles de plus en plus éloignés, jusqu'à ce que le mouvement acquis s'arrête définitivement, et qu'une nouvelle manière d'être ait remplacé celle qui n'est plus.

Cette période de transition n'a pas manqué à la maladie du siècle. Elle s'est révélée, chez nous, par un certain nombre d'œuvres dans lesquelles on retrouvait quelque chose des anciennes rêveries, des anciennes tristesses, des anciens ennuis. La plupart de ces œuvres portent un caractère bâtard et ne valent pas qu'on s'y arrête. Cependant, on peut en distinguer quelques-unes. Outre les *Destinées* d'Alfred de Vigny, dont j'ai déjà parlé ailleurs, on peut citer quelques vers désespérés d'Henri Murger; quelques pages de Gérard de Nerval; un roman de M. E. Lataye, *la Conquête d'une âme*, où l'on retrouve des mélancolies et des faiblesses qui rappellent l'*Arthur* de Guttinguer; *la Mélancolie* de M. H. Cazalis, poésies qui chantent les douleurs de l'homme et celles de la nature; *le Voyage de Martin à la recherche de la vie*, par M. Louis Rambaud, récit de quelques aventures, entremêlé de dialogues pleins de scepticisme et de découragement; et un poëme de M. Durandeau, intitulé *Bartholoméo* ou *le Doute*, dans lequel l'auteur promène son héros à travers toutes les déceptions et les épreuves de la vie. Il faut aussi mentionner les poésies de Mme Ackermann qui, ainsi que l'a dit Th. Gauthier : « appartient à cette école de grands
» désespérés : Chateaubriand, Lord Byron, Leopardi, à
» ces génies éternellement tristes, et souffrant du mal
» de vivre, qui ont pris pour inspiratrice la mélan-
» colie. » Toutefois, la tristesse de Mme Ackermann

se distingue de celle des autres mélancoliques, en ce qu'elle repose moins sur ses impressions intimes que sur des pensées philosophiques et sur une opinion pessimiste du monde.

Et le pessimisme lui-même ne se ranimait-il, pas en même temps, en Allemagne avec une violence qu'on était loin d'attendre ? On sait qu'après avoir sommeillé près de cinquante ans, cette doctrine s'est brusquement réveillée dans la *Philosophie de l'Inconscient*, et a provoqué d'innombrables adhésions. Je n'ai pas à rechercher ici en quoi l'ouvrage de M. de Hartmann diffère, au point de vue de la théorie pure, de ceux du même genre qui l'ont précédé, ni en quoi il s'en rapproche ; j'indiquerai seulement combien Hartmann distance ses maîtres dans la conclusion de son système. Leopardi, quoiqu'il ne désirât rien tant que le néant, n'avait pas conseillé le suicide. Schopenhauer ne proposait comme moyen d'arriver à la destruction d'un monde infortuné que l'abolition volontaire de la famille, et la ferme résolution de la part de l'espèce humaine de mettre un terme à sa reproduction. M. Hartmann a trouvé mieux ; il offre à l'univers un instrument tout-puissant de libération : il demande que, par une conjuration universelle, les habitants du globe entier se donnent la mort au même instant. Il est convaincu que l'anéantissement de toutes les vies humaines amènera tôt ou tard la suppression même du monde. Sans doute, pour arriver au degré de civilisation perfectionnée qu'exige l'exécution simultanée d'un tel projet sur toute la surface de la terre, il faut que la science fasse encore de grands pas; mais on peut prévoir le jour où nos successeurs jouiront de cette bienheureuse application des lumières. Tel est l'espoir de M. de Hartmann. A côté d'un tel professeur, cette académie même « des co-mourants », dont j'ai signalé l'existence en Grèce dans l'antiquité, n'est plus qu'une école enfantine, et ses enseignements pâlissent auprès de cet essai grandiose de suicide cosmique. Et cependant, peut-être le pessimisme allemand est-il plus inoffensif que ne l'était le pessimisme d'Alexandrie. Nous savons trop que chez les Allemands le désespoir reste volontiers dans le domaine de la spéculation, et n'exclut nullement l'ambition des biens de ce monde. Leur pessimisme n'est donc pas une preuve absolue de la persistance du mal du siècle, et je n'ai ni à insister sur cette doctrine chez M. de Hartmann, ni à parcourir les nuances et les variétés qu'elle a présentées chez ses récents disciples, tantôt moins sombres que leur maître, tantôt renchérissant encore sur l'amertume au moins apparente de ses leçons. Je n'ai pas davantage à parler de quelques travaux dans lesquels la mélancolie, ou, comme disent les Allemands, *der Weltschmerz*, n'a été appréciée par eux qu'au point de vue critique, et qui n'accusent chez leurs auteurs aucune trace de cette disposition même.

Mais quel que fût alors l'état des choses en Allemagne, chez nous, dans les dernières années, l'expression de la mélancolie individuelle restait presque sans écho dans les âmes; elle soulevait même certaines protestations. Sainte-Beuve, qui s'y connaissait, et qui pouvait dire en parlant des mélancoliques : *quorum pars magna fui*, a été le premier à constater ce mouvement de réaction. « Le monde, disait-il, » commence à être rebattu de l'éternelle chanson. Il » a écouté non point patiemment, mais passionnément » tous les grands plaintifs, depuis Job? jusqu'à Childe » Harold. Cela lui suffit, le reste lui paraît faible. Les » pleureurs à la suite ont tort. » La jeunesse elle-même, qui s'était si longtemps montrée avide d'émotions douloureuses, était repue des faux désespoirs et des vaines sentimentalités. Un critique, M. Étienne, le déclarait dans une étude sur Byron. Un poète le proclamait à son tour. Parlant des jeunes hommes de son temps, M. Sully Prudhomme écrivait ces vers :

Leur fierté répudie<br>
Du doute irréfléchi le désespoir aisé;<br>
Ils sentent que le rire est une comédie,<br>
Que la mélancolie est un cercueil usé.<br>
Le rêve dégouté commence à leur déplaire.

Enfin, on allait jusqu'à prendre pour sujet de roman

la critique du type naguère si choyé, et l'*Éducation sentimentale* de M. Flaubert n'était que la satire indirecte de la génération rêveuse qui avait longtemps occupé la scène. Reconnaissons le donc, une transformation graduelle, mais profonde, s'est de nos jours opérée dans notre état moral.

Les événements l'expliquent dans une certaine mesure. D'un côté, les anciennes causes de mélancolie, se rattachant à de funestes souvenirs historiques, déjà entièrement effacées en 1830, devaient encore moins subsister après 1848. D'un autre côté, les régimes qui se sont succédé dans notre pays depuis cette date, n'ont pas troublé, autant que l'avaient fait jadis les gouvernements dont ils reproduisaient les formes et les dénominations, les conditions de la vie sociale. Toutefois, leur établissement n'a pas rallié toutes les sympathies. L'un d'eux s'est d'ailleurs presque toujours appuyé sur un système de compression qui pouvait blesser bien des convictions. L'autre, dans la double épreuve que nous en avons faite, nous a donné le spectacle de doctrines menaçantes et de crises redoutables. Mais, en général, ces choses n'ont pas ébranlé gravement les âmes, et si elles ont provoqué plus d'une de ces tristesses « sans remède, » parce qu'on ne voudrait pas en guérir, » elles ont peu touché la plus grande partie de la nation, décidée à résister à ces influences douloureuses, ou, plus souvent, renfermée dans une paresseuse indifférence.

Sans doute encore, la mélancolie aurait pu continuer à s'entretenir à l'aide des ressources qu'elle avait dès longtemps accumulées. Dans toutes les périodes précédentes, la France s'était inspirée des œuvres nationales ou étrangères pour en produire de nouvelles d'une nature analogue ; mais elle commençait à se fatiguer de ce procédé. Tout a une fin ; chacun sentait que les habitudes mélancoliques avaient assez vécu ; il fallait en finir avec elles ; et leur durée, qui avait pu être d'abord la raison de leur persistance, devenait le motif de leur condamnation. Dans de telles circonstances, le siècle devait se guérir et s'est, en effet, guéri de son mal invétéré.

Il semblerait qu'il n'y eût qu'à l'en applaudir et qu'on dût se réjouir sans arrière-pensée de la disparition d'un désordre qui avait été si long et souvent si cruel. Mais, avant de céder à ce sentiment, il faut considérer quel a été l'état du malade après sa guérison.

Oui, le siècle a perdu ce goût immodéré de la solitude qui avait marqué ses commencements ; mais les relations des hommes entre eux, en se multipliant, ont-elles pris un caractère plus cordial ? Le siècle a répudié les vaines rêveries et les tristesses vagues ; mais au profit de quelles réalités et de quels engouements ! Si ses aspirations ne sont plus en désaccord avec ses facultés, est-ce parce qu'il a élevé ses facultés ? n'est-ce pas plutôt parce qu'il a abaissé ses aspirations? D'ailleurs, il est encore sceptique, et cette fois sans regrets et sans intermittences. Il ne s'ennuie plus, d'accord ; mais on peut trouver qu'il s'amuse trop. Il s'est repris aux choses de la vie, soit; mais il s'y est repris avec excès. Enfin depuis que le désespoir n'y exerce plus ses ravages, la passion immodérée des jouissances n'y fait-elle aucune victime? Il est donc permis de se demander si les tendances actuelles sont préférables à celles qu'elles ont remplacées.

Plusieurs inclinent à se prononcer en faveur de ces dernières. « Il y avait, — a dit M. Saint-Marc Girardin, qui n'est cependant pas suspect de trop de tendresse pour la fausse mélancolie, — il y avait dans les tristesses
» prétentieuses d'il y a trente ans, un reflet du spi-
» ritualisme que la société avait appris à l'école du
» malheur; il y a dans la jovialité qui a repris faveur,
» un reflet du matérialisme moderne. » Et dans une métaphore qui continue celle qui s'est souvent et forcément présentée à nous dans le cours de ce travail, parlant du siècle comme d'une personne atteinte d'une affection dont elle finit par guérir, M<sup>me</sup> Sand a écrit ces lignes : « Les pères de famille se sont beaucoup
» plaints de la *maladie du romantisme ;* mais ceux
» d'aujourd'hui devraient peut-être la regretter.
» Peut-être valait-elle mieux que la réaction qui l'a
» suivie; que cette soif d'argent, de plaisirs sans
» idéal et d'ambition sans frein, qui ne me paraît pas
» caractériser bien noblement la *santé du siècle.* »

Pour moi, je ne voudrais pas, en haine d'un matérialisme que je réprouve, en venir à une réhabilitation du faux spiritualisme, qui serait le démenti de toute cette étude, et je serais disposé à mettre sur le même rang ces deux systèmes si opposés en apparence.

Au fond, ces deux erreurs ne sont, en effet, que les deux faces d'une médaille unique, les deux aspects d'un seul vice : l'égoïsme. L'égoïsme, il apparaît avec la dernière évidence dans le matérialisme pratique ; il se retrouve aussi, presque toujours, derrière l'habitude d'une certaine mélancolie ; seulement, il s'y dissimule sous des dehors plus ou moins séduisants, et sait prendre plus d'un masque honnête. Qu'on y prenne garde, n'est-ce pas trop souvent l'égoïsme qui inspire l'éloignement des hommes et le besoin de la solitude ? Se complaire dans des rêveries sans objet, dans d'oisives contemplations, dans l'analyse et la description minutieuse de ses moindres impressions, n'est-ce pas se rechercher soi-même ? L'amour de soi n'est-il pas le secret et l'origine de l'indifférence qu'on éprouve pour tout le reste ? La perte prématurée des illusions fécondes, l'épuisement de la volonté, la ruine des croyances, ne sont-ils pas quelquefois le résultat d'une vie qui n'a rien su refuser aux exigences des passions ? Enfin le suicide, cette lâcheté par laquelle l'homme se dérobe à son devoir, n'est-il pas le dernier mot de l'égoïsme ? Donc, à tout prendre, mélancolie et matérialisme remontent d'ordinaire à un même principe et méritent une même flétrissure. C'est aussi par les mêmes moyens qu'ils doivent être combattus. Or, ces moyens sont indiqués par la logique des choses.

Le mal ne peut être vaincu que par son contraire, l'égoïsme que par l'abnégation. Opposer à l'orgueilleux isolement l'habitude de la solidarité, au célibat corrupteur le mariage et la vie de famille, l'action à la rêverie, le bon sens pratique aux subtilités d'un scepticisme énervant, l'instinct naturel du cœur à l'indifférence réfléchie, enfin la fermeté aux défaillances, et la lutte à la désertion, voilà le contre-poison de la mélancolie malsaine ; telle est la vérité qui découle de toutes les pages de ce travail, de tous les exemples qu'il rapporte. J'ignore ce que l'avenir tient en réserve ; mais si, par un de ces retours qui ne sont pas rares dans les choses humaines, le mal qui nous a décimés longtemps devait s'abattre de nouveau sur la société, c'est encore par le même remède qu'on en triompherait. Quant à sa contre-partie actuelle, le matérialisme, comment pourrait-on l'anéantir, ou même le réduire, sinon en s'efforçant de sacrifier au bien général les appétits envahissants et de soumettre l'exigence des passions à l'autorité du devoir ?

Ce progrès moral, dont personne n'est incapable, chacun de nous doit tendre à le réaliser. Nos plus chers intérêts nous y poussent : c'est en se pénétrant d'un esprit de mutuel dévouement que le monde s'approchera le plus vite de la solution de ce problème du bonheur qu'il agite avec une fiévreuse mobilité. Mais la récompense nous dût-elle manquer, il ne nous en faudrait pas moins rester attachés à ce sentiment généreux, et remplir jusqu'au bout l'obligation d'union fraternelle que la Providence impose à l'humanité !

FIN

# TABLE DES MATIÈRES

Pages

INTRODUCTION . . . . . . . . . . . . . . 7

## I

## CONSIDÉRATIONS GÉNÉRALES ET APERÇU RÉTROSPECTIF

- I. **Considérations générales** . . . . . . . 17
- II. **Antiquité et moyen âge** . . . . . . . 21
- III. **Siècle de Louis XIV. — J.-J. Rousseau et ses disciples.** . . . . . . . . 30
- IV. **L'Angleterre et l'Allemagne au XVIII<sup>e</sup> siècle.** . . . . . . . . . . . . 43
- V. **Ramond. — André Chénier. — Bonaparte.** . . . . . . . . . . . 58

## II

## 1789-1815

- I. **Les poètes.** Michaud. — Fontanes. — Legouvé. Millevoye. — Baour-Lormian. . . . . . 72
- II. **M<sup>me</sup> de Staël.** . . . . . . . . . . 76
- III. **Le groupe de Coppet.** Barante. — Sismondi. 82

| | | |
|---|---|---|
| | | Pages |
| IV. | **Chateaubriand.** . . . . . . . . . | 87 |
| V. | **Le groupe de Chateaubriand.** Ph. Guéneau de Mussy. — M. Molé. — Chênedollé. — M<sup>me</sup> de Caud (Lucile). — M<sup>me</sup> de Beaumont. — Ballanche. — André-Marie Ampère. . . . | 105 |
| VI. | **Senancour et ses disciples.** . . . . . | 110 |
| VII. | **Les romanciers.** Ch. Nodier. — M<sup>me</sup> de Flahaut. — M<sup>me</sup> de Krudener. . . . . . . . | 138 |
| VIII. | **Benjamin Constant** . . . . . . . . | 154 |
| IX. | **Les jeunes gens.** . . . . . . . . | 160 |
| X. | **Les étrangers.** Angleterre. — Allemagne. — Italie . . . . . . . . . . . . | 173 |
| XI. | **Caractère et causes du mal du siècle, de 1789 à 1815.** . . . . . . . . | 188 |

## III

## 1815-1830

| | | |
|---|---|---|
| I. | **Les poètes.** Ch. Loyson. — Divers. . . . . | 197 |
| II. | **Lamartine.** . . . . . . . . . . . | 203 |
| III. | **Sainte-Beuve** . . . . . . . . . . | 218 |
| IV. | **Le monde philosophique et religieux.** Jouffroy. — G. Farcy. — Lamennais. — Le P. Lacordaire . . . . . . . . . . | 227 |
| V. | **Les romanciers.** M<sup>me</sup> de Rémusat. — M<sup>me</sup> de Duras. — Beyle. — M<sup>lle</sup> Hortense Allard. . . . | 243 |
| VI. | **Les artistes.** Géricault. — Delacroix. . . . | 253 |
| VII. | **Les jeunes gens.** J.-J. Ampère et ses amis. | 256 |
| VIII. | **Les étrangers.** Italie. — Allemagne. — Angleterre. — Russie . . . . . . . . . | 270 |
| IX. | **Caractère et causes du mal du siècle, de 1815 à 1830.** . . . . . . . . . | 278 |

## IV

## 1830-1848

| | | Pages |
|---|---|---|
| I. | **M. Victor Hugo.** | 283 |
| II. | **Poëtes divers.** Donday. — Boulay-Paty. — Th. Gautier. — E. Roulland. — Les poëtes suicidés | 293 |
| III. | **Alfred de Musset.** | 313 |
| IV. | **Maurice et Eugénie de Guérin.** | 320 |
| V. | **Georges Sand.** | 339 |
| VI. | **Romanciers divers.** Gavarni. — Ulric Guttinguer. — Frédéric Soulié. — Eugène Sue. | 357 |
| VII. | **Les auteurs dramatiques.** Alexandre Dumas. — Alfred de Vigny. | 376 |
| VIII. | **Les artistes.** | 387 |
| IX. | **Les jeunes gens.** | 391 |
| X. | **Les étrangers.** Allemagne. — Belgique. — Russie. — Finlande. — Espagne. | 396 |
| XI. | **Caractère et causes du mal du siècle, de 1830 à 1848.** | 400 |
| | CONCLUSION | 409 |

FIN DE LA TABLE DES MATIÈRES

7484. — Tours, Imp. Rouillé-Ladevèze, rue Chaude, 6.

www.ingramcontent.com/pod-product-compliance
Lightning Source LLC
Chambersburg PA
CBHW070923230426
43666CB00011B/2288